"十四五"职业教育国家规划教材

修订版

学前儿童游戏

主 编：曹 莉 刘 曲
副主编：王区区 孟子郁
参 编：许姗姗 卢 玲

南京大学出版社

图书在版编目(CIP)数据

学前儿童游戏 / 曹莉，刘曲主编. — 2版. — 南京：
南京大学出版社，2025.1. — ISBN 978-7-305-28723-7

Ⅰ. G613.7

中国国家版本馆 CIP 数据核字第 2025GD4270 号

出版发行	南京大学出版社
社　　址	南京市汉口路22号　　邮　编　210093

书　　名　学前儿童游戏
XUEQIAN ERTONG YOUXI

主　　编	曹莉　刘曲		
责任编辑	丁群	编辑热线	025-83597482

照　　排　南京南琳图文制作有限公司
印　　刷　常州市武进第三印刷有限公司
开　　本　787 mm×1092 mm　1/16　印张 12　字数 270 千
版　　次　2025年1月第2版　2025年1月第1次印刷
ISBN 978-7-305-28723-7
定　　价　45.00元

网址：http://www.njupco.com
官方微博：http://weibo.com/njupco
微信服务号：NJUyuexue
销售咨询热线：(025) 83594756

* 版权所有，侵权必究
* 凡购买南大版图书，如有印装质量问题，请与所购
　图书销售部门联系调换

前言

　　我国著名幼儿教育家陈鹤琴在其著作《儿童心理之研究》中指出"游戏是儿童的生命"。游戏为儿童经验的获得与应用提供了重要的途径和机会,可以说,儿童身心的和谐发展是在游戏中实现的。游戏也是儿童的权利,家庭、托幼机构和社会都应当创造条件,满足学前儿童游戏的需要,保护他们游戏的权利,促进学前儿童健康、快乐地成长。

　　游戏不仅可作为托幼机构活动的基本形式,也可作为教育活动组织的有效手段,贯穿整个学前儿童教育过程之中。因此,游戏与托幼机构的教育应真正实现有机融合,只有这样托幼机构才能为儿童提供一个真正快乐且有意义的童年。《幼儿园教师专业标准(试行)中》将"游戏活动的支持与引导"作为幼儿园教师的专业核心能力。作为学前教育工作者,我们应加强对学前儿童游戏的研究和学习,树立正确的游戏观,重视游戏环境的创设,学会观察和分析游戏,为学前儿童提供适宜的游戏材料并能根据需要提供必要的支持。为此,我们编写了这本《学前儿童游戏》,旨在帮助学前教育领域工作者形成游戏活动的支持与引导能力。

　　本教材的编写以当今学前教育改革与发展以及对人才培养的要求为背景,力求体现学前儿童游戏理论知识的全面性和系统性,充分反映学前儿童游戏的学术前沿动态与实践探索的最新经验,体现出时代性、前沿性。另外,本教材遵循"以儿童为本"的教育理念,强调游戏内容的针对性、实用性和操作性。学生在学习与使用教材后能够根据学前儿童的年龄特点和认知经验,科学地为学前儿童创设适宜的游戏环境,将游戏作为托幼机构一日活动组织与实施的主要方式,能够支持、扩展、引导和促进学前儿童的游戏和学习能力,充分发挥出游戏的教育价值。

本教材主要定位于高职高专类院校学前教育专业的学生使用,因此,在编写过程中立足于高职高专院校应用型、技能型人才培养的要求,充分考虑高职高专院校学生的接受程度及学习特点,精心设计了内容与体例。教材每章以"问题情境"导入,主体部分提供对点案例,深入浅出地阐述了学前儿童游戏理论知识,每章末设有"技能训练""案例分析""真题链接""拓展阅读"等板块,充分落实了职业教育"岗课赛证"融通理念,有效帮助学生形成岗位实践能力。

本教材主要编写人员为徐州幼儿师范高等专科学校的教师,大多数都有着丰富的职前与职后学前教育领域专业课程教学的经验,并多次参与学前教育专业的教材编写工作。教材共六章,第一章、第二章由刘曲编写并修订;第三章由孟子郁编写,刘曲修订;第四章由许姗姗、王区区编写,王区区修订;第五章由泸州职业技术学院卢玲编写,王区区修订;第六章由王区区编写,刘曲修订;全书由刘曲负责设计并统稿。

本教材在2023年入选了"十四五"职业教育国家规划教材。编写组集中力量再次进行优化、修订、更新、丰富相关资源,力求做到精益求精。另外,在编写过程中从相关文献和网站上引用了同行的一些优秀案例和素材,在此表示诚挚的谢意!因作者才疏学浅,书中若有不当之处,敬请同行及读者批评指正。

编 者

目录

第一章　游戏概述 ··· 001

第一节　游戏的含义与特征 ····································· 002
第二节　游戏的基本理论 ······································· 008
第三节　游戏的分类 ··· 014

第二章　游戏与幼儿教育 ··································· 021

第一节　游戏与儿童发展 ······································· 022
第二节　游戏与幼儿园教育 ····································· 029

第三章　幼儿园游戏环境创设 ······························· 043

第一节　室内游戏环境的创设 ··································· 044
第二节　室外游戏环境的创设 ··································· 057
第三节　游戏材料的选择与投放 ································· 064

第四章　幼儿园游戏的介入与支持 ··························· 074

第一节　幼儿游戏介入的基本策略 ······························· 076
第二节　角色游戏的介入与支持 ································· 087
第三节　建构游戏的介入与支持 ································· 098
第四节　表演游戏的介入与支持 ································· 112
第五节　规则性游戏的介入与支持 ······························· 121

第五章　游戏的观察与评价 …………………………………… 133

第一节　游戏的观察 ………………………………………… 134
第二节　游戏的记录 ………………………………………… 141
第三节　游戏的评价 ………………………………………… 149

第六章　非游戏活动游戏化 …………………………………… 163

第一节　教学活动游戏化 …………………………………… 164
第二节　过渡环节游戏化 …………………………………… 171
第三节　生活活动游戏化 …………………………………… 176

参考文献 ……………………………………………………… 184

第一章 游戏概述

本章概要

游戏作为人类社会一种特殊的活动,无论是在成人世界还是儿童世界中都广泛存在,在儿童的世界中更为普遍。本章先介绍语言学和教育学中游戏的含义,提出自由性、自主性、过程性、愉悦性等游戏的基本特征;然后呈现经典游戏理论、精神分析学派游戏理论、认知发展学派游戏理论及社会文化历史学派的游戏理论的基本观点,并依据儿童认知发展、社会性发展、教育的作用与功能等标准对游戏进行分类。

学习目标

1. 理解游戏的含义与特征,关注儿童游戏并对其有兴趣。
2. 熟悉游戏的理论流派,了解各个流派的基本游戏观点。
3. 掌握游戏的分类方式与内容,能列举幼儿园典型游戏的名称。

知识结构

游戏概述
- 游戏的含义与特征
  1. 游戏的含义
  2. 游戏的特征
- 游戏的基本理论
  1. 经典游戏理论
  2. 精神分析学派的游戏理论
  3. 认知发展学派的游戏理论
  4. 社会文化历史学派的游戏理论
- 游戏的分类
  1. 按照儿童的认知发展分类
  2. 按照儿童的社会性发展分类
  3. 按照游戏与教育的关系分类
  4. 按照游戏的教育作用分类

第一节 游戏的含义与特征

情境导入

　　幼儿园的室内活动区，教师为幼儿提供了琳琅满目的游戏材料。在活动开始前教师对幼儿说："下面老师请小朋友开始游戏，请不要玩和昨天一样的游戏，请按照老师的分组进入活动区，进入活动区后请不要大声说话，不要随意走动。"随着教师的一声令下，幼儿立刻开始"游戏"起来。

　　什么是游戏？它与其他活动的本质区别是什么？这些问题需要我们进一步明确。

　　游戏是一种复杂的社会文化现象，从动物到人类，从古代至当今，从室内到户外，游戏行为广泛存在，活动形式丰富多样。游戏的含义与特征是人们关注的问题，也是一个高度抽象、难以直接明确表达的概念，但科学地理解游戏的含义，把握游戏的基本特征是实践中有效组织游戏活动，发挥游戏价值的保证。

　　对于游戏含义的界定，研究者一直争论不休。一种观点认为，必须为游戏下一个定义并反映出游戏的本质，这是研究和教育的需要，也是研究者们对话的前提和基础。另一种观点表示，不必为游戏下一个定义，因为游戏就在人们身边，像自然、人类、环境等词汇一样容易理解，可意会，毋庸定义。另外，人们还可以通过直觉判断，领悟感受游戏的内涵；同时，游戏的特征能直接反映出游戏的本质，通过对游戏特征的举例也能清楚地把握游戏的含义，因此无须为游戏下一个标准定义。

　　游戏的含义概括着游戏的本质，并集中反映了人们对于游戏的特点、价值等方面的一般认识，它是儿童游戏理论研究的逻辑开端，也深刻影响着人们对于儿童游戏的组织和开展。因此，明确游戏的含义，科学地认识其本质是十分必要的。

一、游戏的含义

　　由于游戏是一类行为的总称，所以游戏的含义是复杂多样的。游戏包括的行为范畴很广泛，一种游戏的含义界定可能只适合某种游戏却不适合另一种游戏。另外，研究者的视角不同，对游戏含义的界定也会有所偏差。为了保证全面、科学地把握游戏的含义，我们主要从语言学和教育学两个角度来分析游戏的含义。

(一) 语言学中游戏的含义[①]

语言是文化的构成要素,语词不仅仅是抽象的符号,更是文化与观念的载体,因此从语言学的视角理解游戏,有助于我们理解游戏的社会和文化属性。

1. 外文中游戏的含义

荷兰语言学家约翰·赫伊津哈在其著作《游戏的人》中,通过对多种语言的游戏词源进行分析,提出"游戏"一词在语义学的起源上与"快速轻捷的运动"有关。它覆盖的行为非常广泛,包括儿童各种各样的游戏,也包括成人的比赛、娱乐、戏剧表演、音乐舞蹈、玩笑幽默等在内的各种各样的活动。

现代欧洲语言中,对于游戏的理解覆盖面扩大了,扩展为许多组概念,游戏广泛用于某些轻松的行为和运动,它带有"再现他物、替代他者"的特点。

现代英语中,游戏泛指儿童的假装、成人的各种体育活动、玩笑幽默、艺术活动等。英语中"play"一词既可以作名词,又可以作动词。作为名词,它泛指一类活动的总称;作为动词,则表示各种操作、摆弄等注重手指敏感而有秩序的活动。英语中的游戏使人感到轻松、愉快,且不要求沉重的工作负担。

在人们心中,游戏是不同于工作的活动。对于游戏的解释,混杂了大量人们关于这种活动的感受和体验,如轻松、紧张、结果难料、自由选择、挑战等,同时也包含着人们对这种活动琐碎、闲散放浪、不真实、无价值等带有中性或者贬义的判断。

2. 中文中游戏的含义

中文中对于游戏的表达有几个常见词汇——"玩""游""戏""嬉"。"玩"字在古代多作"玩赏"解释,多指在手中摆弄和玩赏,作为玩耍的语义出现得较晚。"游"有闲暇、嬉戏的意思,表示行走、游玩等。"戏"常见的用法指令人开心、愉悦的事情。在古代汉语中,"嬉戏"这个词更接近于现代的游戏之意。但与"游"相比,"嬉"往往带有贬义,常被看作会妨碍学业的事情。

中文对于游戏的解释有三个特点:第一,认为游戏是一种供人们在休息、闲暇时娱乐的活动或运动,有随心所欲的意思;第二,认为游戏有不认真、不严肃等意思,有玩世不恭之意;第三,对于游戏含义的界定呈现出喜爱与否定相互矛盾的心理。

尽管对于游戏的界定不同,但从语言学的角度来看,对于游戏含义的界定还存在一定的相似之处:首先,游戏的根本属性都与运动或动作有关,"动起来"最能体现出游戏的语言特点。其次,对于游戏的解释都体现出轻松、愉悦的心理感觉,认为游戏活动不同于工作,它是一种轻松、松散、休闲、自在的娱乐活动,没有沉重的任务负担。再次,语言学中对于游戏持一种中性或者否定的态度,对于游戏的核心价值和游戏对人发展的意义关注不够深刻。

---

① 邱学青.学前儿童游戏[M].南京:江苏教育出版社,2008.

（二）教育学中游戏的含义

儿童游戏最初是在家庭中进行，游戏的形式简单，多以儿童的主体性、运动性活动为主。19世纪初，随着最早的一批幼儿园的建立，儿童游戏开始在专门的教育机构中进行。在教育理论领域，教育学家非常关注儿童游戏的问题，对儿童游戏的含义及其对于儿童发展的价值进行了解释和深入剖析。

1. 早期教育家对于游戏含义的理解

古希腊思想家柏拉图最早提出"寓学习于游戏"这一观点。他把儿童游戏看作一项单独的行为类别，认为游戏是儿童重要的活动，主张在游戏中了解每个孩子的天性和才能。亚里士多德认为游戏是儿童应有的活动，游戏可以为儿童未来的作业做准备。罗马教育家昆体良认为游戏可以使儿童的头脑得到积极的休息，他认为儿童游戏的行为应该鼓励，对儿童来说，应通过游戏来学习。捷克著名教育家夸美纽斯在《母育学校》中提出游戏的价值，他认为儿童游戏的时候，智慧总是在紧张地活动，甚至可以得到磨炼；游戏可以使儿童自寻其乐，并可锻炼其身体的健康、精神的活泼和肢体的灵活。

2. 近现代教育家对于游戏含义的理解

英国教育家洛克提出儿童应该多做体操与游戏，这样不仅对身体健康有利，而且也让儿童试验自己的能力，知道自己能做什么，不能做什么。法国教育家卢梭将游戏摆在前所未有的位置，他提出要让儿童远离折磨他的书本，让儿童多游戏，在游戏中，在与大自然融为一体的生活中度过自己的童年。他认为，对于孩子来说，工作与玩耍是一回事，他的游戏就是他的工作。我国明代思想家王阳明在论述童蒙教育时指出，要顺应儿童乐于嬉戏的性情，并进行诱导，即教育必须顺应儿童喜欢嬉戏的天性来开展才有效果。这一时期的观点与早期思想家的观点一致，都是从儿童的天性以及游戏对于儿童的作用的角度来理解游戏的含义。

19世纪初，随着幼儿园教育实践的开展，教育家们对于游戏的理解越来越深刻。德国教育家福禄贝尔是世界上第一个系统研究游戏，并把游戏引入教育系统的教育家。他认为游戏对于儿童来说是一种令人愉快、自由的活动，无论是用物做游戏，还是与人做游戏，都能产生巨大的教育价值。游戏是能够发展儿童内在生命力的活动，应该让儿童在游戏中发展。美国教育家杜威在他的教育理论中提出游戏是童年期儿童主要的活动方式，儿童在游戏中获得经验，形成对周围世界的认识与理解。教育不应是为未来生活做准备，儿童现有的生活经验就有价值，而对于儿童来说，游戏就是他的生活。俄国教育学家乌申斯基在生理学和教育学的基础上去理解游戏的含义，他认为游戏是以儿童的想象力、求知欲和独立活动的欲望为基础产生的；游戏对于儿童的发展具有重要作用，对于儿童来说，游戏比学习有更重要的意义。我国幼儿教育家陈鹤琴高度提倡游戏，他认为游戏有益于儿童的身体、智力和道德的发展，要发展儿童活泼的精神，必须让儿童进行游戏。游戏就是儿童的生活，学前儿童的教育尤其应当通过游戏来进行。

3. 当代教育者对于游戏含义的理解

随着幼儿教育实践的不断深入,基于对已有游戏概念的认识,我国学前教育工作者对于游戏含义的认识渐趋一致化。在《教育大辞典》中,游戏被界定为"幼儿的基本活动,是适合幼儿年龄特点的一种有目的、有意识的,通过模仿和想象,反映周围现实生活的独特的社会活动,具有趣味性、具体性、虚幻性、自由自愿性、社会性的特点"。

当前教育工作者对游戏含义的理解主要有:游戏是儿童的主体性活动,这种活动现实直观地表现出人的主动性、独立性和创造性;游戏是儿童有目的、有意识、积极的反应活动;游戏是儿童现实生活的反映;游戏是在假想的情景中反映周围生活;游戏是儿童主动的、自愿的、愉快的活动;游戏是儿童最喜欢的活动,是儿童最必需的活动等。珍视游戏,充分发挥游戏的价值,把游戏作为儿童生活的重要内容,将游戏作为学前教育的重要手段成为当前学前教育领域普遍赞同的观点。

二、游戏的特征

在解释什么是游戏时,研究者们往往将游戏时人们的行为和心理特征加以描述,试图将游戏和非游戏区别开来。一般可通过游戏时的外部行为表现,如人的表情、动作、语言、角色扮演和操作材料等方面来具体判断是否在进行游戏。

(一)游戏时的内部心理体验

游戏的内部心理体验是指作为活动主体的幼儿在游戏过程中的主观感受或心理体验,它是游戏活动不可或缺的构成要素。一种活动是否为游戏,关键在于幼儿能否产生游戏性的心理体验。事实上,人们正是根据自己的体验来给游戏下定义。人们常常说,游戏是"快乐的、自由的"活动。"快乐的""自由的"这些词汇无一不带着强烈的情绪体验色彩。游戏的内部心理体验是游戏的真正魅力所在,它使得人们尤其是儿童对游戏活动从古至今乐此不疲。

一般情况下,游戏的内部心理体验可以分为以下几种[1]:

1. 兴趣性体验

兴趣性体验是指一种为外界刺激物所引起的体验,是一种情不自禁地被卷入、被吸引的心理状态。兴趣性体验是游戏性体验中不可缺少的成分,游戏中的儿童极为投入和专注,产生了对活动本身极大的兴趣。没有这种体验,游戏就会停止。

2. 自主性体验

自主性体验是指游戏中儿童对整个游戏活动能自由选择、自主决定的体验,跟谁玩、玩什么、怎么玩都由儿童自主决策,而不是由外人包办代替。在幼儿园的教育实践中,很多看似游戏却最终定性为练习性活动或教学游戏的活动,都是因为活动中没有儿童的自主性体验。

---

[1] 刘焱.儿童游戏通论[M].北京:北京师范大学出版社,2008.(略有改动)

3. 胜任感或成就感

胜任感或成就感是指游戏活动中对自己能力认同的体验。在游戏活动中由于儿童根据自己的需要和兴趣去选择材料，自行决定游戏的过程与方式，活动难度一般是与他的能力相匹配的。因此，儿童总能产生胜任感或成就感，而这一点对于他们自信心的养成也具有重要意义。

4. 幽默感

幽默感是由游戏中嬉戏、玩笑、诙谐等因素引起的心理体验。游戏中的儿童根据自己的思维方式去思考和表达，在与玩伴的交往过程中会产生儿童间意会的事件，由于同伴间的夸大和相互感染，大家会产生一种滑稽、可笑、有趣的体验。有时在成人眼里可能看似是极为普通的一个事件，在儿童游戏的世界都会变得幽默和充满奇妙色彩，这也正是童年生活天真烂漫的表现之一。

5. 驱力愉快

游戏中儿童无论是生理上还是心理上都存在着快乐、满足的感觉。为了反复体验生理或心理上的快感，儿童在游戏中不断调整自身状态，以达到最佳水平，这个过程所产生的体验就是驱力愉快。如在游戏中儿童反复地进行炒菜的活动，并始终保持着快乐的体验。

在游戏活动中并不一定要同时具备上述五种心理体验，只有兴趣性体验、自主性体验和胜任感是任何游戏都不能缺失的基本成分。游戏的内部心理体验对游戏活动具有决定性意义，它的存在能真正发挥儿童作为游戏活动主体的主动性、积极性和创造性。在幼儿园的教育实践活动中，只有注意儿童是否产生游戏的内部心理体验，才不致使游戏失去"灵魂"。

（二）游戏的基本特征

1. 自由性和自愿性

自由性体验在游戏外部情境中的重要表现就是儿童能自由选择或自愿参加活动，这也表明了游戏是自愿的活动，而非强迫的活动。在游戏情境中，儿童首先拥有的权利就是根据自己的需要和兴趣自愿参加游戏活动；其次，对于游戏的场地、游戏的材料、游戏的玩伴等，儿童都拥有自主选择的权利。对于幼儿园教师来说，为幼儿提供一个可选择的游戏环境，不强迫幼儿的游戏行为便是游戏活动开展的保证。在幼儿园的教育实践中，有的教师为幼儿提供的游戏材料过少，导致幼儿没有自由选择的权利；有的教师对于幼儿的游戏行为干涉过多，预设过多，要求过严，使得幼儿无法自由开展活动，这些行为虽然保证游戏能按照预定的方向发展，但它违背了游戏的精神。

2. 自主性与灵活性

自主性是游戏最本质的属性。游戏是每个儿童在自己的水平上，根据自己的需要，做自己感兴趣的事情。游戏中的儿童对于自己玩什么和怎么玩有决定权，不需要成人过多的限制和包办代替。只有当儿童能自主决定游戏的过程和游戏中材料的使用时，才有活动方式的多样和活动方法的灵活，儿童的兴趣性和自主性体验才更加明显。儿童自主决定活动方式意味着每次活动的过程都由儿童自身决定（有时儿童连续几次玩同一个游戏，但每次游戏的过程都不尽相同），儿童主动控制游戏进程。同时，自主决定活动方式意味着教师应减少不必要的干预，不要求儿童按照成人的想法去游戏，不要将所有的游戏环境都按照自己的想法设定，更不要代替儿童去游戏。让儿童自主游戏是衡量一个活动是否为游戏的一个重要外部情境条件，也是判断一个幼儿园教师能否真正地放权让幼儿游戏的关键要素。

3. 无目的性与过程性

具有功利意图的教育或专门的学习活动，是以客观经验的传递或内化为第一要务。而游戏活动不同，它是以主观经验为第一经验的，儿童在游戏中没有外在的功利目的，游戏本身就是游戏的目的。儿童无须担心玩得不好会受到批评，更不会为了得到奖励去玩游戏。游戏的动机是直接动机，"玩即目的"，游戏过程本身就能使儿童感到满足。哲学家马丁·海德格也指出："儿童为什么要游戏呢？儿童游戏就因为他们游戏。"

游戏没有社会实用价值的目的，没有来自外部的压力，游戏就是游戏的活动内容，吸引儿童的是游戏过程。这种活动以游戏本身为目的，没有游戏之外的目的，是一种儿童用自己已有的经验进行表现的活动，也是儿童以已有知识为基础的力所能及的探索和创造。这种活动是重过程轻结果的，是非功利的。游戏是儿童自己的活动，所以他不在乎结果，不在乎结果就使得他在游戏当中表现出变换着花样做同一件事情。在搭建过程中，刚刚搭一个房子就拆掉，要换一个房子，要再加一个围墙，儿童不断地变换花样，做同一件事情，因为他不在乎结果，只尽情地享受游戏过程中的快乐。

4. 生活性与假想性

儿童游戏的内容源于生活，又融入他们的生活。游戏中，我们经常看到儿童模拟生活中的情景。他们像妈妈一样照顾宝宝，像医生一样为病人看病打针，像司机一样遵守交通规则，儿童在游戏的过程中实现着对生活规则、社会规范的认同和接纳。儿童游戏的内容虽源于周围的现实生活，但又不是现实生活的翻版。他们的游戏是想象活动与现实生活结合的产物，是儿童依据自己对于现实生活的理解，通过自己的想象和加工，创造出来的一种假想活动。儿童常常通过强调"不是真的、是假的、只是玩玩而已"来表明假装和想象。

这种假想虚构的活动，主要表现在游戏的内容、手段、角色、材料都是虚拟的，并非真实生活中的人、财、物。这种以人代人、以物代物的行为，实际上是一种转换替代的行为。游戏中儿童的转换替代，包括两个方面，一方面是角色的转换，例如有时儿童扮演妈妈，有时变成了医生，有时变成了建筑工人，有时成为一只小狗。另一方面是物的替代，在游戏中儿童会按照自己的意愿进行活动，如果玩的过程中缺失了物品，他就立刻会去寻找替代物。替代物的使用有两种形式，一是儿童会用不同的方法作用于同一种材料,例如一根棍子,可以变为马、变为枪、变为拐棍等;一是儿童会用同一种方法作用于不同材料,如测量过程中,选用尺子、棍子、手、布条、报纸等。替代物的使用对儿童非常重要,它使得儿童变着花样,开动着脑筋去思考问题,解决问题,充分体现了儿童思维的发散性。

5. 愉悦性与创造性

愉悦与创造是游戏本身固有的特性。儿童在游戏中能自主地控制所处的环境,满足自己的愿望,表达与表现自身的发现,体验成功与创造的快乐。对于儿童来说,游戏是一种享受,能给他们带来无穷的快乐。在游戏中,儿童以不断重复的方式自娱自乐。他们没有任何心理负担,不受日常生活规则的束缚,全身心地投入,身体处于最佳、最自然、最轻松的状态,在整个游戏过程中获得愉悦的身心体验。游戏中儿童可以按照自己的想法尝试各种新的可能性,学会接受挫折和错误,并从错误中不断学习。游戏过程中具有太多的不确定性。虽然每次都玩一个游戏,但是儿童的视角是不同的,体验是不同的,游戏的具体细节会因为各种各样的因素变得难以把握。游戏中的不确定性给儿童带来挑战和解决问题的机会,在一次次尝试中,儿童的策略得以完善和丰富,很多问题得到真正的解决。在游戏中儿童不怕冒险和失败,勇于探索与创造,思维更加灵活,这也符合了人们常说的"会玩的孩子聪明"这一观点。

第二节 游戏的基本理论

情境导入

硕硕是一个四个月大的男孩。夏天的一个上午,他躺在婴儿床上环顾四周。突然,一阵风吹来,将蚊帐上连接着风铃的带子吹到他手边,他无意中拉动带子,蚊帐上的风铃摆动并发出悦耳的声音。他被这种现象吸引住了,全身兴奋,手脚使劲运动使连着带子的风铃不断发出声音。如此循环,他更加兴奋,张开双臂,嘴里发出"啊啊"的叫声。这一过程大约持续了一分钟。

游戏意味着什么?它是怎么产生的?它的本质是什么?游戏存在的意义何在?这是从古至今,游戏研究者一直探讨的核心问题。

游戏行为似乎关联人类文化、人类精神、人的生存意义以及人的发展,关系到学科的根本性问题,所以对它的研究引起了哲学家、思想家、心理学家、教育学家等各方面学者的关注。由于研究者对于儿童游戏的基本观点不同,观察问题的角度不同,出现了各种不同的游戏理论派别。

一、经典游戏理论

19世纪中期至20世纪20年代是儿童游戏研究的初步兴起阶段。这一时期,受达尔文生物进化论思想的影响,人们开始严肃思考"人为什么游戏?""游戏意味着什么?"等问题。不少哲学家、人类学家、教育学家从不同立场、不同角度研究游戏,出现了人类历史上最早的一些游戏理论,这些理论被称为经典游戏理论,也可称为早期传统的游戏理论。

(一)剩余精力说

剩余精力说也叫作精力过剩论,代表人物是德国思想家席勒和英国哲学家斯宾塞。该理论认为游戏是机体内剩余精力的发泄。生物体都有一定的能量来满足其生存的需要,当生存需要满足之后,还有剩余的能量,这就是过剩的精力。过剩的精力累积起来会造成压力,所以必须寻找方法消耗完,否则就像不透气的蒸汽锅,要发生爆炸。游戏是剩余精力加以释放的最好形式,剩余精力越多,游戏就越多。低等动物维护自身生存的精力较多,剩余精力少,所以它们没有游戏或者游戏少;高等动物用于维护生活的精力较少,剩余的精力较多,就有较多的游戏。该理论把人类活动分为两种,即游戏和工作。工作是有目的的活动,游戏是无目的的活动。对于人类来说,游戏就是剩余精力的一种无目的消耗。儿童除了一般生活活动外,不需要谋生,有很多剩余的精力需要发泄,所以游戏较多。

(二)松弛说

松弛说又称消遣论,也叫作娱乐说,代表人物是德国学者拉扎鲁斯和帕特里克。该理论认为游戏不是发泄精力,而是松弛和恢复精力的一种方式。人在持续紧张的脑力和体力劳动中消耗了大量的精力,为了使失去的精力得以重新恢复,便从事放松、休闲的活动,这就是游戏。依照这种观点,游戏发生在精力不足的情况下,是对精力不足的有益补充,也是储存精力的理想方式。从这个意义上讲,游戏对于有机体来说是一种保护性措施。因此,有机体都需要游戏,低等动物和高等动物都需要,儿童需要游戏,成人更需要游戏。这种理论可以从日常生活中得到验证,如人们工作累的时候,习惯于做一下休闲放松活动以恢复精力。

(三)生活预备说

生活预备说也称前练习说或者预演说,代表人物是德国生物学家和心理学家格鲁斯。该理论认为游戏是有机体对未来生活的预先练习。格鲁斯从"本能论"的观点出发,提出游戏是儿童对未来生活的一种无意识准备,是他们为未来成熟做的预备性练习。人类儿童和动物幼崽先天都具有自己物种的本能,这种本能对未来生存非常重要,但发育尚不完全。游戏为年幼儿童提供了一种安全的方法帮助他们去练习,使其本能更完善,以便日后适应更复杂的生活。游戏的目的就是练习并加强成年生活需要的技能。例如,过家家游戏中女孩扮演妈妈照顾孩子,就是为未来的家庭生活角色做准备。

(四)复演说

复演说也称种族复演论,代表人物是美国心理学家霍尔。该理论认为游戏是个体再现祖先进化过程中的动作和生活,重演人类种族进化历史的活动,通过游戏的重演,个体逐步摆脱原始的本能动作,为当代复杂的活动做准备。例如,儿童玩棒球,可帮助儿童消除用棒子攻击之类的原始打猎的本能。

"一个儿童的成长历史就是一部人类发展的历史。"这一观点假定,人类的文化发展阶段与儿童游戏的发展阶段具有相对应的关系:动物阶段反映在儿童的爬行和蹒跚行走阶段;农业阶段表现为儿童使用玩具的活动和挖掘游戏;野蛮阶段反映在儿童投掷、追逐、捉迷藏等活动中;部落阶段则表现为儿童的小组竞赛活动等。

经典游戏理论是在人类思想史上第一次严肃地思考并解释了儿童游戏的原因与意义,从人的一般本性和共性角度对儿童游戏的原因与意义进行解释,它奠定了当下某些游戏理论的基础。但受历史原因的限制,这些观点具有明显的局限性,如大多数观点受生物进化论的影响,从本能的生物性角度解释游戏;把工作作为游戏的对立面解释游戏;很多观点是主观思辨的产物,缺乏科学的实验基础等。

二、精神分析学派的游戏理论

20世纪40年代至60年代,是儿童游戏研究的缓慢阶段,精神分析学派的游戏理论在这一阶段占统治地位。

精神分析学派认为,人与动物一样,有需要发泄的原始冲动和本能欲望,但人和动物不同,社会的道德规范必须限制这种发泄,当这些被压抑的原始冲动和欲望累积起来时,将会不自觉地寻找出路,如做梦、幻想、口误等。如果被压抑的原始冲动和欲望累积过多,压抑过深,而得不到释放,就会造成心理失常,产生精神病。该学派认为游戏就是宣泄压抑和冲动的最好途径,因为游戏远离现实,是一个完全受控于自己的自由天地。

(一)弗洛伊德的游戏观点

弗洛伊德是奥地利著名的心理学家,他根据自己提出的人格构成理论阐释了对游戏的看法,他认为游戏是"自我"调节"本我"和"超我"的有效途径,儿童游戏的动机受"唯乐原则"驱使。

1. 游戏是实现人格健全发展的有效途径

弗洛伊德的心理学理论认为,人格是由三个部分组成的,即"本我""自我"和"超我"。"本我"是由一切与生俱来的原始本能冲动所组成,受"唯乐原则"支配,盲目地追求满足。与"本我"相对立的是"超我",是人格中最文明的部分,反映着人们生活于其中的那个社会的道德要求和行为标准,受"理想原则"支配。"本我"和"超我"之间是对立的、矛盾的,在这两个极端之间有一个平衡机制,即"自我"。"自我"是现实化了的本能,在"现实原则"的指导下,既要获得满足,又要避免痛苦。弗洛伊德认为,游戏是"自我"调节"本我"和"超我"的有效途径。儿童的行为更多受"本我"的支配,以"唯乐原则"为动力,但成人世界又总是用社会准则去要求和控制他们,使他们在现实中充满挫败感,游戏帮助他们找到了解决这一矛盾的方法。游戏与现实分离,在游戏的环境中,儿童摆脱了现实的束缚,消除了"本我"和"超我"的矛盾,实现了人格的健全发展。

2. 游戏的本质是趋乐

弗洛伊德认为,"驱使儿童游戏的,不是别的,正是心理的唯乐原则。"儿童就是为了追求快乐、宣泄不满而游戏。在"唯乐原则"的支配下,儿童通过游戏这一安全的方式,实现现实中不能实现的愿望。儿童期的普遍愿望就是做大人能做的事情,有大人一样的本领,像大人一样地生活。这些愿望在现实中不能实现,因此儿童就试图在游戏中寻找这种愿望的满足。例如,儿童玩过家家,体验当大人的感觉,在游戏中他们成为大人的愿望得到满足。

另外,游戏能帮助儿童控制现实中的创伤性事件。正因为儿童的"本我"在现实中常受到挫败,在儿童的生活中常常有许多痛苦的体验,如恐惧、悲伤、焦虑、紧张等。为了控制、排解这些痛苦体验,儿童通过游戏来重复那些不愉快的体验,例如,讨厌医生打针,在游戏中便扮演医生给病人扎针,这是一种"强迫重复"的现象,因为儿童的"自我"尚未成熟,心理防御机制还未得到充分发展,于是他们采用游戏的方式重现事件,重新体验,从被动的承受者变成主动的执行者,从而把痛苦的体验转化为愉快的体验,帮助自己应付各种创伤性事件。

(二)埃里克森的游戏观点

美国心理学家埃里克森拓展和丰富了弗洛伊德的游戏理论。他既承认游戏对本能欲望的宣泄作用,又超越了这一观点,强调游戏对接纳社会要求,协调"本我"和"超我"之间的冲突,推进自我发展具有积极作用。

1. 游戏是"自我"的一种积极主动的机能

弗洛伊德认为"自我"在个体发展中是消极的。埃里克森则把"自我"看成是积极的因素。他认为人格发展是心理性欲和社会因素相互作用的结果。"自我"能积极主动地调节来自内部的心理性欲和外部的社会规范要求,游戏可以帮助自我对生物因素和社会因素进行协同和整合,降低焦虑,使愿望得到补偿性的满足。因为游戏创造了一种典型的情景,在游戏中"过去可以复活,现在可以表征和更新,未来可以预期"。在游戏中原始的冲动本能和社会要求都可以实现对时空限制的跨越。所以,游戏是帮助"自我"协调内外要素的最佳途径,是"自我"的一种积极主动的机能。

2. 游戏调节了发展的阶段冲突

埃里克森把人格发展划分为八个阶段,每个阶段都有特定的发展任务,各个阶段的发展任务表现为一组主要矛盾冲突的解决。如果发展任务解决得好,就形成理想的人格;解决得不好,则形成与理想人格相反的另一种人格。在童年期的几个阶段中,主要通过游戏来解决这些矛盾冲突,并控制矛盾所导致的伤害。当前一阶段的矛盾冲突顺利解决了,自我便向前发展一步,个体又进入下一阶段的矛盾冲突。

由于年龄的增长和人格发展阶段的差异,游戏的形式也不相同,游戏可以帮助儿童实现从一个阶段向另一个阶段发展。

表1-1 埃里克森人格发展阶段与游戏形式

年龄	人格发展阶段	游戏形式
0~1.5岁	信任对不信任	亲子游戏
1.5~3岁	自主性对羞怯	练习(机能)性游戏
3~6岁	主动性对内疚	角色游戏

以0~1.5岁亲子游戏期为例。这一时期儿童人格发展的主要冲突矛盾是信任对不信任。儿童的本能冲动表现的部位主要在口唇,儿童通过口部的吸吮动作来感知外部的世界,从最基本的生理需要满足中体验到安全,产生对周围环境的基本信任感。如果儿童经常处于饥饿、寒冷、潮湿、被忽视等不愉快的感觉中,不信任感就会滋长,这将直接导致儿童某种不当行为的产生。这一阶段,亲子游戏极其重要,在游戏中父母亲传递亲情、爱意,使儿童体验人生最初的社会性情感。游戏对于良好亲子关系的形成和信任感的产生具有重要意义。

同样,埃里克森关于人格发展的每一个阶段都是以矛盾冲突开始,比如第二个阶段是自主性对羞怯,第三个阶段是主动性对内疚,游戏对解决这几个阶段的矛盾冲突起着重要的作用。儿童通过游戏表现内心冲突和焦虑,又通过角色扮演使危机得到缓和。在游戏中,儿童认识了自己的力量和意志,从而产生自信,发展了自主性。同时,儿童辨认了文化环境中什么是最有效的,什么是被允许的,内化了社会要求,发展了主动性。儿童的人格就是这样通过游戏在矛盾冲突和平衡中递进发展的。

(三)佩勒和蒙尼格的游戏观点

佩勒从角色扮演这一角度拓展了弗洛伊德的游戏理论。他验证了弗洛伊德关于儿童角色扮演背后隐藏的情感驱力,提出了角色动机(采择)游戏理论。儿童对角色的选择往往是基于一些情感因素,如爱戴、尊敬、羡慕、妒忌,甚至是畏惧和敌视。角色的选择完全是出于内部动机,受情绪的驱使。模仿自己爱戴的人,可以实现成为这样的人的愿望;模仿自己畏惧的人,可以控制焦虑和创伤;模仿低于自己身份的人,可以享受被现实排斥的稚趣。

蒙尼格提出了宣泄说。他强调游戏对于发泄内在冲动和减轻焦虑的益处。他认为,游戏的价值在于能发泄被抑制的侵犯性冲动。他把攻击性驱力看成是人的本能,这种驱力积聚在体内会有害身体,因此,需要不断寻求表现,加以释放。体育运动是成人释放攻击性驱力的最好出路,而游戏则是儿童释放攻击性驱力的最好途径。儿童在游戏中的表现或多或少地带有对现实的敌意和一种无意识的反抗,他们通过幻想对现实施以报复,从而宣泄了情绪。

三、认知发展学派的游戏理论

瑞士著名心理学家、认知发展学派的创始人皮亚杰的游戏理论与他的认知发展理论有着密切的联系。他认为游戏是智力(认知)活动的一个方面,是思维活动的一种表现形式,是个体对原有知识技能的练习和巩固活动。儿童游戏的发展水平与其智力发展水平相适应,智力发展阶段不同,游戏类型也不同。儿童之所以游戏不是因为本能,是因为他们难以适应周围的现实世界,需要达到必要的智力上的平衡和情感上的满足。

(一) 游戏的实质

皮亚杰认为,儿童发展的过程是不断适应外部环境的过程。适应来源于同化与顺应之间的协调或平衡。同化与顺应是生物学中的概念,指机体适应环境的两种机能。同化意味着接纳和整合,即把外界元素整合于一个正在形成或者已经形成的结构之中。顺应意味着改变,是有机体在环境作用下,使其自身发生变化以适应环境的过程。个体通过同化与顺应的协同活动来适应环境。

儿童早期的认知结构发展不成熟,常常不能保持同化和顺应之间的平衡,要么同化大于顺应,要么反之。当同化大于顺应时,儿童只是以现有的认知水平去理解外部事物,不顾外部事物的特点,将外部事物改成能适应自身原有水平和主观意愿的事物,这时就出现了游戏。当顺应大于同化时,儿童的活动就具有模仿的特征。游戏中的儿童总是用自己原有的经验去同化现实,将现实改造为适合于他自己认知水平的世界。在皮亚杰看来,游戏的实质就是同化超过了顺应,游戏是儿童在已有经验范围里的活动,它的价值不是促进认知水平的提高,而是对原有知识技能的练习。

(二) 与认知发展相适应的游戏阶段

皮亚杰认为游戏的发展受认知发展的驱使和制约,并与认知的发展阶段相对应。儿童的认知发展阶段决定了他们不同的游戏方式,与皮亚杰发生认识论原理中感知运动阶段(0~2岁)、前运算阶段(2~7岁)和具体运算阶段(7~12岁)的智力水平相对应,他将游戏的发展分为三种类型或水平,即练习性游戏、象征性游戏和规则游戏。

(三) 游戏的发展功能

皮亚杰认为儿童需要游戏,尤其是象征性游戏,因为他们难以适应周围的现实世界,不得不通过同化作用来改变现实,以满足自我在情感方面的需要。在象征性游戏中,儿童把真实的东西转变为自己想要的东西,从而使自我的情感获得满足。游戏帮助儿童解决情感冲突,实现现实生活中不能实现的愿望。换句话说,游戏可以使儿童快乐,还可以帮助他们适应这个世界。

四、社会文化历史学派的游戏理论

社会文化历史学派的代表人物是苏联的维果斯基和艾里康宁。该理论的主要游戏观点建立在其心理学基本理论基础之上。该学派强调在成人的教育和引导下,掌握以语言符号系统为载体的社会文化历史经验在儿童心理发展过程中的作用。他们认为个体的心理发展是在环境和教育的影响下逐步形成的,儿童游戏不是本能活动,而是儿童的社会性实践活动。

(一) 游戏是儿童的社会性活动

该理论认为从儿童游戏的内容和结构上来看,游戏的起源是社会历史文化,而不是生物学。儿童的游戏不同于小动物的游戏,儿童游戏的动力是他们与周围环境的相互作用,游戏受到儿童生活与教育的社会环境制约。儿童进行的游戏总是与他们所生活的社会环境有关,在游戏中反映着他的生活内容,同时反映着社会发展的具体阶段所特有的具体社会现象。因此,游戏是周围现实生活的反映,是儿童的社会性活动。

(二) 游戏是儿童的主导活动

社会历史文化学派认为,活动在儿童心理发展中起主导作用。所谓主导活动是这样的活动:"它的发展制约着本阶段儿童的心理过程和个性心理特点最主要的变化",它有助于促进儿童心理机能不断地由低级向高级发展。不同年龄阶段,其主导活动的形式是不同的,游戏是学前儿童的主导活动。因为儿童的内在需要和外部要求之间的矛盾,是在游戏活动中得到表现和解决的。

维果斯基认为,游戏是"儿童的思维摆脱具体事物的束缚,逐渐内化的过渡阶段",它有效地促进儿童思维的发展;游戏是在学前期促进认知发展的适应机制,正是游戏创造了儿童的"最近发展区";游戏让儿童学会并内化了规则,它有助于儿童意志行为的发展。因此,游戏活动是学前期的主导活动。

(三) 儿童游戏是需要成人指导的活动

社会文化历史学派认为儿童不是生来就会做游戏的,没有教育的作用,游戏就不会产生。儿童游戏的需要是在成人的教育与要求下发生的。为了使儿童掌握游戏的方法,成人的干预是必要的,必须在一定的年龄阶段教儿童学习怎样做游戏。该理论的突出特点是强调成人的教育影响,强调儿童与成人的交往在游戏的发生、发展过程中的决定性作用。

第三节 游戏的分类

情境导入

自由游戏时间到了,随着老师的一声令下,孩子们像自由的小鸟,飞快地选择了游戏区域和材料。有的孩子做起了"妈妈",细心地照看宝宝;有的孩子做起了"建筑工人",热火朝天地盖着大楼;有的孩子变成了"大明星",在小舞台上尽显风采。活动室里,每个孩子都玩着令自己着迷的游戏,乐此不疲。

游戏的形式丰富多样,不同类型的游戏需要不同的组织与支持策略。作为一名幼儿园教师,了解游戏的分类,把握各个类型游戏的特点,有助于在实践中有效地组织与实施幼儿园的游戏活动。

分类是人们认识事物的一种方式。游戏分类是一个相当复杂的问题,如同定义一般,从不同的角度对游戏进行研究,将揭示游戏的不同内涵和外延。

一、按照儿童的认知发展分类

根据皮亚杰认知发展理论中对于游戏的分类方法,将学前儿童游戏分为感觉运动游戏、象征性游戏、结构游戏和规则游戏四种。

(一)感觉运动游戏

感觉运动游戏也称为机能性游戏或练习性游戏,主要发生在0~2岁儿童的感觉运动阶段,儿童主要通过感知和动作来认识环境,游戏的驱动力就是获得"机能性的快乐"。表现形式为徒手游戏或重复地操作物体游戏,典型游戏有兜兜飞、反复拍打水、拨弄物体的开关、上下楼梯取乐等。

(二)象征性游戏

象征性游戏是2~7岁儿童最典型的游戏形式。在这一时期,儿童的象征游戏表现为运用"替代物",以假想的情景和行动方式将现实生活和自己的愿望反映出来。表现形式为"假装",儿童通过以物代物、扮演角色、情景转变等形式来反映认知经验。典型游戏有娃娃家、故事表演游戏(如"西游记")、模仿司机开汽车等。

(三)结构游戏

结构游戏也称建构游戏,是指儿童操作各种不同的材料,使之呈现出一定的造型或者结构的活动。该游戏需要儿童具有一定的形状、空间知觉能力和实际操作技能,也需要儿童具有一定的想象能力。典型游戏有搭积木、插雪花片、玩沙、玩泥等。

(四)规则游戏

规则游戏是两个以上的游戏者在一起按照预先规定的规则进行的具有竞赛性质的游戏。规则是在游戏开始前就确定了的,每个游戏者都同意的,在游戏中必须严格遵守的行为规范。规则游戏作为社会化人的娱乐活动,是儿童游戏发展的高级形式,在成人生活中也占有一定地位。典型的规则游戏有老鹰捉小鸡、下棋、捉迷藏等。

二、按照儿童的社会性发展分类

美国学者帕顿以儿童在游戏中社会行为的表现以及参与游戏的程度将游戏的行为分为以下六类:

（一）偶然的行为或无所事事

这类行为是儿童无所用心的行为,他们把大量时间花费在了随机的、偶然的行为活动当中,儿童的兴趣易被偶然的活动所吸引。儿童有时行为变化快且无目的,有时发呆或无所事事,情感精力投入少,目光经常四处飘移。这种行为不属于游戏。

（二）旁观

这类行为中,儿童大部分时间都在观看他人游戏,偶尔和他人有点交流,如提出问题或者提出建议,行为上却不主动参与游戏。

（三）独自游戏

独自游戏又称单独游戏,是儿童独自一个人专心地玩玩具,所使用的玩具与周围人不同。他只专注于自己的活动,不跟周围的人交谈,也不管别人在做什么,很少注意或关心他人的接近或游戏活动。

（四）平行游戏

儿童与周围的同伴玩着相同或相近的玩具,偶尔观看其他人的行为,相互模仿,但彼此没有或者很少交流,他们仍是独自游戏,在游戏中没有联合意识和行为。

（五）联合游戏

儿童和同伴一起游戏,相互交谈,游戏中经常会发生彼此互动的事件,如自发地配合、借还玩具、在角色游戏中扮演不同的角色。但游戏中儿童以自身的兴趣和需要为中心,相互之间的互动不深入,常常出现纠纷,游戏主题不明确,没有明确的分工与组织。

（六）合作游戏

几个儿童围绕一个共同的主题开展游戏,活动中有组织,有分工,有明确的集体活动目标,常有明显的领导者或组织者。

以上六种行为中,真正属于游戏的只有后四种。其中独自游戏和平行游戏由于没有或者较少体现出社会性游戏的行为特点,故合称为非社会性游戏,联合游戏和合作游戏合称为社会性游戏。

三、按照游戏与教育的关系分类

根据游戏与教育教学任务或目的结合程度的不同,游戏可以分为两类:

（一）本体性游戏

本体性游戏体现的是以儿童自身为主体的、自发、自主、自由的游戏,或称为自主性游戏。在这种游戏中,游戏作为一种承载着特定经验的活动内容,作为童年生活与幼年成长中不可替代的、必需的经验。这种游戏关注的是游戏本身的内在价值,游戏是儿童可以主动支配自己的行为、自由参加的活动,真实地、自然地反映着儿童发展的水平和兴趣爱好。如幼儿园活动区里的自选游戏、儿童的自由游戏都是本体性游戏。《幼儿园保育教育质量评估指南》中也提出要"确保幼儿每天有充分的自主游戏时间"。

（二）手段性游戏

手段性游戏突出游戏对于幼儿园教育教学的手段价值，把游戏作为一种活动形式，以游戏的方式达到教育教学的目的。这类游戏的直接目的不在于游戏本身，而是通过游戏的形式促进教育活动的有效进行和教育目标的顺利实现，所以也被称为教学游戏或者工具性游戏。幼儿园教育实践中的全部过程和所有环节都可以把游戏的手段运用其中，借助游戏的活动形式得以组织和完成。如教学环节中的练习型游戏、益智游戏、体育游戏等。

幼儿园的游戏具有两种价值，一是本体价值，一是手段价值。前者突出了幼儿的主体性，后者强调教育者的组织作用发挥。无论何种形式的游戏，最后的目标都是为了幼儿的身心健康和谐发展。在实践中，既要关注到游戏的手段价值，达到教育的目的，更要发挥游戏的本体价值，给予幼儿自主活动的权利，鼓励与支持幼儿自发的游戏活动。

对点案例

在体育游戏中，有的教师让孩子们统一玩跳绳，孩子们只能在指定的范围内按教师的口令做相应的跳绳游戏，教师指挥得不亦乐乎，但一部分孩子实在不喜欢这项体育活动，从而充当了游戏的旁观者。有的教师在组织体育游戏时是这样做的：向孩子们提出应该注意的安全事项及自我保护的方法后，让他们自由游戏。此时的孩子们像撒欢的小马驹，有的在秋千上潇洒地荡来荡去；有的在攀爬墙上奋力攀爬；有的在平衡木上勇敢地走跳；有的在叠起的轮胎上做跳马游戏，时而滚动着五彩轮胎，时而又蹲下站起；还有几个孩子提一小桶水，将水倒在沙池里看水是怎样渗到沙子里的。

分析：让所有的幼儿按照教师的要求统一地做一样的事情，这本身就不是游戏活动，活动中的幼儿难以发挥其积极主动性和创造力。为幼儿松绑，让其自由呼吸，还给孩子自主游戏的权力是幼儿教师应尽的职责和义务。幼儿能自主选择游戏的方式方法，活动中他们才能放松、快乐，这不仅让幼儿体验到游戏的快乐，也会充分发挥游戏的价值。

四、按照游戏的教育作用分类

依据游戏的教育作用分类是幼儿园游戏最为常见的分类方式，目的在于帮助教师辨别游戏的活动形式，把握不同类型游戏对于儿童的发展价值。这种分法将游戏分为两大类，一是创造性游戏，包括角色游戏、建构游戏、表演游戏；二是规则性游戏，包括益智游戏、体育游戏和音乐游戏。

（一）角色游戏

角色游戏是幼儿根据自己的兴趣和愿望，通过扮演角色，运用想象和模仿，创造性地反映个人生活印象的一种游戏。如儿童扮演爸爸妈妈接待客人，扮演服务员招呼顾客,扮演医生给病人看病等。

(二) 建构游戏

建构游戏也称结构游戏,是儿童利用各种不同的结构玩具或材料,如积木、积塑、沙石、泥土等,创造性地构造物体形象,反映现实生活场景的一种游戏。如搭建积木、插雪花片、用废旧的盒子垒高、堆沙雕等。

(三) 表演游戏

表演游戏是模仿或改编童话、故事、影视作品中的角色、情节和语言,进行创造性表演的游戏。如手偶游戏"西游记"、故事表演游戏"喜羊羊与灰太狼"、歌舞表演游戏"中国好声音"等。

(四) 益智游戏

益智游戏是以增长儿童知识和发展儿童智力为目的的游戏。如下棋、拼图、走迷宫、串珠、词语接龙等。

(五) 体育游戏

体育游戏是指以提高儿童身体素质和发展儿童基本动作能力为主要目标的规则性游戏。如丢手绢、滑滑梯、追逐跑、拍球、荡秋千等。

(六) 音乐游戏

音乐游戏指按照一定的规则,运用音乐元素进行的游戏。如跟着音乐做动作、听旋律猜歌名等。

学前儿童游戏的各式各样是客观存在的,然而将游戏分类却是人为的。在儿童游戏的过程中,并非所有类型的游戏都是非此即彼的过程,很多游戏相互重叠、交叉,又可能会相互转化,如儿童在建构游戏中搭建了一辆坦克,随后与同伴玩起了角色游戏"开坦克"。在实践中,只要能把握游戏的本质,发挥游戏的价值,未必一定要将游戏的分类严格厘清。另外,需要说明的是教学游戏只是利用了游戏的形式,严格意义上来说并不是真正的游戏。

技能训练

项目一:梳理国外不同游戏理论流派的主要观点

实训目的:

提升主动学习的意识,扩展获取资源的途径;梳理不同理论流派对于游戏的基本观点,加深对游戏本质的理解。

内容与要求:

1. 运用书籍或者网络资源,梳理不同游戏理论流派对于游戏的基本观点。

2. 小组合作制作PPT,并展示分享。

项目二:搜集5个不同类型的游戏

实训目的:

在了解游戏分类的基础上,能通过多种形式收集相应的游戏。

内容与要求:

1. 按照类别收集游戏。
2. 游戏资料呈现包括名称和玩法等。
3. 分组体验一种游戏的乐趣,交流游戏的体验。

案例分析

今天老师又像往常一样开始了区角活动的巡视与指导。活动区中小朋友选择的游戏种类不一,大家都专注地投入自己的游戏中。美美和多多两个人从活动一开始就"躲"在了教室一个角落里,两个人你碰碰我,我碰碰你,不时摆出好看的动作,还时常发出悦耳的笑声。老师对教室里每一个区角都进行了观察与指导,当她来到美美和多多的面前时,发现两个人正在摆着好看的姿势,两张小嘴里还嘟囔着说一些听不清的话语。老师径直地走到两人面前,对他们两个说:"美美和多多是不是在玩小舞台啊?你们边唱边跳,真像在真正的舞台上表演啊,真棒啊!"美美和多多你看看我,我看看你,不知道怎么回应老师的问题。老师接着对他们说:"演员都是在哪里演出啊?""舞台上。"美美快快地说。"对了,我们班也有小舞台,你们去那里演出吧,演给其他小朋友们看,好不好啊?"就这样两个孩子被老师"硬拉"到了班级的音乐区小舞台上,站在小舞台上的两个人面面相觑。趁着老师走开的时候,多多偷偷对美美说:"明天我们再接着玩仙女下凡的游戏啊。"

分析:教师在介入美美和多多的游戏过程中犯了一个明显的错误——主观臆断。美美和多多是在玩"仙女下凡"的游戏,教师应通过两人的动作、表情和语言做全面的判断。而教师从两人的表面行为就判断两人的游戏内容,认为他们玩的是小演员演出。在没有把握住游戏的前因后果的情况下,教师又擅自改变了游戏的方向,将两人带到了舞台区。这一过程中教师没有正确判断幼儿游戏活动的类型,以主导者的身份直接介入了游戏以致干扰了整个游戏的进程。

真题链接

1. (2024年下半年)幼儿把堆的雪人当成宝宝喂他吃饭,和他讲话,这属于什么游

戏?(　　)

    A. 规则游戏   B. 表演游戏   C. 结构游戏   D. 角色游戏

2. (2020年下半年)幼儿赛跑、下棋一般属于(　　)。

    A. 表演游戏   B. 建构游戏   C. 角色游戏   D. 规则游戏

3. (2021年上半年)幼儿通过塑造角色表现文艺作品内容的游戏是(　　)。

    A. 角色游戏   B. 结构游戏   C. 智力游戏   D. 表演游戏

4. (2019年上半年)幼儿园集体教学活动和游戏的含义分别是什么(4分)?试述两者的区别与联系。(16分)

拓展链接

霍尔的人类发展五阶段与儿童典型游戏

1. 动物阶段。指类人猿阶段,儿童表现的是本能反应,如吸吮、哭泣、抓、爬、站立。

2. 未开化阶段。指靠猎取动物为生的阶段,儿童表现为玩追逐游戏、打闹游戏和捉迷藏游戏等。

3. 游牧阶段。指靠游牧为主,儿童表现为爱玩小猫、小狗、小鸡、小鸭的游戏,爱护小动物的游戏等。

4. 农业、耕种阶段。儿童表现为玩布娃娃、玩具、挖洞等游戏。

5. 城市阶段。也称部落阶段,儿童表现出小组游戏,由单个人玩发展成为一群人一起玩。

拓展阅读

>>>>>>《儿童心理学家眼中的儿童》

第二章 游戏与幼儿教育

本章概要

本章介绍了游戏与儿童发展的关系,具体阐释了游戏对于儿童身体、认知、情绪情感、社会性等方面发展的价值;分析了游戏与幼儿园教育的关系;明确了游戏在幼儿园教育中的地位,阐明游戏是幼儿最喜欢的活动,也是幼儿最必需的活动,幼儿园的教育活动应以游戏为基本活动;在此基础上,指出幼儿园实现以游戏为基本活动的实践要点。

学习目标

1. 明确游戏对于儿童身体、认知、情感、社会性等方面发展的价值。
2. 掌握游戏在幼儿园教育中的地位,理解"幼儿园以游戏为基本活动"的含义。
3. 树立正确的游戏观,增强在实践中开展游戏的积极性和主动性。

知识结构

游戏与幼儿教育
- 游戏与儿童发展
  1. 游戏与儿童发展的关系
  2. 游戏对于儿童发展的价值
- 游戏与幼儿园教育
  1. 游戏与幼儿园教育的特殊关系
  2. 游戏在幼儿园教育中的地位
  3. 幼儿园以游戏为基本活动的实现

第一节　游戏与儿童发展

情境导入

西西和美佳正在玩理发的游戏。西西是顾客,美佳是理发师。美佳说:"您好,您需要做什么发型?""我想烫头发。"之后,美佳便开始在西西头上忙活开了,她先是洗头,接着便展开一系列的"专业动作",剪发、梳头发、吹头发、喷啫喱水等,忙得不亦乐乎。两个小伙伴在这个过程中还在不断交谈:"这是最好看的发型。""我一会儿还要做个美容。"……

为什么游戏是儿童最喜欢的活动?游戏对于儿童来说到底有哪些意义?离开了游戏儿童会怎样?这是本章要具体探讨的问题。

心理治疗家亚历山大·鲁宏曾说过:"人的个性,像树的年轮,是一圈一圈发展出来的。婴儿的一圈代表着爱与享受,孩童的一圈代表玩耍与嬉戏,少年的一圈代表创作与幻想,青年的一圈代表情爱与探索,成年的一圈代表现实与责任。[①] 如果一圈未完成或者破坏了,人的个性就会损失或者发育不全。"喜好游戏是儿童的天性。游戏是儿童生活中占据时间最多、发生频率最高的事件,儿童需要游戏、喜欢游戏,就如同他们渴望阳光和空气那样自然。

《3—6岁儿童学习与发展指南》(以下简称《指南》)中提出,幼儿的学习是以直接经验为基础,在游戏和日常生活中进行的,要珍视游戏和生活的独特价值。

一、游戏与儿童发展的关系

儿童教育学和心理学指出,游戏是学前儿童最重要的和最基本的活动,它贯穿于整个学前儿童的生长和发展之中。国际儿童游戏权利协会明确提出,要为儿童提供游戏的时间和空间,保证儿童游戏的权利;还强调游戏是儿童的正当权利,没有游戏就没有儿童的发展,应该面向21世纪的需要充分发挥游戏的教育功能。作为学前教育工作者,必须要把握游戏与儿童发展的关系,看懂儿童游戏行为背后的原因与价值,只有理解游戏与儿童发展的关系,才能真正地建立正确的游戏观。

现代游戏理论认为游戏和儿童发展的关系存在三种可能性。

---

① 梁周全,尚玉芳.幼儿游戏与指导[M].北京:北京师范大学出版社,2011.

（一）游戏反映儿童发展

游戏反映发展，说明游戏是儿童力所能及的活动，游戏是儿童已有经验的表现。儿童在游戏中反映出自己的喜好、经历和已有经验。儿童游戏和其自身的发展是同步的。儿童自身发展水平高，游戏的水平也高；发展水平低，游戏水平也低，所以游戏变成了我们了解儿童发展的一个窗口，为我们把握儿童的个体差异提供了途径。在游戏当中，我们可以看到儿童的语言表达水平、动作发展水平、认知发展水平，尤其可以看到儿童是如何思维的，是如何通过自己的方式去解决问题的，解决问题的水平如何，面临的挑战是什么，等等。所以，幼儿园教师想要真正走近幼儿，把握幼儿的年龄特点和发展水平，就一定要观察游戏中的幼儿，因为在游戏中最能直接看懂幼儿，了解幼儿的个体差异。

（二）游戏巩固儿童发展

游戏巩固发展，表现为游戏中儿童有大量的自发练习性行为（重复行为）。儿童所重复的行为，是他刚刚掌握的新行为。年龄越小，越喜欢重复，如一次次重复玩同一个玩具或者听一个相同的故事。这种重复性行为是儿童的一种自发练习，在反复的练习中，他的发展得到巩固和充实。重复性行为体现出了儿童在锻炼和掌握正在发展的行为，这种行为还没有完善，需要不断地巩固和练习。当儿童对一个行为已经没有重复的意愿时，说明这个行为对他的发展价值已经实现了。游戏巩固发展，在一次次自发性的练习和尝试中，儿童的能力得到了充分的发展。

（三）游戏促进儿童发展

游戏促进发展，表现为游戏中儿童有大量的自发探索性行为（试探行为）。儿童在游戏中的一次次尝试会促进他自身的发展。在游戏中，儿童经常对事物进行尝试性探索，尤其是当他的已有经验和行为得到满足后，他就想立刻尝试一种新的方法，通过新行为的体验来自我挑战，例如玩滑滑梯时儿童的非常规玩法。在游戏中，儿童会尝试在略高出自己的水平和能力范围内展开一些新游戏行为。在试探行为的选择上，儿童总是在自己力所能及的范围内，高出原来一点进行尝试，如果成功，他又不断地开始重复。在游戏当中，儿童会小步递进地自我发展。甚至可以说，没有老师的介入，只要有游戏，儿童就能发展。

游戏是儿童在力所能及的范围内自发练习和自发探索，从而获得小步递进的自我发展。很多人都认同"会玩的孩子聪明"，因为在游戏中儿童思维更加灵活和发散，潜移默化中获得对未来不确定生活情景的应变性和适应性。游戏中的学习具有潜在性、内隐性和累积性的特点，所以游戏中的学习对儿童发展来说具有长远效应。

二、游戏对于儿童发展的价值

心理学研究证明，游戏是儿童第一心理需要。我国著名教育家陈鹤琴先生曾说过："小孩子生来是好动的，是以游戏为生命的。"这句话充分说明了游戏对儿童的重要作用。游戏融合了儿童多方面的发展潜能,可以切实满足儿童发展的需要,对于儿童的身心发展具有重要的价值。

(一) 游戏促进儿童的身体发展

1. 游戏促进儿童身体生长发育

儿童身体各系统、器官的生长发育,包括形态结构与生理机能的发展变化,可以用身高、体重、头围、胸围、脉搏、血压、肺活量等作为测量指标。游戏是儿童自发的运动形式。儿童游戏时总是活跃的,身体各器官组织处于高度兴奋状态,身体各部分协调动作,各种生理机能不断增强并协调发展,这对儿童的发育和成长具有重要作用。实践证明,身体健康的儿童比身体不健康、营养不良的儿童更喜欢游戏。尤其是专门的体育游戏对促进儿童身体的生长发育效果显著。

2. 游戏促进儿童动作协调灵敏

儿童的游戏总是与身体运动和肢体动作的练习密切相关。儿童在游戏中会反复练习各种基本动作,如走、跑、跳、钻爬、攀登、投掷、平衡等。这些运动不仅能促进他们骨骼、肌肉系统及体内新陈代谢和运动机能的发展,还可使儿童动作的协调和控制能力得到提高。如攀爬、追逐、跳绳、走平衡木、滑滑梯等运动性游戏就锻炼了儿童大肌肉群的运动能力和灵敏度。同时,游戏给儿童提供了大量的动手操作的机会,如插塑、积木、穿珠、手工等,既促进了儿童精细动作的发展,提升了儿童的手眼协调能力,又刺激了大脑的运动中枢,使神经细胞功能得到迅速发展,为儿童智力发展提供了生理基础。儿童基本动作技能的日趋成熟,又会积极推动其身体动作协调能力的发展,既锻炼了身体,又增强了体质。

图 2-1 幼儿园中的运动性游戏

3. 游戏增强儿童身体适应能力

儿童身体适应能力的发展,包括机体对外界环境的各种变化,如对冷、热、干燥、潮湿、风雨、噪音等的适应能力以及机体对各种疾病的抵抗能力和病后恢复能力。户外游戏为儿童提供了阳光、空气、水三大自然因素,长期的户外活动会使儿童的身体越来越适应外界的气候变化,提高儿童的身体素质。同时,儿童游戏中运动量的保证以及愉悦的情绪状态也会使其身体抵抗力增强,不易生病,保持身体的健康状态。

(二)游戏促进儿童的认知发展

"认知"是心理学常用的术语,指人类获取并运用知识解决问题的求知活动和心理过程,主要包括注意、感知觉、记忆、想象、思维等[1]。游戏是儿童天生的认知方式,在游戏中儿童感知事物、探索世界、体验发现,其感知力、注意力、记忆力、思维力、想象力都得到发展。

1. 游戏促进了儿童感知能力的发展

感知觉是人最早出现的认识过程,它是儿童认识外界世界、拓展知识经验、发展智力的直接通道。儿童通过眼看、耳听、口尝、手摸等感知觉过程去认识外界事物,获得感官能力的发展。《指南》中强调:"要理解幼儿的学习方式,珍视生活和游戏的独特价值,最大限度地支持和满足幼儿通过直接感知、实际操作和亲身体验获取经验的需要。"游戏为儿童提供了充分的综合各种感官进行实践和练习的机会。在打雪仗的过程中,儿童认识了冰、雪的各种属性;在玩水的过程中,儿童体验了物体在水中的各种物理现象。游戏不仅促进了儿童感知能力的发展,还使其获得了许多有价值的体验,让儿童的各种感官变得更加敏感。

2. 游戏促进了儿童思维能力的发展

儿童的游戏活动始终伴随着他们积极的思维活动。在游戏中伴随着大量的问题,儿童通过思维活动的内部操作不断地解决问题,获得游戏经验,同时也改进着自身的思维方式和问题解决能力。游戏是一个心智锻炼的重要途径,它好比是一个实验室,儿童在这里可以通过动手操作,试试自己的力量,验证一下思考的结果,懂得了许多事物的关系、物体的性质[2]。在游戏中儿童解决问题的能力不断提高,原因有以下几点:游戏的不确定性经常给儿童带来问题,促使儿童自发地进行探索,去寻找解决问题的方法;游戏降低了儿童对成功的期望和对失败的担忧与压力,使儿童具有更强的挫折承受力和坚持性;游戏使儿童获得大量尝试在各种条件下使用不同物体的机会,使儿童的思维经常处于积极活跃的状态;游戏中替代品的使用,促进了儿童思维的发散,有助于其创造性的培养[3]。

游戏帮助儿童理解与掌握生活中的知识、概念。如角色游戏"小银行"中的"取款""排队","超市"游戏中的"买卖""货物""结账"等。游戏帮助儿童形成数概念,促进其数理逻辑能力的发展。游戏中大量的操作活动为儿童提供了充分发展数概念的机会。如积木、拼图、玩沙、玩水等游戏,让儿童按照自己的速度和理解逐步建构起对大小、形状、空间、分类、排列等概念的认知。

---

[1] David R. Shaffer. 发展心理学[M]. 邹泓,等译. 北京:中国轻工业出版社,2005.
[2] 翟理红,侯娟珍. 幼儿游戏[M]. 北京:北京师范大学出版社,2012.
[3] 华爱华. 幼儿游戏理论[M]. 上海:上海教育出版社,2000.

3. 游戏促进了儿童语言能力的发展

美国心理学家布鲁纳认为儿童最复杂的语法和言语符号往往最先在游戏情景中使用,儿童在游戏活动中语言掌握得最快。美国儿童游戏领域研究者加维指出儿童之间的语言交往最初是围绕游戏进行的,他发现3岁儿童就能在游戏中进行语言交往,交往时间随着年龄的增长而增加[①]。儿童语言发展的关键在于使其有机会以各种方式练习语言表达。游戏是放松、愉快的活动,它能激发儿童表达的欲望,为儿童自由表达、与同伴交流提供适宜的语言环境。在游戏中,儿童不是简单地学习语言,而是学习用组合的方式练习把语言作为思想和行动的工具,发挥了语言学习对于儿童本身的意义。另外,儿童天生就有一种通过游戏练习获得技能的冲动。在语言游戏中,儿童的吟唱、富有创意的改编有利于他们充分感知语言的韵律,更加全面地理解语言。在游戏的情景中,儿童最终练习了发音,训练了表达,丰富了词汇,理解了语义。

对点案例[②]

游戏中幼儿的语言学习

娃娃家中,幼儿一起玩着角色扮演的游戏。当幼儿玩到"做客"的游戏情节时,可以从中学习运用简单的礼貌用语,如"请帮我""谢谢""请坐""请喝茶"等。在"上班了"的游戏情节中,幼儿能学到不同职业的常用语言。例如,医生可能会说:"你身体哪里不舒服?"超市的收银员可能会说:"您好,请出示您的会员卡。"

分析:在游戏中幼儿能接触和学到、用到不同场景的词汇,并尝试运用不同的词汇进行交流。在角色游戏中,幼儿在不经意间丰富了词汇,锻炼了表达。

4. 游戏促进了儿童想象力的发展

在游戏中,想象起到了整合经验、知识和理解方式,帮助儿童发现个体之间联系的作用。想象力的发展有一个过程,游戏为儿童想象力的发展提供了源源不断的动力。游戏中替代物的使用由单一化到多样化,促进儿童对物的想象从无意到有意,从被动到主动。儿童一开始由看见什么玩什么到后来有计划地设想角色行为,在这一过程中想象力获得稳定的发展。儿童可以在摆弄玩具的过程中进行一场情节丰富的游戏,可以用语言编出离奇的故事,游戏又能使想象力逐步脱离外在活动状态,向内在活动转化。儿童在游戏中,棍子可以当枪也可以当马,纱巾可以当被子也可以当衣服等。游戏中有成人预想不到的太多富有创造力的想象,这也为儿童发散性思维和创造性表现的发展打下了基础。

---

① 邱学青.学前儿童游戏[M].上海:江苏教育出版社,2008.
② 上海学前教育网.游戏中幼儿的语言学习[EB/OL].http://www.age06.com,2018-2-20.

> 对点案例

积木游戏的价值

领域	行为描述	目标
社会性/情绪发展	幼儿说:"我不喜欢你把我的积木弄倒。"	会争取权益
	看着桥的图片,然后开始用积木造一座桥。	展现自我引导与独立的能力
	把积木按玩具架上标示牌的大小、形状放回架上,把道具按收纳箱上标示的照片一一放妥。	会管理和爱护教室的环境和器材
	提醒别的幼儿:"不要太靠近架子搭积木,不然可能会有人踩到。"	遵守规则
	建议一起玩的幼儿在搭好的马路上再搭个加油站。	能和其他幼儿有效沟通
	对剩下的长积木进行分配,好让每个幼儿都有一些可以用。	能与人分享,尊重别人的权益
	为争抢积木起争执时,会提议:"你可以用这一块,这一块和我用的很像。"	会想办法解决冲突
身体动作发展	用大的中空积木搭出一个平衡木,然后从上面走过去。	在行动当中,可以保持平衡
	在高高的积木塔上小心翼翼地放上小块积木,没有弄倒积木塔。	可以控制手部的小肌肉
	在用积木搭出来的公寓房子里,每一层都放上一些小人偶。	手眼协调良好
	积木搭完后,把它的样子画下来。	能用工具写字和画图
认知发展	想拿蓝色的地垫当作池塘,可是有人在用,于是去美工区拿蓝色的书面纸代替。	灵活地解决问题
	一个孩子说:"如果再放一个积木上去,我堆的积木就会倒下来。"	探索因果关系
	依据积木的类型和形状进行分类。	会对物品进行分类
	拿一条绳子来测量两个建筑物。	会做比较/测量
	注意到架上的积木是由大到小排列的。	会按顺序排列物品
	把长短积木交错排列,建造出一面墙。	能找出形式来,并照样子做
	会说:"我要把动物放进围墙里,你在围墙外面造一条路出来。"	展现对空间位置的了解
	提醒同伴:"你一个叠一个,最多可以叠四个空心积木。"	会使用数字,也会数数
	搭出一间房子,并指出每个房间的用途。	会制造表征,并加以解释

(三)游戏促进儿童社会性发展

1. 游戏帮助儿童形成了社会交往关系

在游戏中儿童能表达自己的意愿、主张、态度;同时,通过与同伴的交往也能渐渐地理解别人的意愿、主张、态度，并做出反应。同伴交往是童年生活的重要内容，游戏是学前儿童同伴交往的主要形式，它促成了儿童早期的社会交往关系的形成。儿童（尤其是3～6岁的儿童）在游戏中形成了两种主要的同伴关系：一是通过玩具材料联结的现实中的同伴关系；一是象征性游戏中的角色关系。儿童的同伴关系正是在这两种关系相互作用下逐渐发展起来的。

2. 游戏提供了儿童参与社会实践的机会

游戏中的角色扮演是儿童学习社会角色、掌握社会行为规范的最好实践机会。可以说性别角色的首先获得就是在游戏中发生的，如女孩扮演的角色大多是妈妈或者奶奶，男孩扮演的多是爸爸或者爷爷。当他扮演同性别角色时，就渐渐对性别角色产生认同，逐渐习得与自己性别相应的行为方式。游戏是缩小的成人社会，游戏是儿童对现实生活的反映。在游戏中由于儿童在扮演不同角色时模仿不同身份角色的行为，使其逐渐理解人与人交往的基本规则。另外，儿童模仿社会生活中人们的文明行为，还会缩短儿童掌握道德行为规范的过程，如医院游戏中理解和关心别人，娃娃家中的体谅父母、尊老爱幼等。

3. 游戏帮助儿童摆脱了自我中心

自我中心是学前儿童的一个典型的年龄特点。在游戏中，由于扮演了角色，儿童必须以别人的身份出现，这时，他既是"自己"，又是他人。在这种自我与角色的同一与守恒中，儿童会发现自我，发现自己与他人的差别，使自我意识得到发展。同时，在扮演他人角色时，如扮演妈妈照顾宝宝，儿童也学着站在他人的立场上看问题，逐渐克服自我中心和思维的片面性。

（四）游戏促进儿童情绪情感发展

1. 游戏使儿童经常体验积极的情绪情感

积极的情绪情感包括放松、快乐、喜欢、感动、爱、满足、温和、成功感等。游戏是一种轻松、愉快、充满情趣的活动，它不仅能够给儿童以快乐，而且也可以丰富和深化儿童的情绪情感，陶冶儿童的性情。游戏的内容丰富多彩，形式多样，通过扮演角色，儿童体验着各种积极的情绪情感，如爱、关心、温和、幸福、幽默感等。在探索玩具材料时，儿童产生兴奋体验，在多次重复中获得成功感和满足感。这种成功感对于儿童的自信心和自尊心的建立具有重要意义。正如苏联学前教育专家阿尔金所说："游戏是儿童的心理维生素。"从这个意义上说，儿童的每次游戏都是一次自我的心理健康教育。

2. 游戏能帮助儿童控制消极的情绪情感

消极的情绪情感包括焦虑、伤心、生气、烦躁、紧张、恐惧、厌恶、恨等。在生活中，儿童易受外界环境影响，常会产生一些消极情绪情感。如果消极的情绪情感长期积压得不到宣泄，会影响到儿童的心理健康。游戏是儿童表达自我情感的自然媒介，同时游戏的假想情境给儿童营造了一个安全的心理氛围，儿童在玩的过程中有机会发泄郁积的紧张、挫折、不安、攻击性、恐惧、迷惑和混乱等情绪情感,如玩医院游戏时,宣泄了对医生和护士的恐惧;玩理发的游戏时,改变了对理发师的看法,减轻了抗拒的心理。在消极情绪情感得到宣泄后,儿童内心会产生一种满足和快乐的情绪情感体验。

3. 游戏使儿童产生高级的情感

儿童出生时就具有多种基本情绪,具有适应环境的基本能力,这些基本情绪在后天逐渐显露与分化,并且随着其身心发展与交往活动范围的扩大以及教育要求的提高而逐渐复杂。随着儿童年龄的不断增长,在基本情绪的基础上,逐步衍生出道德感、理智感、美感等高级的社会情感。游戏是对现实生活的反映,游戏中儿童模仿成人的文明行为,如给老人让座、同情并护送病人等,通过对角色情感的体验,儿童渐渐发展了爱心、同情心和道德感。在游戏中儿童思维积极活跃,探索玩具材料,提出问题和解决问题,积累经验,发现知识,认识事物,从而不断体验和发展理智感。游戏中儿童能够主动选择和接触各种颜色各异、造型生动的玩具;能够进行一些和表现美、创造美直接相关的活动,如折纸、剪贴、搭积木等;能够获得丰富的美与丑、善与恶的情绪体验,如角色游戏中对正面和反面角色的认知和体验,这些都有助于培养儿童对自然、社会、艺术的审美能力,培养他的审美情趣,发展他的美感。

热衷游戏是儿童的天性,儿童在游戏中获得新的知识经验,在游戏中锻炼语言表达,发展观察力、记忆力、注意力、思考力,学习潜能得以开发。"会玩的孩子才会学习,会学习的孩子更会玩。"游戏对于儿童有着不可估量的作用,对儿童智力及非智力因素的发展和提高产生巨大的影响。作为专业的学前教育工作者,必须加强对游戏的重视和研究,通过自身的专业行为去增强儿童福祉,为我国未来事业的建设者和接班人打下坚实的基础。

第二节 游戏与幼儿园教育

情境导入

幼儿园里,一群家长围在中一班一周活动安排表前,议论纷纷。

"怎么一天就上这么两节课?"

"一天有这么多的时间做游戏,要玩这么长时间?"

"怎么这么多游戏?我花这么多钱送孩子上幼儿园就是来玩的?"

"我们去找老师问问看。"

为什么幼儿园要开展游戏,游戏在幼儿园教育中的地位和作用如何?这是本节重点探讨的问题。

游戏是儿童最喜欢的活动,是儿童的工作。游戏对于儿童的发展价值早已成为教育者的共识。脑科学的研究也证明了游戏对于人一生发展的价值,并得出结论:早期教育方案应当以儿童为中心,以游戏为基础。把游戏运用于学前教育实践当中,实现教育与游戏的有机结合是当今学前教育发展的重要趋势。

一、游戏与幼儿园教育的特殊关系

(一) 游戏与教育

1. 游戏与教育的区别

游戏与教育是现代学前教育实践的两种手段,它们有着错综复杂的关系。幼儿教育的实践必须建立在对这两者关系的科学把握基础之上。游戏是儿童童年生活的重要内容,它是一种不受外力约束、游戏者自发自选的活动,是儿童内在动机控制下的单边自主活动,它侧重于游戏者的需要、兴趣和能力,是儿童在已有知识经验基础上进行的自我表现的活动。教育是有目的、有计划的活动,它是外部要求控制下的教与学的双边互动活动,立足于教育的目的、任务、内容,是一种关注在未知领域里接受新知识的活动。游戏更多强调的是兴趣、过程、表现,而教育更多强调的是计划、内容、效果。

2. 游戏与教育的联系

游戏和教育的共同主体均为儿童,其共同目的是促进儿童全面和谐地发展。从两者的目的上看,游戏实现了儿童认知能力、运动能力、社会性和情感的发展(囊括了儿童身心发展的各个方面);教育则通过体、智、德、美四个方面的教育过程促进儿童身心各个方面的发展。从两者的内容上看,游戏包括了角色游戏、建构游戏、体育游戏以及益智游戏等,而教育则包括了德育、美育、体育、智育等,内容上两者存在着交叉对应的关系。总之,两者既密不可分,又有独立存在的价值。

(二) 幼儿游戏与幼儿园游戏

1. 幼儿游戏与幼儿园游戏的区别

幼儿游戏与幼儿园游戏的主体虽然都是3~6岁的幼儿,但它们是既相互联系又相互独立、相互区别的概念。幼儿游戏是自然状态下的游戏,是幼儿依照自己的兴趣和需要或由于特定环境的偶发刺激开展的自由活动,游戏内容具有极大的无意性,在游戏中实现的发展具有很大的偶然性。幼儿园游戏是在教育背景下的游戏,它由教师依据教育目标组织开展,游戏内容具有一定的有意性,游戏实现的发展具有一定的方向性。

2. 幼儿游戏与幼儿园游戏的联系

两者的共同点是活动主体都为幼儿,在活动中幼儿均能充分发挥主动性;两者均对幼儿的发展具有适宜性,都能满足幼儿身心发展的需要,都能实现幼儿表现自我、发展自我的价值。幼儿游戏能促进幼儿自然发展,促进其主体性、主动性的发挥;幼儿园游戏则能促进幼儿有目的地发展。幼儿游戏突出的是游戏的本体价值,突出表现为游戏本身所具有的对于幼儿的发展的能动作用。幼儿园游戏侧重把游戏作为一种活动形式来组织和开展幼儿园的教育教学活动,或者说以游戏的活动形式承载教育教学的内容,以确保教育教学的目标实现和任务完成。将二者区分有助于理解幼儿的自然发展价值和实现游戏的教育价值之间的关系,也避免教育者将游戏变为教育或教学,忽略了游戏的本体性价值。

(三)游戏教育化与教育游戏化

具有功利意图的教育或学习活动以客观经验的传递或内化为第一要务。教育的价值取向决定了教育的组织形式。对于教育的目标和结果的关注使得传统的教育基本形式定位在上课(狭义的教学)上,体现为对知识技能掌握的过度强调,通过上课直接向学生灌输知识,忽视知识来源的亲身体验以及体验过程中多种思维方法和学习能力的锻炼。随着人们对教育实践的认识越来越深刻,现代教育不断改革,新的组织形式得到运用(尤其是幼儿教育阶段),体现为现代学前教育对游戏越来越重视,认识到游戏对幼儿发展及学习的重要性,学前教育工作者一直在谋求游戏与教育的结合,使游戏成为教学的一种组织形式。

游戏教育化和教育游戏化成为游戏与教育有机结合的两种基本形式。游戏教育化的目的在于改变重上课、轻游戏及放任自然状态下的儿童游戏的状况,实现游戏对教育的服务功能。在幼儿园教育中落实的具体表现为用教育目标关注游戏,以教育内容和任务分类组织游戏活动,以儿童游戏的年龄特征为依据来开展活动等。教育游戏化的目的在于改变幼儿园教育小学化倾向,减轻幼儿发展过程中承受的学业压力。在幼儿园教育中落实的具体表现为幼儿园以游戏的特点来组织教学,在教学过程中谋求游戏般的乐趣,寓教于乐。游戏教育化和教育游戏化也体现了游戏的本体性价值和手段性价值,幼儿在游戏中获得学习的收获,在学习中体验到游戏般的乐趣。

二、游戏在幼儿园教育中的地位

游戏是幼儿教育阶段的主导活动,是适应幼儿的身心特点,培养和发展幼儿的个性化、社会化、创造力等有效的教育方法。但相当多的家长和部分幼儿教师并不能真正了解幼儿的发展和学习特点,对游戏在幼儿园教育中的地位缺乏正确的认识,使得游戏在幼儿园的教育活动中被大量的、生硬的、功利化的接受性学习所替代,成为学习之余单纯的娱乐活动。学前期(0~6岁)是特殊的游戏期,游戏是学前儿童基本的活动,也是他们基本的权利,注重游戏是学前教育区别于中小学教育的重要特征[1]。幼儿园教师和家长应当理解游戏对于幼儿学习与发展独特而重要的价值,深入认识游戏在幼儿园教育当中不可或缺的价值和地位,这对充分发挥游戏对幼儿发展的作用具有重要的现实意义。

---

[1] 刘焱.幼儿园游戏与指导[M].北京:高等教育出版社,2012.

(一) 游戏是我国学前教育政策法规中倡导的核心理念

我国学前教育领域历来强调和重视游戏对于幼儿学习与发展的独特价值,把游戏看作对幼儿进行全面发展教育的重要形式,主张和倡导幼儿园"以游戏为基本活动",并把这个理念一直贯穿在学前教育领域主要的政策法规当中。《幼儿园工作规程》中提出:"幼儿园的教育以游戏为基本活动,寓教育于各项活动之中。"2001年颁布的《幼儿园教育指导纲要(试行)》提出:"幼儿园教育应尊重幼儿的人格和权利,尊重幼儿身心发展的规律和学习特点,以游戏为基本活动,保教并重,关注个别差异,促进每个幼儿富有个性地发展。"2012年颁布的《幼儿园教师专业标准(试行)》在专业理念与师德部分提出:"重视环境和游戏对幼儿发展的独特作用,创设富有教育意义的环境氛围,将游戏作为幼儿的主要活动。"在专业能力部分又把"游戏活动的支持与引导"看作幼儿园教师应当具有的七大项专业能力之一。2012年颁布的《3—6岁儿童学习与发展指南》中更是再一次强调与突出了游戏的地位,提出:"幼儿的学习是以直接经验为基础,在游戏和日常生活中进行的。要珍视游戏和生活的独特价值,创设丰富的教育环境,合理安排一日生活,最大限度地支持和满足幼儿通过直接感知、实际操作和亲身体验获取经验的需要,严禁'拔苗助长'式的超前教育和强化训练。"2018年颁布的《中共中央 国务院关于学前教育深化改革规范发展的若干意见》中关于提高幼儿园保教质量的论述中提出:"坚持以游戏为基本活动,珍视幼儿游戏活动的独特价值。"2022年颁布的《幼儿园保育教育质量评估指南》将游戏活动实施状况作为幼儿园"活动组织"质量评价的重要内容,具体指标为:"以游戏为基本活动,确保幼儿每天有充分的自主游戏时间,因地制宜为幼儿创设游戏环境,提供丰富适宜的游戏材料,支持幼儿探究、试错、重复等行为,与幼儿一起分享游戏经验。"

游戏在幼儿园教育中的法规地位,使得幼儿园以游戏为基本活动的实施得到有力保障,有利于避免和纠正幼儿园教育小学化、成人化的倾向。

(二) 游戏是幼儿园的基本活动

基本活动指对一个人来说最经常、最适宜,也是最必需的活动。在幼儿园的教育中,游戏对于幼儿来说就是最基本的活动。幼儿园教育把游戏作为基本活动的主要原因有以下几点:

首先,游戏是幼儿最喜欢的活动,符合幼儿身心发展的特点。由于小孩子生来就是活泼好动的,游戏中各种自由的动作、自在的状态正好满足了幼儿好动的需要。幼儿也正是依靠各种动作维持了生长发育。另外,喜欢游戏是每个儿童的天性,游戏是童年生活的重要内容。幼儿的游戏不仅是一种顺应幼儿天性的法则,一个观照童年文化的视角,更是一条向童年生活回归的道路。游戏对于幼儿来说不仅是一种放松和娱乐,更是一项基本权利,是其身心发展的基本需要。家庭、幼儿园和社会都应当创造条件,满足幼儿游戏的需要,保护他们游戏的权利,让幼儿快乐生活,健康成长。

其次,游戏是幼儿最必需的活动,幼儿的身心发展在游戏中实现。多项研究证明游戏对于幼儿的身体、认知、情感、社会性等方面的发展具有重要价值。游戏也是最适合幼儿的学习方式。在游戏中,幼儿通过直接感知、亲身体验、动手操作、相互合作交流等形式获得直接经验。幼儿在游戏过程中反复运用新经验,不断挑战自我,小步递进地自我发展。游戏满足了幼儿自我探究的需求,满足了幼儿身心发展的需要,在游戏的过程中又实现了幼儿和谐全面的发展。由此可见,游戏是幼儿生命成长必不可少的经验,是童年文化的组成部分。

对点案例

"放养"的新西兰幼儿园,到底是怎样照顾孩子的?

阅读案例

(三)游戏是幼儿园课程的灵魂

首先,游戏是幼儿园课程的重要组成部分。课程与游戏在幼儿园教育实践中是相互交织、不可分割的。游戏与课程的关系就好像血液与身体的关系,游戏渗透在幼儿园课程的方方面面。只要能帮助幼儿获得有益的学习经验,促进其身心全面和谐发展的各种幼儿园活动都属于幼儿园课程的范畴。幼儿园一日活动的基本内容包括生活活动、游戏活动、教学活动和运动,游戏是幼儿园课程的重要内容之一。幼儿园课程的根本目的在于帮助幼儿获得有益经验,促进其发展。幼儿园课程中占有很大比例的"发展幼儿智力,提升幼儿能力"的内容,是借助游戏活动来实现的。游戏中幼儿获得的知识经验、亲身体验、社会经验等对于幸福快乐的童年来说是不可或缺的经验,也有益于幼儿的健康成长和全面发展。

其次,游戏是幼儿园课程目标达成的手段,是课程实施的最佳途径。幼儿身心发展和学习的特点要求幼儿园课程实施要"以游戏为基本活动",而不是以集体教学为基本活动。在游戏中,儿童不仅能快乐地玩,还能有效地学。游戏就是幼儿的学习,游戏是幼儿最自然、最有效的一种学习方式。在幼儿本体性游戏活动中,幼儿园课程的隐性目标得以实现。例如,在积木游戏中,儿童获得了关于空间概念、数量关系、艺术造型等多方面的经验,而这些经验正是幼儿园课程中需要帮助幼儿获得的有效经验。教育教学的全部过程和所有环节都可以把游戏的手段运用其中,借助游戏的活动形式得以组织和完成。把游戏作为教育教学的手段,有利于幼儿园课程显性目标的实现。如体育游戏中发展了幼儿走、跑、跳等基本能力。游戏不仅是幼儿园课程的重要内容,更是实现幼儿园课程目标的重要途径,所以,我们说游戏是幼儿园课程的灵魂。

对点案例

华爱华教授就游戏与学习的关系为家长解惑:游戏是什么?培育会学习的儿童。

阅读案例

三、幼儿园以游戏为基本活动的实现

虽然我国学前教育理论界一直重视和强调游戏的独特价值,国家的政策文件中也一再地突出游戏的地位。但是,幼儿园以游戏为基本活动的实现现状还是令人担忧。很多农村幼儿园缺乏玩具材料,无法形成供幼儿自发探索的活动区;普遍采用课桌椅"秧田式排列"的空间结构,开展"上课"为主的小学化教学活动现象屡见不鲜。很多城市幼儿园虽然设置了活动区,但很多活动区成为摆设,幼儿很少有机会进去玩;有的活动区成为集体教学活动的附庸,教师经常要求幼儿在活动区通过操作完成枯燥的作业;还有的幼儿在活动区里进行着教师计划安排的"游戏活动",完全没有体现游戏的精神和价值。在过度强调安全的前提下,幼儿的大部分户外活动也成为过度保护下的不自由活动。

幼儿园实现以游戏为基本活动,一是要充分具备保证游戏活动顺利开展的各项基础条件;二是要注重游戏活动本身开展的效果,发挥游戏的本体价值;三是要将非游戏活动游戏化,发挥游戏的手段价值。

(一) 保障游戏活动开展的条件

1. 时间保证

要真正落实"以游戏为基本活动"的教育原则,必须改变以"上课为中心"安排时间和空间的做法。保证充分的游戏时间,是幼儿园以游戏为基本活动的基本条件之一。以游戏为基本活动的时间保证要体现在幼儿园一日生活的作息安排表上。幼儿园根据自身条件制订作息制度表,保证每天有1小时室内自由游戏活动(自由的+有指导的活动区活动)、场地安全前提下的2小时户外游戏活动,来园、离园时段的自由游戏和过渡环节组织的游戏的时间①。这样在时间上完全能够保证以游戏为基本活动的实现。目前,我国有些省市已经在文件中规定了幼儿园一日活动的游戏时间,如上海市规定每天幼儿自主游戏时间不少于1小时,户外活动不少于2小时。

表2-1 上海市某幼儿园一日生活作息表

小班		中班		大班	
8:00—9:00	生活与游戏	8:00—9:00	生活与游戏	8:00—9:00	生活与运动
9:00—10:00	运动活动	9:00—10:00	运动活动	9:00—9:40	生活与游戏
10:00—10:20	学习活动	10:00—10:30	学习活动	9:40—10:10	学习活动
10:20—10:50	游戏活动	10:30—11:00	游戏活动	10:10—11:00	游戏活动
10:50—14:30	生活活动	11:00—14:30	生活活动	11:00—14:30	生活活动
14:30—15:30	生活与运动	14:30—15:30	生活与运动	14:30—15:30	运动与生活
15:30—16:00	游戏活动	15:30—16:00	个别化学习	15:30—16:10	个别化学习
16:00—16:30	生活活动	16:00—16:30	生活活动	16:10—16:30	生活活动

---

① 陶辉,陈丽萍,徐梅. 幼儿园游戏园本化有效实施的实践研究[EB/OL]. http://www.syyey.sjedu.cn/bjyj/jyky/201310/419278.shtml,2018-5-20.

表2-2　江苏省某幼儿园一日生活作息表

我们的美好一天

内　容	时　间
保教人员到岗（值班教师、保育员）	7:50
第一时段游戏（自主入园、晨间游戏）	8:00—9:00
具有仪式感的点心时间	8:50—9:15
晨圈活动（思维共享时刻）	9:10—9:30
第二时段游戏（不被打扰的游戏）	9:30—10:25
第三时段游戏（不被打扰的游戏，含韵律操）	10:25—11:10
餐前整理、午餐（补充能量，师幼对话）	11:20—12:00
闲暇的午后时光	12:00—12:20
午睡（安静、不被打扰的休息时光）	12:20—14:15
苏醒活动、下午点心、话题分享	14:20—14:50
第四时段游戏	14:50—15:40
游戏分享、幼儿离园	15:50—16:10
班级教师思维共享、行为反思	16:10—16:50

备注：
1. 每周一为劳动日和升旗日，第一时段游戏全园师幼室内外大扫除、整理游戏材料。
2. 第三时段游戏：项目探究、游戏表征、倾听记录、对话分享。
3. 户外游戏区域按照区域安排表，可进行组内的预约、调换等。
4. 放松操环节自然过渡，不限制地点和具体活动内容。

对点案例

浙江安吉某幼儿园一周计划

时间：5月22日至5月26日第十五周　　　　　　　　　　　　　　　班级：苗苗一班

内容＼时间		一	二	三	四	五
晨间自主活动		自选活动：植物观察记录，室内自主游戏				
游戏与学习活动	活动一	晨间锻炼：好玩的球	晨间锻炼：玩沙包	自主游戏：欢乐运动场	晨间锻炼：有趣的轮胎	晨间锻炼：走走爬爬
	活动二	游戏故事	自主游戏：草坪游戏		自主游戏：欢乐运动场	自主游戏：涂鸦
	活动三	自主游戏：玩沙	游戏分享	游戏生成活动：蚕宝宝为什么会死	游戏生成活动：黑黑的是什么	游戏分享
	活动四	室内自主游戏	自主游戏：涂鸦	自主游戏：挑战区	自主游戏：草坪游戏	室内自主游戏

(续表)

生活活动	入园，离园（含晨间交往）	问题与现象：幼儿来园时去区角里游戏而忘了将椅子搬下来。 目标：幼儿来园、离园时能放好自己的物品，并将小椅子从桌上搬下来。 措施：1. 离园时提醒小朋友将小椅子塞到桌子下面。 　　　2. 对于没有放小椅子的小朋友，边上的小朋友进行适当的提醒。
	盥洗（如厕/盥洗/喝水）	问题与现象：喝水的时候有几个小朋友总是喜欢拿别的小朋友的杯子喝水。 目标：能拿对自己的水杯喝水。 措施：1. 提醒每个小朋友按照自己做的标记拿水杯喝水。 　　　2. 重新让小朋友们做自己的水杯标记。
	韵律操	问题与现象：在做韵律操时总是有小朋友喜欢跑到别的地方去玩。 目标：做韵律操时能和小朋友、老师一起做韵律操。 措施：1. 配班教师多关注小朋友做韵律操。 　　　2. 可以多创编一些能引起孩子兴趣的动作，让小朋友对韵律操更感兴趣。
	餐点（午餐/点心/餐后活动）	问题与现象：在吃好点心之后，最后一个小朋友总是忘记将大盘子收走。 目标：吃好点心后，最后一个小朋友能主动收拾桌面。 措施：1. 吃点心前提醒小朋友要将大盘子收走（最后一个小朋友）。 　　　2. 如果最后一个小朋友忘记，可以请同组的小朋友互相帮忙。
	午睡	问题与现象：有一些幼儿在午睡时，影响别的小朋友睡觉。 目标：幼儿午睡时能安静入睡，不去打扰别的小朋友。 措施：1. 教师坐在个别喜欢吵闹的幼儿边上。 　　　2. 请喜欢讲话的小朋友分开来午睡。 　　　3. 对于一些能力比较弱的幼儿，可以进行指导。

分析：该幼儿园的周计划中充分保证了游戏的时间，从晨间自主活动到游戏活动再到生活活动，都充分尊重了幼儿的主体性，也显示出了教师的专业性。在游戏方面，幼儿早上一入园就进行室内自选游戏，周一到周五游戏活动丰富多样。最为可贵的是，游戏故事、游戏分享等环节更是明显地将幼儿的学习和游戏融为一体，玩中学的游戏理念贯穿始终。

2. 空间保证

2011年颁布的《教育部关于规范幼儿园保育教育工作，防止和纠正"小学化"现象的通知》中指出："幼儿园要遵循幼儿身心发展规律，纠正'小学化'教育内容和方式；要创设适宜幼儿发展的良好条件，整治'小学化'教育环境。"以游戏为基本活动在空间上的保证即教师应创设适宜幼儿发展的游戏环境，给予幼儿自发探索、自主学习的机会，保证幼儿在不同水平上富有个性地发展。活动区活动是幼儿园实践"以游戏为基本活动"的基本途径。教师应当根据班级的空间条件、幼儿人数等因素因地制宜地规划活动区的空间结构和功能，为幼儿创设丰富多样的游戏活动区，并提供数量充足、种类丰富、结构化程度低、有利于幼儿获得有益经验的、可玩性强的游戏材料，为幼儿自主游戏和学习探索提供机会和条件。要让区域游戏活动（室外和室内）成为一日生活中的主要活动。

图 2-2　某幼儿园室外活动区　　　　图 2-3　某幼儿园室内活动区

3. 教师的专业化水平保证

2012年颁布的《幼儿园教师专业标准（试行）》把"游戏活动的支持和引导"作为幼儿园教师应当具备的七大专业能力之一。幼儿园教师的游戏观和游戏活动的组织能力是幼儿园以游戏为基本活动实现的最为核心的条件。幼儿园教师应当理解游戏对幼儿学习和发展的独特而重要的价值，相信游戏是适合幼儿身心发展特点的学习方式，寓教育于幼儿的游戏和生活之中，认同并坚持以游戏为基本活动的教育理念，掌握组织和引导幼儿开展游戏活动的方法和技能，为幼儿创设能够激发他们探索、想象、思考、表达、交流、合作的游戏环境，支持、引导、丰富和扩展幼儿在游戏中的经验建构，并通过游戏观察幼儿、分析幼儿、解读幼儿，切实提升游戏方面的专业素养，提升自身的专业性，这样幼儿园以游戏为基本活动才有了真正实现的可能。

（二）游戏活动优质化

游戏最本质的属性就是自主性，幼儿园以游戏为基本活动的关键就是发挥游戏真正的本体性价值，让幼儿按自己的需要自发开展的本体性游戏在幼儿园占有一席之地。幼儿自发自主的活动是本体意义上的游戏，是幼儿最喜欢的活动。这类活动中虽没有发展的特定指向，但它凝聚着发展的全部趋势。经常参加这类活动，有助于幼儿的心理健康和个性的和谐发展。因此，幼儿园必须给幼儿充分开展这类游戏的机会。

1. 自主性游戏

游戏本体价值的实现，就在于将幼儿自己的游戏，或者说是自发或自由状态下的游戏引入或转化为幼儿园课程的内容与过程。就操作的方式或实践路径而言，即幼儿园自选游戏的组织与实施，需提供时间、空间与机会，给予幼儿自主活动的权利，鼓励与支持幼儿自发的游戏活动。自选游戏可以发生在班级幼儿任何可以自由支配的时间和空间里。在时间上包括幼儿来园、离园等待时间，常规教学活动之间的间隙里，幼儿生活活动时间里，班级专门安排的自由活动时间里。空间上包括户内和户外，如楼道里、走廊上、班级里，特别是区域环境中。自选游戏发生的依托是活动区（又称区角或区域），活动区活动是幼儿园实践"以游戏为基本活动"的基本途径。幼儿园教师要正确定位活动区的游戏,保证活动区中的幼儿是自由的、自主的。不要让幼儿进行功利性的异化的游戏,即幼儿选择的活动内容是受限的,玩法是教师已经规定好了的,供幼儿选择的所有内容都是为了达成一个教学目标而进行的操练活动等。教师要成为幼儿活动的支持者、合作者、引导者,以欣赏、接纳、尊重的态度对待幼儿的游戏行为,不只看见自己预设的学习成果,也要能看得见孩子自发游戏中的学习因素。要根据幼儿的游戏需要与兴趣、身心发展水平、幼儿园教育目标,为幼儿创设适宜的游戏环境,为幼儿的学习和发展行为提供支持。

2. 户外游戏活动

学前期是人的基础运动能力形成和发展的关键时期,游戏活动与幼儿运动能力的发展之间存在着相互作用、相互促进的关系[①]。户外游戏活动是幼儿认识自我、探索和体验世界的重要方式,它对于幼儿身心发展具有重要价值。对于幼儿来说,户外体育游戏意味着比室内游戏活动更多的自由和快乐。幼儿园以游戏为基本活动的实现,不仅要注重室内的活动区游戏,更要关注幼儿的游戏意愿,保证幼儿户外体育游戏的时间,让幼儿在广阔的空间里尽情地探索与玩耍,解放自身的想象力和创造力。

集体活动中有大量的游戏,活动区有大量可玩的材料,自主性游戏有大量的时间保证,这样幼儿园以游戏为基本活动才能有基本保证。学前教育的专业特殊性,就体现在游戏方面。如果幼儿园教师没有一定的专业素养,则容易导致以活动的功利性异化游戏,以游戏的假象剥夺幼儿真正游戏的权利。幼儿园教师要不断地提高在游戏方面的专业素养,明白"小游戏有大学问",愿意通过游戏去解读幼儿的行为,去增强专业敏感性,最终提升幼儿教育的质量。

(三)非游戏活动游戏化

游戏精神体现在幼儿园一日活动的方方面面,让幼儿的集体活动中充满大量的游戏,将生活活动和教学活动中渗透游戏的因素,这是实现幼儿园以游戏为基本活动的另一个途径。

1. 生活活动

在生活活动中,要以多种形式的游戏充实幼儿园的一日生活活动,尽量减少不必要的集体行动和过渡环节,减少和消除消极等待的现象。不少幼儿园在组织幼儿洗手、如厕、吃点心、进餐等环节有过多的等待现象,教师可以和幼儿玩一个手指游戏或经典的民间游戏,以一个简单易玩的游戏贯穿整个生活活动,这样使幼儿既保持良好的情绪体验,又能在与同伴的相互作用中分享经验,获得发展。

2. 教学活动

幼儿园教育教学的活动性、直观性、综合性、趣味性等原则要求在教学活动中应尽

---

① 刘焱. 儿童游戏通论[M]. 北京:北京师范大学出版社,2008.

可能地运用游戏的因素。要把游戏的手段运用于教育教学的全部环节,借助游戏的活动形式以确保教育教学的目标实现和任务完成。在幼儿的教学活动中,将教学活动游戏化,即在教学实施的过程中,尽可能地淡化教育目的,强化游戏的手段价值,看轻结果,看重过程。将教学与游戏这两种互为补充的形式整合起来,模糊游戏与教学的界限,在教学活动中为幼儿创设适宜发展的学习环境,让幼儿主动积极地参与,体验愉快的情绪,自主地探索等。尽量保证幼儿活动的经验和过程体验是完整统一的,而不是零散的、分割的。教师在直接指导集体教学活动时,应利用游戏主动性和挑战性等特点,尽可能地保证幼儿的积极参与和对学习过程的体验。利用游戏的手段价值,给幼儿提供丰富的材料,让幼儿能自主探索。同时还要注重学习的内容具有一定的挑战性,在最近发展区内开展教学活动。只有将教学与游戏二者恰当地结合起来,才能收到最好的效果。

对点案例

在以"我的家真美丽"为主题的活动中,教师先引导小朋友们谈一谈自己家附近的各种游乐场、商店、超市等设施,同时在建筑区里投放了大家一同制作的各式屋顶、招牌、数字牌、秋千、滑梯等材料。然后,教师在建筑区建了一幢孤零零的住宅楼,引导小朋友们美化这里的环境。小朋友们情绪高涨,思维活跃,搭建出各种高大漂亮的住宅楼,还贴上了楼号,装上了漂亮新颖的窗户、门,并在住宅楼附近搭建了幼儿园、医院、超市、公园等建筑。通过给这些建筑物挂招牌,小朋友还认识了许多字,培养了识字的兴趣。在教师的不断启发与引导下,小朋友搭建的小区环境新颖漂亮、别具一格,充分显示出小朋友们独特的创造力。[①]

分析: 案例中教师组织的主题教学活动凸显了以幼儿为主体的教学理念,教师在教学活动中扮演着支持者、合作者、引导者的角色,而不是活动的安排者和领导者。教师通过各种形式调动幼儿参与的兴趣,给孩子们提供机会去动手操作、动脑思考,同时教师鼓励幼儿大胆地表达和创新,将游戏中的自由、自主、愉悦、创造的精神渗透到教学当中。

技能训练

项目一:观摩与剖析一个游戏

实训目的:

自选幼儿游戏的片段,从专业的角度剖析游戏在幼儿发展中的作用。

---

① 梁周全,尚玉芳.幼儿游戏与指导[M].北京:北京师范大学出版社,2011.

内容与要求：

1. 观察与记录游戏中幼儿的行为表现。
2. 从多个角度分析游戏对于幼儿发展的价值。

幼儿游戏活动记录表

观察时间		观察地点		观察对象	
观察者		游戏名称		游戏类型	
游戏中幼儿的行为表现：					
幼儿在游戏中的发展：					

项目二：整理与发表关于"幼儿园教育以游戏为基本活动"的观点

实训目的：

加强对学前教育领域关键文件的熟悉程度，提升对于游戏的重视程度；进一步加深对"幼儿园以游戏为基本活动"的理解。

内容与要求：

1. 文件不少于3个，《纲要》《指南》必选。
2. 撰写一篇800字左右关于幼儿园游戏的小论文，开展学术沙龙，交流研讨。

案例分析

在幼儿园里，明明坐在地上，拿着一辆小汽车，在地上推来推去，口中喃喃自语。请谈谈明明在游戏中会有哪些体验。

分析： 在推拉小汽车时，可以锻炼手部肌肉运动、手眼协调等，以控制小汽车移动的方向和速度；小汽车移动时发出的声音，带来感官上的刺激，有助于感觉的发展；游戏中模仿汽车驾驶员的行为，产生丰富的想象，并体会到驾驶汽车的乐趣；在推动小汽车的过程中，可能会巩固一些在日常生活中常接触到的概念，例如高低、远近、快慢、前后等。

真题链接

1. （2024年下半年）幼儿园教育应以什么活动为主？（　　）
   A. 日常生活活动　　　　　　B. 游戏活动
   C. 学习活动　　　　　　　　D. 同伴交往活动

2. （2022年下半年）简述游戏对幼儿发展的作用。

3. （2021年下半年）有家长说："这家幼儿园天天让孩子玩，什么都没教。不教拼音，不教写字，孩子连字都认不了几个。"为什么说该家长的说法是错误的？请说明理由。

拓展链接

英国开展户外游戏的理论溯源[①]

在英国的学前教育中，游戏（Play）被认为是幼儿学习的主要形式。2000年英国政府颁布的《学前教育课程指导》（Curriculum Guidance for the Foundation Stage, 2000）明确指出：有计划的游戏活动是学前儿童富有兴趣地进行探索学习的重要途径。为此，户外游戏成为学前教育理论和实践工作者共同关注的课题。目前英国学前界已经就户外游戏达成了很多共识，如室内和户外的教育环境同属于一个整体的教育环境，都必须适应儿童的发展；教师和管理者必须以同等的态度看待室内和户外教育环境，对户外教育环境也要进行适当的计划、管理、评估和投资；户外是儿童的"学习环境"，同时也是教师的"教学环境"，户外游戏环境需要精心的设计和布置；对于一些儿童来说，户外游戏可能对他的发展起着更为重要的促进作用等。

英国有关儿童户外游戏活动的研究更是认为，户外游戏较室内游戏有着更为重要的教育价值和意义，具体表现在以下两个方面：第一，户外游戏中儿童的自主性增强。户外游戏中儿童感觉自己能够控制自己的"领地"，因而能够更自由地表达自己的想法。在室内游戏中，儿童通常能够从成人的暗示中知道成人对他们的希望，因而为了取悦成人、得到成人的表扬而保持安静和忙碌的状态。第二，户外游戏中儿童的社会性活动增多。有研究表明，儿童在户外游戏中能够进行更多的相互交流，且言行也更加成熟，游戏持续的时间较室内游戏长，合作性游戏出现的概率增加。然而在室内，由于受到空

[①] 张莅颖，张世锋. 英国开展户外游戏活动的理论与实践[J]. 学前教育研究，2010(8).

间、噪声和场地的限制，儿童常常不能放开手脚活动。

　　总的来说，户外游戏的环境完全应该被视作一种教育环境，它可以适应和满足每一名儿童的需要，发展他们的认知能力、情绪情感、社会性，提高他们的身体素质。在户外游戏中，儿童可以享有足够的活动空间、活动时间和活动自由，呼吸新鲜的空气，从事自己感兴趣的活动。户外游戏还可以是室内教育活动的补充和延伸，幼儿园应坚持开展户外游戏活动。

拓展阅读

〉〉〉〉〉《游戏是孩子的工作》
　　　《在游戏中培养儿童的学习品质》

第三章 幼儿园游戏环境创设

本章概要

《幼儿园教育指导纲要(试行)》中明确指出:"环境是重要的教育资源,应通过环境的创设和利用,有效地促进幼儿的发展。"游戏的顺利开展是在良好的游戏环境中实现的,作为一名幼儿园教师,学习并掌握幼儿园游戏环境创设的方法至关重要。本章将从幼儿园室内外游戏环境创设的主要内容、原则、方法以及游戏材料的提供展开介绍。

学习目标

1. 掌握幼儿园室内外活动区游戏的种类、功能及室内外游戏环境创设的要点。
2. 能够综合幼儿年龄阶段特点、现有资源等多种因素,设计适宜的室内外游戏环境方案。
3. 有效提升关于环境对幼儿发展价值的认识,树立环境育人的理念。

知识结构

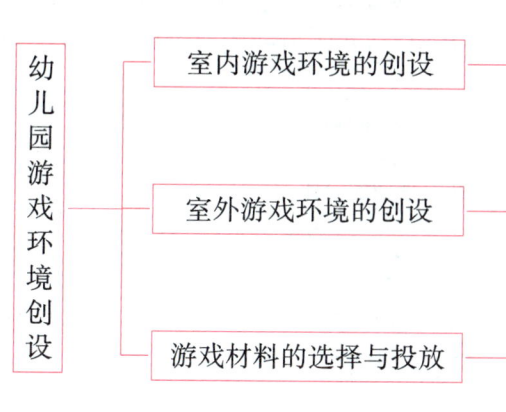

幼儿园游戏环境创设
- 室内游戏环境的创设
  1. 室内游戏环境创设的含义与原则
  2. 活动区的含义与价值
  3. 活动区的整体规划思路
  4. 各类活动区的作用及创设要点
- 室外游戏环境的创设
  1. 室外游戏活动的价值
  2. 室外游戏环境的内容及创设要点
  3. 室外游戏环境的创设原则
- 游戏材料的选择与投放
  1. 游戏材料在儿童发展中的作用
  2. 幼儿园游戏材料的选择原则
  3. 游戏材料的投放
  4. 游戏材料的保管方法

第一节　室内游戏环境的创设

情境导入

假期过半,老师们已经开始通过各种途径学习并构思新学期的室内游戏环境的创设了,虽然很不容易,但老师们都很期待小朋友开学回来的时候,见到新环境时兴奋的表情。

老师们为什么要如此认真地创设幼儿园室内游戏环境?他们又应该如何创设孩子们喜欢的环境呢?这是我们即将探讨的内容。

一、室内游戏环境创设的含义与原则

(一)室内游戏环境创设的含义

幼儿园室内游戏环境包括班级活动室、园内多功能游戏室和走廊、墙裙、地面等室内附属环境(见图3-1)。

微课
幼儿园室内游戏环境的创设

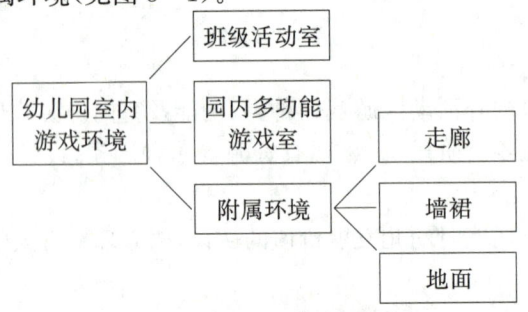

图3-1　幼儿园室内游戏环境

相应的,室内游戏环境的创设主要包括室内空间的利用、班级墙面的设计、地面设计、走廊设计以及活动区的创设(见图3-2)。其中,幼儿园活动区的设计规划是实现幼儿园室内游戏环境创设的主要手段和途径。

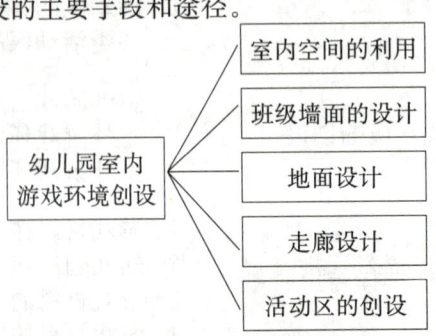

图3-2　幼儿园室内游戏环境创设

对点案例

你一定需要的公共区环创集锦。

阅读案例

（二）室内游戏环境创设的原则

1. 安全性原则

安全性原则是指在幼儿园环境创设中，确保环境对幼儿没有危险和安全隐患，保障幼儿在园期间的人身安全。幼儿天性活泼好动，喜爱探索，但其自我保护意识与能力都十分弱，很容易导致各种意外伤害事故发生。所以，安全性应是游戏环境首先要考虑的原则。例如，把活动区内家具的拐角做成圆形可以避免对幼儿的伤害，同时也要注意幼儿取放物品的方便与安全问题；又如，运用地垫、靠枕、小沙发、帆布椅、布帘和墙饰等柔软的材料不仅舒适、吸引人，而且能起到缓冲、吸音的作用。

2. 参与性原则

参与性原则是指环境的创设过程是幼儿与教师共同合作、共同参与的过程。这一原则的重要性在于它不仅能让幼儿感受到自己是环境的主人，还能培养他们的主体精神、责任感和合作精神。教师要有让幼儿参与环境创设的意识，认识到幼儿园环境的教育性不仅蕴含于环境之中，而且蕴含于环境创设的过程中，在教育过程中多为幼儿提供参与环境创设具体操作的机会。例如，在幼儿园主题墙的创设过程中，为幼儿的学习过程和成果留白，让幼儿的学习轨迹和成效通过环境创设清晰展现。

3. 差异性原则

差异性原则是指教师根据不同幼儿的特点、兴趣和需求，创设不同的幼儿园游戏环境，为幼儿提供个别化发展与教育的机会。

（1）重视年龄差异

幼儿园各年龄班的幼儿身心发展的特点不同，对游戏的需要也不同，所以不同年龄班游戏环境的创设要既有共性又有个性，体现出幼儿的年龄特点。

（2）关注个体差异

每个幼儿的发展速度不一样，有的快，有的慢，在环境创设时既要考虑发展快的幼儿，又要照顾发展稍慢的幼儿，还要注意有特殊需要的幼儿。

4. 开放性原则

开放性原则是指创设幼儿园游戏环境，不仅要考虑幼儿园内环境要素，也要重视幼儿园外环境的各要素，两者有机结合，协同一致地对幼儿施加影响。幼儿园室内游戏环境创设开放性原则体现在以下两个方面：

（1）物理环境的开放性

游戏的空间以及材料提供等都应充分考虑园内园外环境要素，综合利用各种资源，满足幼儿自主游戏的需要。例如，各类活动区材料提供，既可以从园内资源调取，也可以利用家庭、社会等外部环境进行拓展和补充,保障物理环境的开放性。

(2) 心理环境的开放性

游戏是幼儿的基本权利,幼儿游戏的行为不仅受到教师的支持,同时也受到家长、社会的尊重。成人要为幼儿游戏提供包容、信任、赞赏等心理环境,这种环境的开放性才能让幼儿体会到满足和愉悦。

5. 多样性原则

多样性原则是指幼儿园游戏环境创设应多种多样,以满足幼儿不同兴趣和发展的需求。这一原则强调在游戏环境创设过程中,要考虑到幼儿的不同兴趣和发展水平,提供多样化的环境和活动,以促进幼儿的全面发展。

(1) 注重材料的多样性

首先可以从材料物理性质上入手,为幼儿提供丰富多样的感知觉刺激。其次,在材料的利用上,也要注意多样化,一物多用。

(2) 活动的多样性

活动的多样性可以保持幼儿的游戏兴趣和注意力,增加幼儿探索、想象、交往和合作的机会,在快乐的游戏当中获得有益的学习经验。当然,活动多样性的前提是材料的多样性。

二、活动区的含义与价值

(一) 活动区的含义

活动区也被称为"区域"或"区角",是教师根据幼儿的年龄特点、兴趣需要,以及幼儿园的环境空间、教育主题等,把幼儿活动空间划分成若干区域并投放相应的材料,让幼儿在与同伴、材料的互动中实现个别化学习的教育活动场所。

(二) 活动区的价值

1. 活动区为幼儿的自主游戏提供了物质条件

游戏是幼儿自愿、自主开展的活动,自主性是游戏最本质的属性。活动区为幼儿提供大量的选择机会,既包括对区域的自主选择,也包括对游戏内容、材料等相关要素的选择。幼儿在活动区中做什么、怎么做,是他们的权利和自由,这正是活动区中充裕的物质条件为幼儿游戏的顺利开展提供的保障。

2. 活动区使游戏承载了更多的教育价值

活动区是教师为幼儿创设的活动环境,因此,教师教育理念会在活动区的创设过程中逐步实现客体化和物质化。幼儿在游戏中积极主动地学习,获得教师期望幼儿掌握的各种有益的学习经验。因此,活动区既是幼儿游戏的地方,也是他们在玩中学的场所,承载着重要的教育价值。

3. 活动区满足了幼儿主动学习的兴趣和需要

兴趣是最好的老师。幼儿的主动学习是以兴趣和需要为首要条件的,只有在这种条件之下，幼儿的学习积极性才能够最大化地呈现。创设良好的室内游戏环境，提供丰富的材料和游戏的机会，就是为幼儿提供依照自己的兴趣和能力选择活动的机会，支持他们的主动学习。

4. 活动区为幼儿的个别化学习提供了条件

由于自身及外在条件的作用，幼儿的发展会呈现不同的层次与水平，需要也会有所不同，为幼儿创设室内游戏环境，实际上给幼儿提供了更多符合自己能力和兴趣的机会，具有层次性、差异性的环境满足了幼儿个别化学习的需要。

三、活动区的整体规划思路

（一）活动区种类的选择

幼儿园教育旨在促进幼儿的身心全面和谐发展，并坚持以游戏为基本活动，在规划活动区时，应注重功能的全面，为幼儿提供更多学习的机会。

一般而言，为满足幼儿全面发展需要，可以设置如下基本区域：角色区、建构区、表演区、益智区、科学区、语言区、美工区、生活区等，另外也可以留有私密空间。以上区域并非只能设置在室内。例如，大型涂鸦活动、角色扮演游戏和表演游戏也可以设置在室外宽敞的空间，方便幼儿展开更为丰富、更具趣味性的活动。

在选择和设置各班的活动区种类时，应当注意以下几个问题：

1. 根据实际情况改变活动区的具体名称

我们所说的基本区域的名称可以视情况进行具体命名。例如，角色区的具体游戏种类较多，可以根据具体的游戏命名为"娃娃家""宝宝医院""美味餐厅"等。

2. 根据幼儿的年龄和兴趣选择适宜的种类

活动区的种类选择应考虑幼儿的年龄、兴趣需要等因素。

托、小班幼儿入园时间短，对家的依恋较强，生活经验也有限，因此可以多设置一两个与家庭和日常生活相关的角色游戏区和益智区，放一些家庭照片装饰区域墙面，或是投放娃娃穿衣服、拉拉链、扣扣子等游戏材料，营造生活氛围的同时也能锻炼幼儿的自理能力。另外也可以设置一些私密空间，满足幼儿情绪宣泄及平复的需要。

中班幼儿好奇好问，热爱探索与交往，任务意识增强。因此，在区域的种类设置上，可以更加倾向于有助于幼儿社会性和认知发展的类型，如角色区、建构区、益智区、语言区、科学区、美工区等，种类明显比小班更为多样。

大班幼儿的抽象逻辑思维萌芽，游戏中的自主性、计划性、解决问题的能力明显增强，因此可以在科学区、建构区、表演区、语言区等区域的设置上下功夫，增加难度更高、挑战性更强的材料，满足幼儿的游戏和学习需求。

3. 活动区的种类要应需而变

活动区的种类应根据当下的教育教学目标、季节特点以及班级的主题活动开展情况进行灵活的调整，拓展幼儿的各项经验。例如，大班开展了主题活动"我要上小学"，在生活区中可以适当增加一些能够练习整理书包、系红领巾的材料，使幼儿体会小学生的生活点滴；又如，秋天到了，美工区中的材料可以适当增加秋天常见的自然材料，如落叶、树枝等，幼儿在使用的过程中也能感知秋天的美好；再如，集体教学时小朋友们学习了《三只小猪》的故事，教师则可以在表演区中投放一些头饰或者服装道具，便于幼儿在游戏中强化对故事的理解和认识。

（二）活动区空间的规划

幼儿园以游戏为基本活动，活动区是幼儿园活动室的基本结构，因此，活动区的结构是否合理、内容是否丰富在很大程度上决定了幼儿园室内游戏环境的优劣。活动区的空间规划应注意以下问题：

1. 确定活动区的数量

创设的活动区的数量与班级全部可用空间（包括活动室、走廊、阳台等）和幼儿人数有关。一般来说，按5~6个幼儿一个活动区来计算，一个班至少需要4~6个活动区，每个活动区的活动面积不小于6平方米比较合理。

2. 采用多种方式分隔活动区

有了明确的间隔，可以帮助幼儿清晰每个区域的活动范围，减少各区域之间的干扰，提升游戏的质量。一般可采用的分隔方法有：

（1）利用书架、柜子、屏风、帘子等物品作为分界线，注意低矮和通透；

（2）利用标识作为分界线，例如以图画或图文并茂的形式做成标识，放置或者悬挂在活动区的入口处；

（3）利用地面、天花板本身的高度作为分界线。

3. 充分考虑活动区的空间性质

（1）动静性质

幼儿在活动区中的活动具有动静不同的性质。一般而言，美工区、语言区、益智区都属于相对安静的区域，而建构区、角色区、表演区则是相对吵闹的区域，因此这两类区域在空间位置上需要保持距离，避免幼儿的活动受到干扰。

（2）开放程度

开放的空间便于幼儿发现所需要的材料，找到自己愿意一起玩的伙伴，有利于幼儿的人际交往，因此在规划的时候不需要用太多的间隔标志物。有些活动区需要相对安静独立，幼儿在不被干扰的情况下才能更好地进行游戏，所以，这样的区域可以适当增加间隔物，打造一个更为安静的空间。例如，阅读活动环境创设要考虑光线、外界声音等因素。

4. 确保各区域之间的通道畅通

在安排活动区时，一定要注意安排好"通道"，以避免幼儿在各区域之间移动时发生碰撞、拥挤的现象。一般来说，尽量不要在各个门口设置活动区。

5. 灵活运用各类空间拓展活动区

可以巧用高低层次来拓展空间。幼儿喜欢上下楼梯或坡道并把楼梯和坡道当作游戏区玩。多层空间可以增进空间的吸引力，可以通过架设阁楼、坡道等把层高较高的空间变成多层空间。多层空间可以提高活动室空间的利用率，大大拓展了幼儿的活动范围。又如，取消固定床铺，使用折叠床或者活动床，可以在活动时间腾出更多面积供幼儿活动。

另外，也有很多幼儿园会在消防安全允许的情况下，合理改造阳台、走廊等空间，因地制宜设置适宜的活动区，甚至部分区域还可以班级之间共享，合作开展游戏和其他探索活动。

对点案例

四步教你做好开学班级布局。

阅读案例

（三）活动区材料的选择

为幼儿提供玩具和游戏材料是开展区域游戏活动的基本条件，在保证安全的基础上，教师应为幼儿提供他们能够探索、改变和组合的数量充足的和多样化的材料，并且提供便利的存放空间，确保每个幼儿能够根据自己的兴趣和需要来选择和使用材料。以下简要说明选择材料时要注意的事项，更为详细的内容会在第三节介绍。

1. 材料的种类

按照不同的维度，可以将材料划分为不同的类型。例如主体材料（幼儿进行活动时主要用的材料）和辅助材料（帮助幼儿更好实现活动目的的材料及必要的工具）、成品材料（可直接使用的经过专门制作加工的材料）和自然材料（来自自然和生活中的材料）、低结构材料（可以有多种不固定玩法的材料）和高结构材料（玩法固定的材料）。

2. 材料对幼儿的影响[1]

（1）材料的投放数量影响幼儿的游戏行为。例如，对于小班幼儿而言，由于他们爱模仿，但缺乏人际交往能力，材料减少会引起纠纷，因此原则上不用提供非常多种类的材料，但同种材料数量要多。但是，也有研究表明，游戏材料减少时，在一定程度上能够促进幼儿的社会交往行为，因此发生纠纷的同时也会为幼儿提供认知和交往的机会。

（2）材料的投放方式影响幼儿的游戏行为。研究表明，低结构的材料投放方式（即不限制幼儿对材料的使用方式），可以增加幼儿在游戏中的替代行为。此外，即便是高结构的材料，也可以以低结构的方式进行投放，反之亦然。

（3）材料的搭配也会影响幼儿的游戏行为。可以将角色区材料与建构区材料搭

---

[1] 朱若华. 幼儿园活动区材料投放方式与儿童行为的研究[D]. 上海：华东师范大学，2005.

配，如将娃娃投放到建构区作为辅助材料，可以丰富幼儿的建构主体，增强情节性；也可以将美工区和科学区进行材料互通，如幼儿使用的颜料，不仅能够让幼儿感受丰富的色彩，还能将其作为探索色彩混合现象的材料。

四、各类活动区的作用及创设要点

（一）角色区

1. 角色区的含义和作用

角色游戏是幼儿通过想象和模仿，扮演角色，创造性地再现现实生活的游戏，角色区即开展角色游戏的特定区域。

在角色区中开展的游戏，能够满足幼儿社会交往的需要，促进其社会化进程和交往能力的发展，同时也推动着幼儿语言能力、认知能力等方面的发展。

2. 角色区的创设

（1）主要材料

角色区的游戏内容丰富，主题多样。以下是不同主题的角色区中提供的游戏材料。

娃娃家：大小不同的娃娃、家具、衣物、餐具、炊具、食物、自制的小家电、电话等。

餐厅：各类餐具、食品模型、食品汉字名称、价格标签、钱币代用券、菜单、记录点菜用的纸和笔、角色的服饰（厨师、服务员）等。

医院：不同角色的服饰、便签、玩具血压计、针管、听诊器、点滴药瓶、药包、药瓶、药棉、绷带，可供幼儿自制病历使用的笔、纸、本等。

理发店：美发用品、理发用具、镜子、各种发式图片、理发室的服装、围裙、橡胶手套、电吹风模型等。

图 3-3 角色区

超市：各种商品模型（食品、日用品、文具等多种类型）、购物筐、购物袋、钱币代用券、收款机模型、二维码牌、手机模型等。

银行：不同面值的钱币代用券、银行职员服饰、名签、小计算器、验钞机模型、电脑模型、装钱袋等。

(2) 创设要点

第一，场地要宽敞明亮，根据不同的场景提供不同的材料。

第二，角色区相对于其他区域来说是比较吵闹的，因此在空间位置上尽量要与阅读区、益智区等相对安静的区域相隔，以免对其他区域的活动产生影响。

第三，角色区旁边的墙面可以创设有助于游戏开展的墙饰，促进幼儿在与墙饰互动的过程中进一步了解游戏的规则，丰富经验等。

(二) 建构区

1. 建构区的含义和作用

建构区为幼儿提供各种积木、积塑、自然材料、废旧材料以及辅助材料，幼儿在其中自主选择并进行建构活动。建构区的游戏可以促进幼儿的空间知觉和想象力的发展，帮助幼儿感知形体、对称等概念，也为幼儿提供了表征经验和想象创造的机会，是幼儿进行自主学习和合作学习的平台。

2. 建构区的创设

(1) 主要材料

积木：各种木制、泡沫类等成品积木元件。

积塑：各种塑胶材料制成的成品积塑元件，如雪花插片、齿形积塑等。

拼图材料：各种木板、纸板、塑料板等散块，按一定的方法组合在一起的材料。

塑形材料：橡皮泥、黏土等具有可塑性特质的造型材料。

自然材料：树枝、竹筒等自然物。

废旧材料：易拉罐、卫生纸筒、纸箱等可回收利用的材料。

辅助材料：人物、动物、汽车模型，各种街道和建筑物的标志等。

(2) 创设要点

建构游戏活动有较为安静的，也有较为吵闹的。因此，为了避免区域之间的相互干扰，可在教室里设置两个建构区，或者将两个建构区分别置于室内和室外。

建构活动可能演变为象征性游戏，角色区的幼儿也可能需要用建构材料，因此可以把建构区设置在角色区附近。建构区需要一个较为宽敞的场地，最好铺上地垫或地毯，一方面可以减少噪声，另一方面也可以作为隔断使用。

(三) 表演区

1. 表演区的含义和作用

表演区是为幼儿开展文艺作品表演活动所创设的专门区域，是幼儿表达情绪、展现个性和艺术天分的空间。表演游戏活动融合了文学、音乐、舞蹈等多种展现形式,是一种审美过程。因此,表演区中的游戏对幼儿审美能力、表达表现能力的提升起到了重要作用,并且在幼儿合作表演的过程中也能帮助其逐步实现社会性的发展。

2. 表演区的创设

(1) 主要材料

音乐类:各种风格的短小歌曲、乐曲、器乐曲及儿歌、故事表演音乐,建议为幼儿提供一个智能音箱,让幼儿自主选择音乐。

乐器类:铃鼓、撞钟、圆舞板、双响筒、三角铁、小鼓、大鼓、沙锤等简单的打击乐器,自制乐器(利用废旧材料,如盆、杯子、瓶子、盒子等不易破碎的生活用品,自制沙锤、串铃、笛子、响板等乐器)。

玩偶类:常见人物、动物的手偶、指偶、掌偶、铲偶、勺偶等。

胸饰与头饰类:与表演内容相对应的常见人物、动物、自然现象的胸饰和头饰,装饰品,如头花、发卡、皮套、头套、纱巾、帽子、眼镜、金银贴等。

服装类:各种颜色的纱巾、彩纸条、帽子、服装(包括少数民族服饰)等。

辅助材料:各种颜色的彩纸、挂历纸、各色布块、线、绳、塑料花、树叶、穿衣镜、小镜子、各种胶带、剪刀等。

(2) 创设要点

第一,表演区相对吵闹,因此在位置上尽量选择相对独立、光线充足的地方,可采用开放式的布置方式。

第二,区域的设置同样考虑不同年龄幼儿的需求。相对来说,小班幼儿的表演游戏较少,因此可以以欣赏为主,给幼儿提供机会,扮演常见的卡通或动物形象,初步感受表演游戏的乐趣。中班幼儿的表演区可以由师幼共同进行规划和设计,让他们在充分的互动和倾听中大胆表现。大班幼儿的表演游戏应体现他们的自主规划,在区域中更要提供低结构化、开放式、多样性的材料,有助于幼儿的创造性表现。

第三,表演区也可以创设一些互动墙饰,帮助幼儿记录表演游戏的过程和快乐。

对点案例

5大常用区角、78个教育目标,每个幼师都该牢牢记住!

阅读案例

(四) 益智区

1. 益智区的含义和作用

益智区是以各种操作材料为载体,幼儿依据自己的意愿和能力,运用操作材料进行逻辑思维活动的主要区域。益智区的活动能够有效促进幼儿数学经验的提升、空间知觉和思维能力的发展,使幼儿变得更加聪明,理智感不断发展。

2. 益智区的创设

（1）主要材料

可以提供穿孔类材料、镶嵌类材料、拼拆类材料、平面拼图、迷宫类玩具、套式玩具、棋类玩具、数字点数的物品、排序推理玩具、配对与接龙玩具等。

数概念类：数字卡片、数学类操作材料（点数、接龙、匹配、找规律、分类）、钟表、日历、扑克等。

棋类：五子棋、跳棋、飞行棋、自制棋等。

图形拼摆类：七巧板、彩钉拼图、多块拼图、拼插木棒等。

（2）创设要点

第一，益智区相对独立和安静，因此应远离角色区、表演区和建构区。

第二，益智区应设置在摆放益智玩具的玩具柜旁，方便幼儿取放玩具。

第三，摆放益智玩具的玩具柜应当是开放式的，以便幼儿能够很容易地看到都有哪些玩具。玩具应当放在开放式的或透明的容器中，并用实物或图片做标签贴在容器上。

（五）科学区

1. 科学区的含义和作用

科学区是供幼儿开展各种科学探究与发现活动的场所，是科学教育活动的有效拓展和延伸。科学区能够激发幼儿探究的欲望，提升他们探究、解决问题的能力，同时培养合作意识和科学精神。

2. 科学区的创设

（1）主要材料

养殖类：室外动物饲养角，室内活动区可投放动物模型、图片、简单拼图等，昆虫类动物的标本，各种动物及人体的模型或图片，室内饲养角中可投放金鱼、蝌蚪、乌龟等小动物。

种植类：树叶、花、草、水果、种子等植物图片或简单拼图，树叶、松果、树皮、花、草、干果等实物。

生活物品及工具类：各种玩具以及生活废旧物品，纸、瓶子、罐及其他材料；天平、匙、铲、勺、筛、滤器、漏斗、量杯、镊子、喷壶、温度计等。

实验操作类：放大镜、望远镜、显微镜、太阳镜等；有关磁铁、水、沙子、力、空气、光、影子的材料等；记录纸、记录笔、围裙等。

（2）创设要点

第一，应支持幼儿尽可能多地接触自然、生活中的常见物品。

第二，教师应根据不同年龄幼儿的特点开展探究活动。

第三，科学区的探索活动需要幼儿的专注思考，因此该区域也应相对独立和安静。

图 3-4 科学区

（六）语言区

1. 语言区的含义和作用

语言区是幼儿开展语言游戏活动及进行图书阅读的主要区域，幼儿在语言区中能够充分自由地进行阅读与交流，在体验乐趣的同时，使得语言运用的能力不断得到发展，实现个性化成长。在学前期帮助幼儿掌握前阅读技能，对于幼儿的后续学习具有重要的意义。

2. 语言区的创设

（1）主要材料

图书类：单幅画面的图书、单幅多页儿童故事书、识物类图书、故事类图书、简单的汉字与物体对应的图书；交通工具类图书、动植物类图书、迷宫图书、动画类图书、描画本、看图识字书、卡通类书籍、常识类图书、益智类图书、故事类图书等；另外配以书架、地垫、靠垫等设施。

卡片类：生活常见标志卡片、幼儿生活照片、排序讲述图片、游戏操作卡片、形容词与量词卡片、字卡等。

语音类：小小播音员或主持人话筒、电话亭、电话、电脑、电视、平板电脑等。

（2）创设要点

一方面，语言区应创设在安静、明亮的位置，并为幼儿营造宽松、舒适的环境氛围，如舒适的沙发、柔软的靠垫、漂亮的桌椅、适宜的书架等。

另一方面，到了中大班，可在语言区中逐步增添一些修补和编辑用的工具，如剪刀、胶带、订书机等，让幼儿学习修补图书、制作图书，进而形成爱护图书的好习惯。

图 3-5 语言区

(七) 美工区

1. 美工区的含义和作用

美工区是为了激发幼儿对美术创作的兴趣、提升审美能力而设置的区域,在该活动区当中,幼儿自主选择材料,感受不同的风格、画材与技法,开展自由创作和制作。美工区为幼儿创造性地表现自己的想法、体验想象的乐趣提供了极佳的条件,不仅有利于幼儿精细动作的发展,更能丰富幼儿对色彩、线条、造型的经验,提升审美表征能力。

2. 美工区的创设

(1) 主要材料

根据美术创作游戏活动的不同类型,可提供不同的材料。

绘画活动:绘画工具(笔杆粗、易抓握的油画棒,粗芯的水彩笔,海绵棒笔,棉签,彩色铅笔,颜料或涂料等)、画纸、颜料盒、画架、展示墙、作品图鉴等。

手工活动:纸工工具及材料、印章(如动物、植物印章)及印油、橡皮泥、泥工板及工具、操作台、展示架、胶水、剪刀等。

废旧材料制作活动:废旧材料(盒子、瓶子、纸杯、纸盘)、手工工具、操作台、展示架等。

美术欣赏活动:根据不同的阶段粘贴、悬挂的手工及绘画作品,如世界名画、民间工艺品等;在幼儿视线高度的空间设置展示板,供幼儿分享和欣赏彼此的作品。

(2) 创设要点

第一,美工区要尽量设置在自然采光条件良好的地方,如窗边。

第二,由于一些美工活动需要用水,因此也应该将美工区设置在靠近水源的地方。

第三,美工区应当铺设容易清扫的地面,便于老师和幼儿对该区域进行清洁。

第四,在设置美工区时,还应当考虑为幼儿提供展示作品的空间和晾干物品的空间与设备。

图 3-6 美工区

（八）生活区

1. 生活区的含义和作用

生活区是一种以生活材料的操作来提升幼儿生活适应力的区域。正确投放和使用生活操作区材料有助于培养幼儿的自理能力，让幼儿体验自主性，并能帮助幼儿在快乐的游戏中培养对生活中各类活动的关心与热爱，同时生活区活动与游戏也是家庭教育的延伸。

2. 生活区的创设

（1）主要材料

生活技能类：鞋带、穿线板、梳子、小衣服、夹子等。

精细动作类：串珠子、扣纽扣、夹豆子、包糖果、剥花生、剥鸡蛋等。

（2）创设要点

第一，材料应尽量是真实的，因此教师要注意收集生活中常见的材料供幼儿操作。

第二，要创设出具有温馨感的环境，让幼儿从心理上感到轻松舒适。

第三，由于游戏的要求不同，在生活区中有相当一部分材料是比较精巧细小的，因此要对幼儿做好安全提示工作。

对点案例

5分钟读懂如何投放低结构材料。

阅读案例

第二节 室外游戏环境的创设

情境导入

洋洋和露露最喜欢每天到户外玩游戏。有时候他们一起跑到草地上，跑累了躺到草地上，还会看看草地里有什么可爱的小生命；有时候他们带着小桶和铲子到沙池里，一起商量着建一座城堡；有时候他们在跑道上追逐，体验你追我赶的快乐……

幼儿喜欢游戏，尤其是室外游戏，这是他们一日活动中不可或缺的重要内容。正因为如此，为幼儿创设良好的室外游戏环境是教师的责任所在。

一、室外游戏活动的价值

室外游戏活动具有双重关联的价值：一方面，幼儿通过室外游戏活动学习如何让自己的身体动起来，即"学习运动"；另一方面，幼儿在游戏中不断实现认知、社会性等方面的发展，即"通过运动来学习"。

1. 幼儿"学习运动"

"学习运动"是指在户外游戏活动中，幼儿可以学习运动的基本技能，提高运动的质量，使身体运动能力得到发展。

运动能力的发展包括身体的基本动作、基本素质的发展。室外游戏活动可以使幼儿身体的各种器官得到活动与锻炼，不仅可以促进幼儿骨骼、肌肉的成熟，也有利于内脏器官和神经系统的发育，使得身体运动的基本动作和基本素质日渐发展与完善。

2. 幼儿"通过运动学习"

（1）室外游戏活动提升幼儿的认知能力

室外环境于幼儿而言是一个更为广阔和自由的天地，室外游戏活动为好动又好奇的幼儿提供了丰富的自然资源，满足了幼儿的好奇心，提升了他们的认知能力。

（2）室外游戏活动有助于幼儿社会性交往能力的发展

室外游戏活动往往要求幼儿学会合作、遵守规则、解决问题，这能促进幼儿社会性交往能力的发展。

（3）室外游戏活动促进幼儿心理健康

室外游戏环境为幼儿提供了各式各样充满挑战性和刺激性的游戏活动，不仅发展幼儿的身体动作，也让幼儿体验自己的能力，有助于幼儿自信心的形成和发展，促进幼儿心理健康。

二、室外游戏环境的内容及创设要点

(一) 集体活动区

1. 集体活动区的作用

集体活动区是幼儿园室外较为宽敞、平坦的空间,作为幼儿集体做操、实施体育教学活动、开展集体游戏活动的场所,适应了组织幼儿开展户外集体活动的要求与传统。

在集体活动区中,幼儿可以利用专门的体育器材或自制材料开展自主游戏,发展走、跑、跳、钻爬、攀登、投掷和平衡等基本动作能力。

图 3-7 集体活动

2. 创设要点

为保证幼儿活动的安全,集体活动区应保证使用软性地面,以草地、土质或沙质地面为宜。幼儿园目前较为常见的是铺设塑胶地面或人造草坪。有条件的幼儿园应当在集体活动区的边角为每个班建造一个玩具储藏室,以方便小型活动材料和器械的存放。

(二) 大型游戏器械区

1. 大型游戏器械区的作用

大型游戏器械区是室外游戏场地上的主要设备,是指攀登架、滑梯、秋千、跷跷板、转椅等组合玩具区域,为幼儿练习各种基本动作提供机会,促进其大肌肉动作的发展,提高其身体的运动能力,如灵活性、敏捷性、协调性等,还能帮助幼儿增强力量、耐力、速度等身体素质。

2. 创设要点

为保证安全,在大型的组合运动器械下面应铺设柔软的地面材料,如沙、木屑、碎木块、树皮等。

对于各种非组合式的玩具器械,在摆放时应保证一定的距离,留足活动的空间。

图 3-8 大型游戏器械区

(三) 车道

1. 车道的作用

车道可以让幼儿玩带轮子的玩具。通过上坡、下坡,在不同坡度的地面上骑车和避免碰撞,可以促进幼儿身体动作的协调能力和对运动与速度的控制能力的发展,增强幼儿的观察能力和反应的灵敏性,增强幼儿的自信心。

2. 创设要点

车道的曲折可以增加骑车的难度和挑战性。幼儿园车道可以沿着游戏场的自然地形修建,以造成不同的坡度,增加骑车的挑战性和趣味性。

图 3-9 车道

(四) 沙水游戏区

1. 沙水游戏区的作用

玩沙游戏可以为幼儿提供丰富的感官刺激。幼儿可以在玩沙游戏中练习铲、舀、挖、装、拍、灌等多种动作,学习用沙塑造模型,认识沙子的物理特征。

玩水区可以使幼儿学习干湿、沉浮、热冷、重轻等丰富的概念。同时,玩水游戏也可以使幼儿喜欢水、不害怕水。

幼儿园可以将玩沙玩水结合起来,这一活动不仅给幼儿带来快乐,而且可以为幼儿提供有益的学习经验。

2. 创设要点

玩沙区尽量设置在墙边或树荫下,幼儿在玩耍时不至于感到太热。沙池边缘可以用轮胎进行软化处理,确保安全。沙池及沙箱采用有帆布顶或盖子的,以便在不用的时候可以把它盖上,保证沙子的清洁。此外,玩沙区可以靠近玩水区,以便幼儿把两个区域的活动结合起来。

如果幼儿园没有足够的空间专门为幼儿修建水池,可利用充气设备替代。

图3-10 河道

(五) 种植养殖区

1. 种植养殖区的作用

种植区可以为幼儿提供观察和体验播种、栽培、施肥、浇水等种植活动的机会,帮助幼儿理解植物生长的过程,了解植物生长的过程与外界环境之间的关系。养殖区可以让幼儿饲养小动物,通过组织种植养殖的活动,培养幼儿的爱心、耐心与责任心。

2. 创设要点

专门的种植场地可以设置在距离班级较近的地方,并设置班级标牌,方便幼儿管理;如果场地不足,可以利用幼儿园内边缘地带或整体安排的空地进行创设。

图 3-11 户外种植区

(六) 绿化地带

1. 绿化地带的作用

在室外游戏场地中要注意保留和栽种各种高大的乔木和低矮的灌木,也可栽种各种花卉,目的是为幼儿提供探索和研究自然现象的自然区域。

2. 创设要点

尽量保证景观植物的多样性。有条件的幼儿园尽可能地保留大面积草坪,允许幼儿嬉戏玩耍。

(七) 涂涂画画墙

1. 涂涂画画墙的作用

在室外为幼儿准备一面墙壁,幼儿可以在上面自由地用水彩笔、粉笔、刷子甚至直接用手进行绘画,这些活动不仅使幼儿获得创作的乐趣,同时也能让其宣泄不良的情绪。

图 3-12 绿地

2. 创设要点

墙面是可以擦拭、重复使用的,例如瓷砖墙面、黑板墙面等,确保幼儿可以任意涂画。有条件的幼儿园尽量在这些墙面的上方安装防雨棚,这样可以使幼儿的作品尽可能地保留。

图 3-13　涂涂画画墙

（八）休闲游戏屋

1. 休闲游戏屋的作用

幼儿园室外游戏场地中有部分闲置的空间，可以在其中设置一座蘑菇亭或者小屋，为幼儿提供聊天、独自思考的私密空间，让幼儿在进行室外游戏时充满趣味，增加幼儿社会交往的机会。

2. 创设要点

休闲游戏屋应当有敞开的前门或窗，以便教师能看到在里面的幼儿。材料方面，大纸箱、小帐篷等可循环利用的废旧材料也可以当作游戏小屋来使用。

图 3-14　休闲游戏屋

对点案例

堪比安吉！这样的游戏让孩子玩得停不下来！
世界最好幼儿园的户外游戏环境的奥秘。

阅读案例

三、室外游戏环境的创设原则

（一）安全性原则

幼儿活泼好动，但是运动能力和自我保护意识差，对可能发生的危险缺乏预见能力。因此，安全性是创设室外游戏环境时要关注的首要原则。把握安全性原则需要注意以下几点：

1. 保证设施设备的安全

（1）器械、设备、材料等应当安装牢固，无松动，无破裂，高度适合幼儿的身高和活动能力。

（2）高的平台和斜坡应设有栏杆。

（3）设施设备保证无毒。

（4）尽量以木制品代替铁制品，对尖锐的突出物进行安全处理。

2. 保证地面的安全

（1）地面应当用安全、耐用、无毒、经济且便于保养和维护的材料。

（2）在攀登物下面应当铺设有一定厚度的柔软的或有弹性的材料，如塑胶地垫，或平坦的草地、泥地、沙地等。

3. 安全意识的树立

除了教师及设施本身的保护之外，也应当让幼儿掌握一些必备的安全规则和自我防护要领，强化自身的安全意识。

4. 定期的安全检查

应有严格的检查制度，定期对游戏器材进行检查与维护，并做好记录。

（二）自然性原则

1. 保留原始地形

室外游戏环境的创设应当重视对场地的自然环境（如小山坡、大树、草地、小溪等）的利用，因地制宜，保留场地最原始的自然特点。树林、山坡、草坪等应该尽可能保留土质地面。

2. 注重就地取材

尽量就地取材，用当地的木材、竹子等自然材料，这既能让幼儿感受当地环境的特点，也符合环境创设中经济适用的原则。

（三）整体性原则

室外游戏环境的创设同样要考虑幼儿的全面和谐发展，既要符合身体发展的需求，也应对幼儿的心理起到积极的影响。此外，还应注意到不同领域、内容之间的横向联系，在纵向上做到层次性，保证游戏或室外活动由易到难地推进。

(四) 经济性原则

在创设户外游戏活动环境时应考虑幼儿园的经济条件,勤俭办园。举例来说,农村的幼儿园一般户外活动面积较大,因此,可根据本园的自然条件和幼儿活动的需要,就地取材,不盲目模仿城市的幼儿园。同样的,在城市的幼儿园也不一定照搬照抄农村幼儿园,大肆铺张地改造室外环境。

(五) 挑战性原则

为满足幼儿的游戏和探索的需要,可在安全的前提下,通过创设富于变化、具有可探索性和挑战性的环境来为幼儿提供丰富多样的游戏经验,增加户外游戏活动环境的趣味性。

1. 增加立体空间

室外游戏环境不仅应当有平面的空间,还应当有垂直的和立体的空间(如山坡、隧道)。例如,有的幼儿园将一辆废旧的汽车进行了改造,拆除了不安全的零部件以后放在室外环境中,引起幼儿游戏的兴趣,激发他们的想象力。

2. 将器材进行组合连接

把不同的器械和设备(如步道、滑梯、绳梯、斜坡以及高度不同的平台等)通过各种途径和方法连接起来,可以增加独立器械与设备的复杂性和挑战性。同时,也为不同年龄和能力的幼儿提供多样化的选择。

对点案例

最酣畅淋漓的运动,最活力奔放的小孩!尽在上海奥林幼儿园!

阅读案例

第三节 游戏材料的选择与投放

情境导入

教师精心在"娃娃家"的桌子上放置了一盆美丽的花,但在游戏时常被幼儿推挤到地上而无人理睬;地面上到处都是"菜""盘子""衣服"等,物品杂乱无章,游戏场景相当混乱。游戏结束后,这些材料的整理就成了问题,因为数量超出了幼儿的整理能力,也加重了教师的负担。

教师如何进行游戏材料的选择和投放?又需要怎么样做才能帮助幼儿形成整理材

料的好习惯？这是本节要解决的问题。

游戏材料是幼儿区域活动操作的对象，是幼儿学习与发展的媒介，也是教师教育意图的载体，并且是教师与幼儿互动的重要中介。因此，游戏材料在区域环境创设中具有重要的意义。

一、游戏材料在儿童发展中的作用

（一）游戏材料可以促进儿童游戏的发生和发展

我国著名儿童教育家陈鹤琴曾说过："小孩子玩儿，很少是空着手玩儿的，必须有很多东西来帮助才能玩儿起来，才能满足玩儿的欲望。"对于儿童来说，"玩"往往意味着"玩玩具"。由于儿童的思维具有直觉行动性和具体形象性的特点，他们的行动在很大程度上受到眼前情境和刺激物的影响，游戏往往依赖于具体的游戏材料或玩具来进行。一般来说，玩具有悦耳的声响、鲜艳的色彩、逼真的造型，可以引起儿童的好奇，激发儿童的游戏兴趣，诱发儿童表现出特定的游戏选择和游戏行为，尤其在年幼儿童身上表现得更明显。例如，一个3岁幼儿做出给娃娃打针的游戏行为，不是因为她预先想到要扮演医生，而是因为看到了玩具注射器，才表现出医生的角色行为。再如，在积木区投放一些动物、植物或人物的模型，就可能引发幼儿搭建动物园、植物园或楼房的建构活动。研究表明，角色游戏材料和建构游戏材料激发的多是联合或合作游戏，而类似插塑、拼图、串珠等桌面游戏材料激发的多是独自游戏或平行游戏。

游戏材料不仅能激发儿童的游戏行为，还能维持游戏的进行，促进游戏水平的提高。木制积木、乐高玩具、雪花片等材料，儿童百玩不厌，且越玩越有创意，思维更加开阔；梯子、垫子、弯弯桥、滚筒、轮胎等材料，会让儿童得到大量的身体运动能力的锻炼；锅碗瓢盆等材料，让儿童原有的生活经验得到升华和拓展。总之，游戏材料能为儿童游戏的发生和发展提供助力。

（二）游戏材料是儿童与他人互动的中介

在儿童的同伴交往中，相当一部分互动是通过材料进行的。1岁左右的孩子，看到年龄相似的孩子手中的玩具，就会试探性地伸手去拿，这是最初的同伴交往。年长一点的孩子了，即使互不认识，但也常常用"你看我的娃娃还会眨眼睛呢""这个给你玩，你的飞机给我玩，行吗？""我们一起玩小汽车吧"等对话引发人际交往。借助游戏材料的介绍、交换和分享，儿童可以有效地发起、维持和推进同伴互动。对于学前儿童来说，给"我"玩具的人就是好朋友。游戏材料也可能引发同伴冲突，儿童在解决冲突的过程中，也习得了同伴交往的策略。

游戏材料也是成人教育与引导儿童的中介。成人可以有意识地选择和使用游戏材料来实现自己的教育目的，支持和拓展儿童的学习。如"小医院"中游戏材料不足，幼儿很难开展新的主题，游戏情节比较单一，教师给幼儿提供一支红色水笔、一张大纸板，于是出现了出血、包扎、抬担架等游戏情节。借助游戏材料，成人发起与儿童的互动，传递和表达对儿童的关爱、鼓励、安慰与支持，增加与儿童情感上的联系，实现了教育目的。由此，借助于形象直观的游戏材料与儿童一起游戏的教育效果往往远胜过成人千言万语的说教。

（三）游戏材料帮助儿童获得社会文化历史经验

儿童对周围世界充满好奇，但是在真实的成人世界有很多物品和工具是其无法触及的。苏联心理学家艾里康宁指出，玩具起源于社会需要。为了让未来的社会成员具有掌握工具所必需的一般能力（如视觉运动的协调、细小而准确的动作、灵活性等），成人为儿童创造了玩具，即有助于儿童练习"一般能力"的专门物体。成人教儿童使用这些玩具的方法，儿童借助于这种玩具来模仿那些他们还不能参加，但又很想参加的成人的生产劳动和生活活动。玩具把儿童与真实的物质世界联系在一起。玩具凝结着人类社会的文化历史经验。当儿童在成人的帮助下，了解玩具的名称、用途和用法时，他们正是在学习和掌握凝结在玩具中的人类社会文化历史经验。

对于学前儿童来说，游戏材料是他们掌握社会感觉经验标准的一个重要途径。游戏材料具有形状、颜色、大小等感觉特性。由于游戏材料是在现实生活的基础上对实际生活物品的提炼、概括和加工的结果，因此游戏材料的感觉特征往往是比较典型的。质量好的游戏材料，其色彩、形状一般来说都是比较标准的。游戏材料在色彩、形状等方面的这种特性，可以帮助儿童学习和掌握人类所特有的社会感觉经验标准体系。除了物品的形状、颜色等感觉特性以外，了解物品所模拟的社会生活生产用品的用途，掌握使用这些物品的方法，把这些物品作为人类所特有的"工具"来使用，也是儿童重要的学习任务。游戏材料通过对人类社会实际物品的模拟，为儿童学习和掌握"工具"提供了对象和机会。游戏材料是儿童进入人类社会文化历史经验宝库的一种途径。

（四）游戏材料是儿童重要的学习资源

随着社会的发展，人们越来越注重游戏材料的教育功能，希望用游戏材料来刺激儿童的感官和动作发展，开发儿童的智力，促进他们身心各方面的发展。具体形象性和可操作性是游戏材料的基本特征。实际操作是儿童学习的基本途径，儿童手部的操作活动可以促进大脑的积极活动。游戏材料可以把儿童很难仅凭借语言理解的比较抽象的概念和关系具象化，为儿童的概念学习和理解提供了具体形象的、可操作的、独特的物质支持，有助于儿童在动手动脑的操作活动中学习，符合儿童学习的特点和需要。通过游戏材料的操作活动过程，儿童可以体验、领悟和理解包含在游戏材料和操作过程中的概念，发现问题和解决问题。游戏材料作为儿童的学习资源，具有独特的"发展适宜性"。

游戏材料也是儿童表达表现的工具。借助于游戏材料，尤其是通过假装和"以物代物"，儿童能够表现出不在眼前的事物，再现他们经历的生活事件（包括不愉快的经验），表现和表达自己对于经历的生活事件的认识、体验和情绪情感，释放焦虑，处理紧张和冲动,理解现实与想象之间的界限,促进自身经验的建构、重组和改造。

二、幼儿园游戏材料的选择原则

(一) 安全性原则

游戏材料对儿童发展的作用是毋庸置疑的,但稍不注意也可能带来伤害,甚至危及儿童的生命。根据《2018 中国儿童意外伤害调查报告》,2018 年中国儿童因意外伤害死亡的数量达到 5205 起,其中就包括因玩具导致的死亡案例。具体到玩具相关的死亡案例,美国消费者安全委员会的报告显示,2020 年有 9 例死亡案例,其中涉及气球、橡皮球、玩具箱、毛绒玩具、钉形塑料玩具和芯片电子玩具等。此外,我国每年有超过 20 万 14 岁以下儿童因意外伤害死亡,其中玩具及用品导致的意外伤害约占 5%。这些数据表明,玩具相关的死亡案例在全球范围内都时有发生,且数量不容忽视。

幼儿园为幼儿选择游戏材料时要注意:对于木制的、金属的及塑胶的玩具,要检查材料的坚固程度,确保玩具必须是不会破裂的,并且边、角均已磨圆,表面光滑无棱角、无木渣铁刺、没有钉子,不会拉伤、割伤幼儿;玩具的零配件应结实,特别是绒布玩具,要检查纽扣制的眼睛与耳朵是否容易脱落,避免幼儿将其误入食管、气管或塞进耳孔、鼻孔;玩具应无毒,所有供 5 岁以下幼儿玩的上面有油漆或喷了漆的玩具,都必须在标签上注明所用油漆的含铅量低于 1%或无毒性,避免幼儿误入口里而中毒;玩具应易于消毒,幼儿园公用的游戏材料易成为传播疾病的媒体,因此要时常消毒。室外的运动设备应定期进行卫生和安全检查。目前我国已成立了多家玩具检测中心,保障儿童在使用玩具时的安全。

对点案例

玩具安全[①]

某些国家的消费者产品安全协会和美国玩具制造商会向消费者和用户就玩具的安全提出以下建议,以减少玩具致伤危险的发生。

选择适合于儿童年龄、能力、技巧和兴趣的玩具;

确实阅读玩具说明,遵循说明上列出的年龄和安全方面的指示;

不要给婴儿(以及喜欢用嘴尝物体的儿童)购买带小零件的玩具,以免卡咽造成窒息;

不要为 8 岁以下儿童购买带可发热元件的电动玩具;

不要为较小儿童购买有长线或绳索的玩具,以免一不注意会勒住儿童;

将塑料包装纸扔掉,以免引起窒息;

---

① [美]约翰逊.游戏与儿童早期发展[M].华爱华,等译校.上海:华东师范大学出版社,2006:320.

定期检查玩具是否有故障或已磨损,如不能维修,应立刻更换或丢弃;

监督儿童的游戏,确定儿童知道如何正确使用玩具;

较大儿童的玩具应储存在柜子里并上锁,或放置在较高处,以免较小的儿童拿去玩耍;

为预防玩具掉下来,应教导儿童将玩具放在架子上或放在玩具柜子里,玩具柜子应配有可取下的盖子或安全锁,以便安全地打开盖子。

(二) 操作性原则

苏霍姆林斯基曾说过:儿童智力的发展体现在手指尖上。操作、摆弄材料的过程就是激发幼儿好奇心、刺激幼儿求知欲的过程。因此给幼儿的游戏材料应该是可活动的、可操作的,让幼儿主动控制材料而非被动适应材料。如果给幼儿已装备好的电动火车,他只能看车的运动,大部分参与游戏的机会被剥夺了。如果让幼儿从装配车轨开始,就能使他沉浸在一连串的有趣探索中,使他有事做而且能维持长久的兴趣。

不同年龄的幼儿在选择材料的过程中,都喜欢能活动的、可操作的、实用的玩具。如一套只有文件夹大小的小型组合柜家具,颜色为粉红色,由冰箱、洗碗池、煤气炉等厨房器具组合而成,柜子的抽屉只有火柴盒大小,研究者以为幼儿不会喜欢,结果却有80%以上的幼儿首先选择这套家具,并在要求的时间内玩耍。这套组合家具与别的玩具的不同之处在于,它们所有的门、柜、抽屉都是可以活动的,里面装的东西也都是可以拿出来的,是可以摆弄的。①

(三) 经济性原则

游戏材料要结实耐用、经济实惠,价格昂贵的不一定是最好的。越简单的游戏材料可能越有价值,因为它没有固定的功能和形状,可以让儿童依自己的操作去发现、去创造,可以一物多用,使游戏材料的用法千变万化。因此,利用自然物及废旧物品加工成幼儿的玩具,可以充分发挥游戏材料的可玩性,弥补因价格高而导致购买力的不足。如可用瓦楞纸、废旧挂历纸等代替吹塑纸、植绒纸;可用一次性纸杯、果冻盒做花篮、风铃等装饰节日环境;农村可用自然材料高粱秆、麦秸秆等装饰环境。在有限的经济条件下,要优先配备教育价值高的玩具,符合既经济又有利于幼儿发展的双重要求。

(四) 教育性原则

幼儿园选购的游戏材料,应兼具儿童娱乐和儿童教育的双重作用。人们常常认为那些立意教孩子如何认字、做算术或背出诗歌的材料才是有教育价值的,这样的理解是片面的。真正好的游戏材料应该能引发儿童的好奇心,给予儿童探究的空间,激发儿童的创造性活动。它可能涉及阅读、数学、科学、社会等领域,如一一对应、按大小顺序或颜色排列物体,可以帮助儿童掌握一定的数学概念;再如堆叠玩具组合、套叠玩具、串

---

① 邱学青.学前儿童游戏[M].南京:江苏教育出版社,2008:231.

珠、扣纽扣等,可以帮助幼儿学习一些小肌肉运动的技巧等。

(五) 适宜性原则

幼儿园所选择的游戏材料要符合幼儿的年龄特征。众所周知,幼儿在不同的年龄阶段具有不同的生理、心理特征,而身心发展的水平又制约了幼儿的动作、语言以及对事物的认识和理解等。

不同年龄阶段的幼儿对游戏材料的要求是不同的。小班的幼儿游戏目的不太明确,主要依赖材料进行游戏,且相互模仿多,交往少,因此,可多给小班幼儿提供数量充足的、能引起对生活经验回忆的成型玩具,种类主要集中在与幼儿生活密切联系的、逼真性较高的玩具,以帮助小班幼儿借助材料引发相关的游戏主题和满足其平行游戏的需要;同时,小班幼儿以发展动作为重点,可选购三轮车、大皮球、串珠、蘑菇钉等,帮助幼儿发展粗大动作和精细动作。中班幼儿的生活经验丰富,兴趣扩大,能边选玩具边玩,也可根据需要有目的地选择玩具。因此,中班幼儿的玩具数量要比小班有所增加,应多提供一些主题玩具、体育玩具以及具有一定难度的智力玩具。大班幼儿对游戏材料的需求重在满足智力与体育活动的需要,可为他们选购锻炼思维能力和精细动作能力,及反映物体的细节特征为重点的游戏材料。在成型游戏材料的基础上,增加半成品以及废旧材料,满足他们创造力发展的需要。

不同的游戏材料,其教育功能也不尽相同,因此,要根据教育的目的、意图以及幼儿的个性、需求等,有的放矢地为幼儿选择游戏材料。如对性格孤僻、沉默寡言的幼儿,可以引导他们多玩集体进行的动态玩具,使幼儿在轻松、自由、不受压制的游戏氛围中和小伙伴一起玩耍,产生愉快和自信的情感,逐渐形成活泼、开朗的性格;对注意力不易集中、特别好动、不易安静下来的幼儿,应多提供既有趣味又需要耐心操作才能完成的玩具,如拼图、积木、插塑、泥塑、棋类、拼板等游戏材料,促使幼儿在自由支配和有目的的重复操作过程中能较长时间地集中注意力,促进手眼、肌肉动作的协调,学会控制物体,从而控制自己的行动;而对粗枝大叶、性情急躁的幼儿,应多提供制作性玩具,如创设环境让幼儿自由选择废旧物品(如纸盒、小棒等)做做玩玩,引导他们通过反复观察、摆弄、操作,认识事物之间的关系,从而在与物的作用过程中,形成良好的学习习惯,完善其性格的发展。

拓展阅读

>>>>>>《上海市幼儿园装备指南(试行)》

三、游戏材料的投放

(一)游戏材料投放的时机

1. 追随幼儿的兴趣

随着游戏材料呈现时间的延长以及幼儿操作材料次数的增加,幼儿会逐渐丧失对游戏材料的兴趣,对其熟视无睹,不再选择,即使是幼儿非常喜欢的材料,也会因长时间一成不变而失去原有的魅力。幼儿的兴趣处于不断变化中,游戏材料必须经常更新,适应幼儿兴趣的变化,只有这样才能实现幼儿和环境以及游戏材料之间的有效互动。值得指出的是,教师不能一味盲目地追随幼儿的兴趣,而是要结合学习目标,对游戏材料进行筛选。

2. 符合教师的期待

教师在仔细观察幼儿游戏行为的基础上,对幼儿的发展水平以及游戏质量有了进一步清晰的认识,然后才能想方设法支持幼儿的游戏。投放游戏材料是有效支持幼儿游戏行为的策略。教师通过提供新的游戏材料,开拓幼儿的思维方式,深化游戏情节,从而达到支持幼儿游戏的目的。

3. 满足课程的需要

课程与教学目标是动态发展的。围绕课程主题,在课程活动的各个环节,教师可以根据课程需要,适时投放或调整游戏材料来丰富、扩展幼儿的经验,促进幼儿对经验的重组和表征。例如,主题活动"昆虫"开展过程中,教师给幼儿提供多种昆虫模型、标本及相关书籍等,帮助幼儿了解更多关于昆虫的知识;提供放大镜,帮助幼儿更细致地观察昆虫的外观。

(二)游戏材料投放的策略

1. 增添

增添游戏材料主要是根据幼儿游戏需要,通过适时增加相应材料,拓展原有材料的探索空间,提高任务难度,进而实现材料潜在功能的挖掘和利用。例如,在数学区投放的纽扣分类材料,原本只是引发幼儿按照颜色进行分类和数数的活动。随着幼儿兴趣的降低,教师又添加了一份记录表,请幼儿将每次抓出的纽扣在记录表中按照颜色分别记录数量。记录表这一新材料的介入,改变了原来纽扣分类材料系统的要素构成与关系特性,形成了一个新的材料系统。

2. 删减

删减游戏材料主要是指根据幼儿游戏需要,通过适时减少一些材料,拓展原有材料的探索空间,激发幼儿进行更富挑战性的探索活动。例如,教师在数学区中投放了扑克牌材料,幼儿只要整理扑克、清点每个大小牌的张数就行了。后来,教师从中随意抽取了一张扑克牌,引导幼儿去发现少了哪一张牌,然后想办法添补完整(可以自制),这就对幼儿提出了更大的挑战。

3. 组合

组合游戏材料主要是指根据需要,把一些看起来不相关的材料投放在同一个区域中,通过资源共享、设置情境、分层呈现等各种方法使材料实现物尽所用,引发幼儿更多的创造性活动。对幼儿来说,只有能够引发他们动手、动脑的材料,才能引发、支持他们的游戏和探索活动,因此教师在调整材料时不必匆忙撤换材料,而应对材料进行分析。在肯定目标合适的前提下,可考虑调整投放的形式,如将材料从教室中的一个区角移至另一个区角,或者把已有材料和幼儿之前从来没有使用过的物品放在一起,或者通过新旧材料的承上启下的组合产生新的游戏情境、思维方式、操作方式等,促进幼儿将新旧经验相关联,从而使操作活动更具延续性与连贯性。例如,在建构区中投放了积木、塑料插片等建构材料,一些幼儿正在用材料制作马路,但较为单调。为此,教师从"汽车玩具区"中选择了一辆汽车玩具并投放在了建构区中。第二天,幼儿再次来到建构区中,无意中注意到了这辆汽车玩具,于是开始了合作搭建高速公路的游戏活动。

4. 回归

回归游戏材料主要是指根据幼儿游戏需要,在新的活动目标指引下,将之前用过的游戏材料重新投放在活动区,以达到利用幼儿原有经验开展新的教育活动的目的,同时还能做到废物利用,既环保又减少老师制作或收集游戏材料的工作量。例如,在美工区中,教师投放了牛奶罐、饮料瓶、易拉罐等材料,在"变废为宝"活动中,幼儿在这些奇特的废品中寻找自己的最爱,创造自己的奇迹,牛奶罐变成了楼房,饮料瓶变成了各种花瓶,易拉罐变成了小高跷。后来,在"滚动"活动中,幼儿探索物体的滚动获得了很多经验,教师将之前幼儿玩过的牛奶罐、饮料瓶、易拉罐等材料,再次呈现在幼儿面前。此时,幼儿对这些材料有了新的玩法,利用这些材料开展探索物体滚动的小实验。

四、游戏材料的保管方法

对游戏材料的有效保管,将延长材料的使用时间,使幼儿有效地开展游戏,同时有利于幼儿建立良好的游戏常规,从而实现真正的游戏自主。可以从以下几个方面思考材料的保管问题。

1. 建立游戏材料使用常规

班级常规是有序开展各种活动的保障。游戏材料使用的常规包括:轻拿轻放;材料使用完后要放回原处;需要在桌子上或垫子上玩的材料就不能在地面上玩;不乱扔、不争抢游戏材料等。

2. 合理存储游戏材料

游戏材料要分类摆放,按区投放;提供专门的开放或封闭的玩具柜、透明收纳箱来存储不同类别的材料,并在容器上贴上标识;材料柜的高度要方便幼儿取放玩具。

3. 定期检修和消毒游戏材料

建立游戏材料的检查和消毒制度,并及时做好记录,定期对游戏材料进行检查和清洗,及时发现隐患并处理。

技能训练

项目一:调查商场中的玩具

实训目的:

提升对幼儿玩具的熟悉度,了解市场中常见玩具的种类并知道玩法。

内容与要求:

1. 任选一个商场,对其玩具种类进行记录并统计。
2. 写出 5 个以上玩具的玩法。

项目二:幼儿园室内活动区规划

实训目的:

加深对活动区创设原则和要点的掌握,提升规划和设计的能力。

内容与要求:

1. 自主设计图纸,注明年龄班及班级人数。
2. 思考在每个区域中可以开展的游戏,以及需要为幼儿提供的材料。

真题链接

(2019年上半年)阅读下面材料,回答问题:

在开展"烧烤店"游戏前,大一班的李老师加班加点为幼儿准备了烧烤架、烧烤夹,以及各种逼真的"鱼丸""香肠"等食材;大二班王老师没有直接投放材料,而是与幼儿商量,并支持他们自己去寻找、搜集所需材料。

问题:

(1)哪位教师的做法更恰当?
(2)请分别对两位教师的做法进行评析。

参考答案

拓展链接

在幼儿园环境创设中渗透中国的传统文化

传统文化是我国的文化瑰宝,是一个民族精神情感的载体和民族特征的体现,在幼儿园开展民间艺术教育,可以使幼儿汲取民族文化的精髓,领略到中国传统文化的魅力,使幼儿每天徜徉在传统文化的氛围里,通过耳濡目染的方式了解传统文化知识,感受传统文化的无限魅力。

蓝印花布图案充满了浓郁民族风情,柔和、自然、美观、秀气典雅,具有鲜明的地方色彩和民族特色。在这样一个具有中国民俗特色主题情境的环境中生活学习,使幼儿对民族民间的传统艺术有了更多的认识,感受民俗民风带来的古朴与典雅。

想要一个创意的早餐铺,精致的茶水铺,万能的一次性纸杯,每次都能派上用场,融合青花瓷、油纸伞、建筑文化、折扇……中式的点心铺肯定是小朋友最喜欢的区角游戏区。

线条的水墨装饰画展现出无穷创意,孩子们用稚嫩的小手为我们演绎了绘画的魅力,中国文化的窗格、蒲扇、古桥……意境幽远。一幅幅老街文化的精彩画卷在孩子们手下一一展现。

中国的古建筑充满了神秘的色彩,感受沉积在岁月中的美,小桥流水如诗如画的江南水乡,徽派建筑的马头墙……

将中国传统文化融合到幼儿环境中,当然少不了青花瓷、风筝、剪纸、蒲扇……展现传统元素在空间的艺术性,在幼儿园环境中,处处可以弘扬中华文化,时时可以传承中国精神!

拓展阅读

>>>>>> 幼儿园传统文化环境创设
我们向"安吉游戏"学什么
"利津游戏"在幼教圈那么火,我们可以怎么学?

第四章 幼儿园游戏的介入与支持

本章概要

幼儿的游戏需要教师的支持与引导,但只有适时适度的介入才能起到预期的效果。那么什么时候介入?选择什么方式介入?幼儿园的创造性游戏和规则性游戏各有其特点,支持的侧重点自然有所不同。本章首先介绍幼儿游戏的基本介入策略,然后分别介绍幼儿园典型游戏各自的特点、构成要素、教师介入策略及各年龄班幼儿游戏支持的要点等四个方面。

学习目标

1. 了解幼儿园各类型游戏的含义、特点与构成要素。
2. 掌握各年龄班幼儿游戏的特点及支持引导要点。
3. 能够根据各年龄班幼儿游戏发展的特点,选择相关的支持策略,有效地支持幼儿在游戏中发展。

知识结构

```
幼儿园游戏的介入与支持
├── 幼儿游戏介入的基本策略
│   ├── 1. 游戏介入的基本要求
│   ├── 2. 游戏介入的时机
│   ├── 3. 游戏介入的方式
│   ├── 4. 游戏介入的具体方法
│   └── 5. 游戏介入的环节
├── 角色游戏的介入与支持
│   ├── 1. 角色游戏的含义与特点
│   ├── 2. 角色游戏的价值
│   ├── 3. 角色游戏的构成要素
│   ├── 4. 角色游戏的基本支持策略
│   └── 5. 不同年龄班角色游戏的特点与支持要点
├── 建构游戏的介入与支持
│   ├── 1. 建构游戏的含义与特点
│   ├── 2. 建构游戏的类型与价值
│   ├── 3. 建构游戏的构成要素
│   ├── 4. 幼儿建构游戏的发展阶段
│   ├── 5. 建构游戏的基本支持策略
│   └── 6. 不同年龄班建构游戏的特点与支持要点
├── 表演游戏的介入与支持
│   ├── 1. 表演游戏的含义与特点
│   ├── 2. 表演游戏的类型与价值
│   ├── 3. 表演游戏的构成要素
│   ├── 4. 表演游戏的基本支持策略
│   └── 5. 不同年龄班表演游戏的特点与支持要点
└── 规则性游戏的介入与支持
    ├── 1. 规则性游戏的含义与特点
    ├── 2. 规则性游戏的类型与价值
    ├── 3. 规则性游戏的构成要素
    ├── 4. 规则性游戏的基本支持策略
    └── 5. 不同年龄班规则性游戏的特点与支持要点
```

第一节 幼儿游戏介入的基本策略

情境导入

游戏刚开始,几名男孩子没有像往常一样在角色区开展游戏,而是聚集在结构区,有的忙着用雪花片拼插着什么,有的将玩具小桶倒扣在头顶上一边调整身体姿势一边和同伴嬉笑着,还有的手持塑料桶盖高呼:"哈哈,快看我的新武器!"

话刚落音,一只桶盖如"飞碟"般从同伴的头顶飞过,险些擦到悬挂的吊灯,撞到墙上弹落在地。"这是谁扔的?快把盖子拾起来放好!"教师严厉的声音终止了幼儿下一步行动,有的孩子扔下手中的东西跑开了,有的孩子手足无措地呆站着。"怎么能这样玩!多危险!再不能这样玩了,听见了吗?"……在老师的指责声中,孩子们耷拉着小脑袋不情不愿、不声不响地参与其他同伴的游戏中。

上述案例中,几名男孩被强行停止了正玩得兴致勃勃的游戏,老师在支持和引导游戏的环节中,虽然是出于对幼儿安全的考虑,但没有采取恰当的支持策略,对幼儿游戏行为的指导适得其反。

教师在幼儿游戏中扮演着什么样的角色?当幼儿的游戏行为不符合教师期待或者幼儿需要教师介入时,教师该选择何种介入方式和方法?教师如何通过自己的专业行为支持幼儿游戏的发展?以上正是本节所要解决的问题。

游戏活动的介入策略,就是教师在幼儿游戏活动中为了达到一定的教育目标,而采取的一系列相对系统的支持行为。游戏活动介入策略的灵活运用,能够充分体现幼儿教师教育工作的专业性。

一、游戏介入的基本要求

(一)尊重幼儿游戏的自主性

教师对游戏的支持必须以保护幼儿兴趣、尊重幼儿的游戏意愿为前提。在介入游戏时要时刻牢记,幼儿才是游戏的主人,要发挥游戏自由、自主、愉悦、创造的精神,不能将教师的介入与支持变成教师直接指导的教学过程。

游戏是幼儿自主、自由、自愿的活动。幼儿是游戏的主人,是游戏的主宰。在游戏中,幼儿按照自己的计划,按照自己的节奏,按照自己的方式操纵着游戏的进程。教师在进行游戏指导时要明确游戏活动的主体,尊重游戏中幼儿的兴趣,不能因为幼儿的兴趣、能力、行为不符合教师的期望或者实际生活,就不予理睬、妄加干涉或者强行阻止。

在游戏面前,教师只是一个"局外人",要让真正的"主角"玩得开心。游戏指导的艺术在于保持而不破坏游戏的纯真色彩,保持游戏的愉悦性,充分发挥幼儿的主动性、积极性,最终促进幼儿的发展。

(二)观察是介入与支持的前提

《幼儿园工作规程》指出,教师应"根据幼儿的实际经验和兴趣,在游戏过程中给予适当指导"。只有仔细观察,才能有效支持。通过观察和研究,教师能够了解幼儿是否需要更多的时间去玩,游戏的空间大小是否合适,玩具材料是否适宜,幼儿的经验是否丰富等,再决定是否需要加入幼儿游戏,以帮助幼儿提升游戏技巧。教师不要生硬地抢幼儿的"球",而是要在幼儿把"球"抛来的时候,以一种自然的方式接"球",再用合适的形式把"球"抛回给幼儿。

观察游戏是指导游戏的前提。只有建立在观察基础上的指导,才能有的放矢,切实地推进幼儿游戏水平的提升。游戏观察是理解幼儿的最佳途径,是改进游戏活动的基础,是有效指导游戏的前提,是正确评价游戏的依据。教师要有观察与记录的意识,通过观察了解幼儿游戏的兴趣和需要、游戏的水平和存在的问题,并以此作为教育的依据,做出适宜的指导,有效发挥教师的作用。

(三)以间接指导为主

间接指导是指在幼儿主动活动的前提下,教师在游戏过程中对幼儿进行启发引导,将教育要求转化为幼儿的内部动机和游戏行为的过程。间接指导中教师迂回地传递教育意图,通过启发式、互动式的语言或行为,支持幼儿的游戏进程。例如,当幼儿在游戏中遇到困难时,教师不要直接告诉他们解决问题的方法,而应提供一些有助于克服困难的物质条件。如区域活动时,面临一大堆建构游戏材料,当幼儿不知该怎么玩的时候,教师可以以同伴的身份介入:"我想找个朋友和我一起玩,有人愿意和我一起玩吗?"然后自言自语:"这个长方形积木像什么呢?它可以做什么呢?"随手拿一块说:"拿来做房子吧。""好,那房子上还有什么呢?""选一块什么形状的积木才好呢?"就这样,教师一步一步引导孩子把手里的游戏材料变成了一座漂亮的房子。

教师在进行游戏指导的过程中,不要干扰幼儿游戏的顺利、正常进行,不限制幼儿积极性、创造性的发挥,同时通过参与游戏、启发提问、示范演示、交流讨论、材料提供等方法,激发幼儿积极思维,引导幼儿探索与解决问题,给予幼儿游戏支持。

(四)科学定位教师在游戏中的角色

在幼儿游戏过程中,教师的角色是动态变化的。当幼儿出现无助、不安、无所事事等行为时,教师的角色可能是一个高于幼儿的教师;当幼儿在游戏中专注、投入、表达、创造时,教师的角色可能是低于幼儿的学习者或欣赏者;当幼儿需要伙伴、需要引导时,教师的角色可能是平等的参与者、合作者和玩伴。多种角色的定位,也代表了教师多样化的指导方式。只有科学地定位教师在游戏中的角色,选择适宜的指导方法,才能在指导中达到事半功倍的效果。

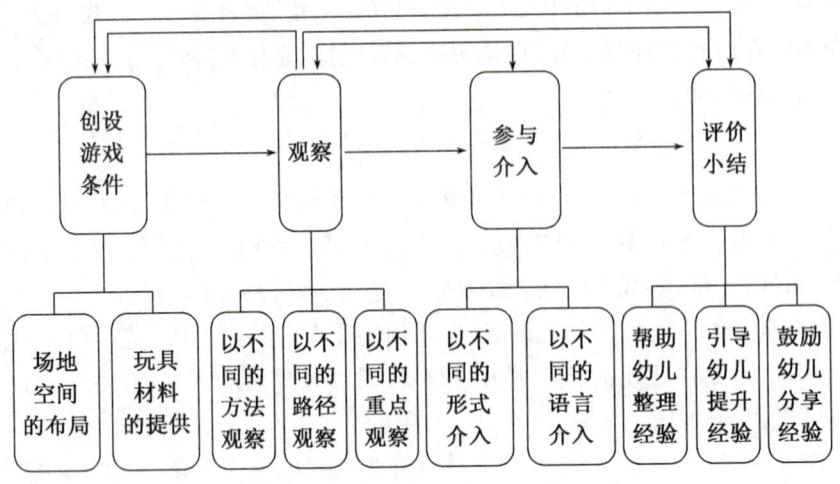

```
┌─────────────┬──────────┬──────────┬──────────┐
↓             ↓          ↓          ↓
创设游戏条件 → 观察 → 参与介入 → 评价小结
```

| 场地空间的布局 | 玩具材料的提供 | 以不同的方法观察 | 以不同的路径观察 | 以不同的重点观察 | 以不同的形式介入 | 以不同的语言介入 | 帮助幼儿整理经验 | 引导幼儿提升经验 | 鼓励幼儿分享经验 |

图 4-1　游戏中教师的角色和工作

二、游戏介入的时机

教师干预幼儿游戏的时机是否恰当,直接关系到教师支持幼儿游戏的效果。时机适宜,可以扩展幼儿的游戏,反之,则会抑制幼儿游戏的开展。

教师介入游戏的时机取决于两个方面,一是教师的期待,即教师所期望的幼儿的游戏水平、游戏态度和游戏体验等。比如教师期望在"菜场"游戏中的幼儿想象力再丰富些,于是假装成顾客,专买菜场没有的菜,启发幼儿用纸、橡皮泥等制作蔬菜。二是幼儿的需要,即幼儿的游戏行为是否顺畅、材料是否充足等。可以从以下几个方面把握干预时机:① 当幼儿游戏技能存在困难时;② 当幼儿难以与同伴互动时;③ 当游戏中出现负面行为效应时;④ 当幼儿缺少游戏材料时;⑤ 当幼儿对游戏内容不感兴趣时;⑥ 当幼儿进一步延伸和扩展游戏有困难时;⑦ 当幼儿违反规则时;⑧ 当幼儿行为违反生活常规时,教师就可以适时介入游戏。

值得注意的是,游戏的介入达到预期的效果,或者教师已经到达教育意图时,教师应及时退出幼儿游戏。因为过多的干预可能会使幼儿游戏中渗入过多的成人意志,阻碍幼儿主体性的发挥。

三、游戏介入的方式

(一) 平行介入法

平行介入法是教师在幼儿游戏时与幼儿不互动或者很少互动,只是在幼儿附近和幼儿玩相同的游戏或材料,教师可以边游戏边自言自语,其目的在于引导幼儿模仿。这种介入方式教师起暗示指导的作用,这种指导是隐性的。这种介入方式的优点在于,教师不干扰幼儿的游戏,跟幼儿玩相似的游戏,让幼儿感觉到教师对其游戏的认同,同时还能为幼儿提供范例,幼儿在不知不觉中学到了新的游戏技能,提高了游戏的水平。当幼儿对教师新提供的材料不感兴趣、不会玩或只会一种玩法时,教师可用这种方式介入进行指导,一般以平行角色的身份或教师的身份来参加游戏。例如,教师提供了一些硬纸壳及挂历纸,目的是想让幼儿自己动手,通过画、剪、贴制作出各种拖鞋及其他物品,结果游戏材料无人问津。这时,教师用这些材料制作了一双非常漂亮的拖鞋,有一部分小朋友围拢了过来,游戏活动便由此开始了。又如,教师提供了新的插塑玩具,有的孩子只拼插了一种造型就呆坐在那里。这时,教师用这些玩具拼插出了滑梯、发夹、汽车、火箭等,并阔了幼儿的思路,孩子们便又活跃了起来。

对点案例

搭积木

小班的东东自己一个人在搭积木,可是他搭了四五块积木就倒了,并连续多次如此。老师通过观察发现,东东在搭积木的时候很随意,有时候把小块的积木放在下面,有时候把小块积木放在中间,而且积木与积木之间没有对齐。在这种情况下,教师坐到东东身旁,也拿一堆积木来搭"大高楼",一边搭一边说:"我把大积木放在下面,小积木放在上面,然后,我再仔细看看我的积木有没有对齐,这样我的大高楼就搭得又高又稳了。"

分析: 小班幼儿处于平行游戏阶段,喜欢模仿周围的人,重复他人的动作。教师在观察了幼儿的行为之后,运用平行介入的方法在东东身边进行相似的游戏,边游戏边自言自语给东东进行隐性示范,有效拓展了东东的游戏行为。

(二) 交叉介入法

交叉介入法即在游戏中,当幼儿需要教师的参与或教师认为有介入的必要时,教师作为游戏中的某一角色进入幼儿的游戏,通过与幼儿角色间的互动,起到支持与引导幼儿游戏行为的作用。当幼儿处于主动地位时,教师可扮演配角。例如,幼儿在玩开商店游戏时,"售货员"和"顾客"都很正常地进行业务往来,如果扮演"售货员"的幼儿缺乏相关经验,难以拓展游戏情节,教师可扮成服务人员介入游戏中,并巧妙引导幼儿提升游戏技巧。又如,有一幼儿钻在用纸箱做的火车头里面,想玩开火车的游戏,但就是没有"旅客",游戏无法进行,教师扮作"旅客"加入进去,并询问幼儿她要到天安门去,找谁买票,这名幼儿赶紧找来伙伴,扮作售票员,开始玩了起来。教师和幼儿都感觉玩得很快乐时,教师就可以及时退出游戏了。

另外,除了角色游戏以外,在其他类型的游戏中,也可以运用交叉介入法。教师作为游戏的合作者和幼儿共同进行游戏,运用伙伴式的语言给幼儿以提示和建议,最终促进幼儿游戏水平的提升。

对点案例

小吃店的游戏

游戏时间到了,卡卡等几个女孩子选择了小吃店游戏。一进入小吃店,她们就在灶台前开始自己的工作:切菜、烧饭、煮开水……玩的过程中几乎没有交流。这时,我充当一位顾客走进去,问正在切菜的卡卡:"老板,你在做什么菜?"卡卡想了想说:"炒青菜。"我又问了问一旁的樱子:"你在做什么呢?"樱子说:"我在炒萝卜。"我说:"我赶时间,一会儿要去火车站,能不能炒菜和烧饭一起呢,这样就能快一点了,否则我要赶不上车啦!"卡卡听后,连忙对旁边的樱子说:"我来炒菜,你淘米蒸饭吧,饭和菜要一起的。"

分析:教师在观察幼儿的游戏行为后,选择交叉介入法,以"顾客"的身份介入游戏,通过与"老板"的交谈,引导与促成了幼儿的合作行为,提升了幼儿的游戏水平。

(三)垂直介入法

垂直介入法是当幼儿游戏出现严重违反规则或游戏行为具有安全隐患时,教师直接介入游戏,对幼儿的行为进行直接干预、制止或者打断游戏。这种方法中,教师的指导是显性的。如在游戏当中,幼儿因争抢玩具而发生打骂,或者是玩一些如"死""上吊""暴力"等内容的游戏时,教师应直接干预,加以引导,但这种方式易破坏游戏气氛,使游戏中止,一般情况下不宜多用。

对点案例

娃娃是我的

区域游戏时间,"小医院"里可热闹了!不一会儿,就传来了周周和可可的争执声。两人的手里都拿着同一个娃娃,拼命地喊着:"我先拿到的,是我的。"这时,可可一生气就要动手打周周。我上前阻止道:"不能动手!你们这样争抢娃娃,娃娃觉得好疼,她不愿意跟你们任何一个人玩。你们已经是中班的小朋友了,自己想想办法怎么解决吧。"过了一会儿两个人想到了共同玩游戏的好方法,一个当医生,一个当爸爸。医生检查时娃娃交给医生,剩下时间交给爸爸,一场冲突就此解决。

分析:中班幼儿处于联合游戏阶段,愿意与同伴一起玩游戏,但又缺乏交往技巧,常常会在游戏中出现纠纷。在案例中教师运用垂直介入法直接介入了游戏,首先避免了一场用暴力解决问题的纠纷。其次,教师并没有直接告诉孩子该怎么做,而是让大家自己想解决问题的方法,给幼儿提供了一个自己解决矛盾的机会。

四、游戏介入的具体方法

确定了适宜的介入方式之后,就要考虑用什么具体的方法支持幼儿的游戏了。一般情况下,教师可采用以下几种方法来支持与引导幼儿的游戏行为。

(一)心理支持

良好的心理环境对人的行为产生积极的影响。只有为幼儿提供一个能感到宽松、愉快的活动环境,才能激发幼儿的内在兴趣,增强自信心,发挥主动性、创造性。因此,教师在组织区域活动时要面向全体幼儿,为每个幼儿提供充分活动和表现能力的机会,指导幼儿建立良好的人际关系,丰富幼儿的词汇、短句,帮助幼儿掌握人际交往中的规则、行为,如:进区域活动的规则(该区域活动人员已满,就应另选其他区域)、分配角色的规则(自愿选择,不强迫别人服从自己)、使用材料的规则(不从同伴手里抢夺玩具)等。引导幼儿在人际交往中正确使用"请""谢谢""对不起"等礼貌用语。同时,还应提醒幼儿在活动中要团结友爱、相互谦让、相互协作、共同进步,以使幼儿在区域活动中拥有和谐、融洽的人际关系。这样,不仅有利于幼儿愉快地参加活动,而且有利于幼儿身心健康地发展。

(二)语言支持

1. 提问与讨论

提问并不是指教师不了解某个游戏的过程和情节,随便提问"这是什么?""你在干什么?"等一类不需要幼儿思考即可回答的问题,而是根据幼儿游戏的情节,在幼儿需要帮助或有指导的必要时,教师有目的地设置问题情境,提出问题,引发幼儿的思考与讨论。如问幼儿"你跑来跑去干什么呀?"用于了解游戏的情节;"家里除了爸爸、妈妈外,还有谁?"用于帮助解决争抢角色的纷争;"如果你想要的玩具没有了,怎么办呢?"用于引导幼儿学会使用替代材料;"你什么时候给病人开刀?"用于提醒幼儿明确自己的角色,促使幼儿养成做事有责任的习惯等。

2. 提示与建议

提示主要是当幼儿遇到困难或不知所措、缺乏目的时,教师用一两句简单的建议性提示,帮助幼儿理清思路,确立游戏的主题,明确自己的角色,扩展游戏的内容,开拓幼儿的思路,促进游戏顺利开展。例如,玩"菜市场"游戏时,菜卖完了,幼儿的游戏便卡壳了,没法往下进行,教师用提示性的语言"我们一起做一些吧",引导幼儿自己动手画、剪、捏、缝等,熟菜加工车间便热火朝天地工作起来了。

3. 鼓励与赞扬

鼓励与赞扬主要是教师就游戏中幼儿表现出的创造性及积极的游戏行为加以肯定并提出希望。对幼儿在游戏中能自觉遵守规则、克服困难、坚持游戏等良好的意志品质给予赞扬,以强化幼儿正向行为的出现。例如,教师为大班幼儿讲完了孟良崮战役中活捉张灵甫的故事后,一部分幼儿就提议要玩打仗的游戏,用一块泡沫板做成孟良崮的山顶,然后一部分幼儿扮成勇敢的解放军战士,一名幼儿扮成张灵甫,游戏便有声有色地开始了。教师抓住时机,及时表扬这些幼儿肯动脑筋,并提出希望,希望幼儿想出更多更好的玩法。又如,在一次体育游戏中,比赛规则要求两队每人先跑30米后,再投3个球,然后返回,看哪队先完成。有的幼儿能严格遵守规则,投篮不满3个就不返回,坚持投满3个,不中再投。教师对这种认真的态度、良好的意志品质及坚持性给予高度赞扬,强化了幼儿正向行为的出现,也对其他幼儿起到了暗示作用。

(三) 行为支持

1. 身体语言

教师在指导游戏时,可利用动作、表情、眼神等对幼儿游戏行为做出反馈。例如,幼儿在游戏中所表现出的创造性行为,教师应该用点头、赞许的目光、欣喜的表情,甚至拍手等表示肯定;对幼儿不遵守游戏规则,或一些需要制止的行为,教师可用手势、摇头或面部表情等表示否定。

2. 提供材料

中央教科所IEA课题组的调查结果表明,幼儿在活动中可否选择活动材料以及可选程度的高低,直接影响到其活动的针对性、积极性。在材料不可选的情况下,幼儿无所事事的频率最高,随着材料可选程度的提高,无所事事的频率降低,交往频率提高。在材料任选的情况下,无所事事的频率最低,交往频率最高。由此可见:为幼儿提供丰富的材料,让他们在自由选择的条件下进行游戏,能促进游戏水平的发展。教师一方面要提供丰富的材料,另一方面还要根据情况及时添置新的材料。如好几天无人光顾的科学角内,教师投放了放大镜,孩子又活跃起来;"小小舞台"里,教师及时投放了魔术箱、帽子等,幼儿由原来单纯的歌舞表演,又增添了新的玩法,花样也更丰富了。在游戏中,教师要及时关注幼儿游戏材料的使用情况,当发现材料缺少或者材料不适宜时,应及时调整、增添或更换。

3. 场地布置

教师期望幼儿产生什么行为,朝着什么方向发展,可以通过场地布置来达到目的。例如,如果教师希望减少追跑及粗野的游戏,可用分隔物或家具把开放的空间阻隔起来。再如,如果有的区角内没人光顾,可通过变换场地等方式吸引幼儿,也可同幼儿一起规划、设计、安排场地。

4. 行为示范

规则游戏由于有玩法及规则的限制,必须在学会后才能玩。因此,教师要给幼儿做适当的示范、讲解,帮助他们掌握玩法,理解并掌握规则。在创造性游戏里,如表演游戏中需要特定的舞蹈动作,教师可以在小舞台上进行示范性演出,不仅能激发幼儿的表演欲望,而且能将各种表演技巧展现给幼儿,供幼儿模仿。教师还可与幼儿一同表演,表演里也隐含着示范。

5. 扮演角色

教师在幼儿游戏过程中,扮演游戏中的一个角色,通过与幼儿角色之间的互动,给幼儿以游戏支持或者指导。例如,"娃娃家"游戏中,教师扮演妈妈,给幼儿隐性示范,带领幼儿进入角色游戏。在中班"理发店"游戏中,教师扮演顾客,在与理发师的语言、动作互动之中,给幼儿支持与引导。

另外,教师还可以通过转移注意力、同伴榜样、游戏讲评等方法来介入与支持幼儿的游戏。总之,教师要在观察幼儿游戏现场情境的基础上,分析幼儿的游戏需要,选择适宜的介入方式和方法,有效支持幼儿游戏行为从原有水平向更高水平的提升。

五、介入游戏的环节

教师对幼儿游戏的介入与支持从宏观上来说,既包括整个班级的游戏计划和安排,又包括具体的游戏开展实践中的准备、现场支持和讲评环节,甚至还包括对家长指导幼儿游戏的支持。从微观上来说,对幼儿游戏的介入与支持是指对游戏现场的支持。本节是基于宏观层面上游戏的支持来进行讨论。

(一) 游戏开展前的准备

教师对幼儿游戏支持的第一个环节,就是要做好游戏所需要的物质和经验准备。

1. 创设适宜的物质环境

教师对幼儿游戏的支持首先体现在为幼儿游戏的开展创设适宜的游戏空间。活动区要保证数量充足且功能全面。阳台、走廊、公共空间得到最大化的利用。地面、桌面、墙面、空间整体设计,满足幼儿的游戏需要。还要保证幼儿游戏的空间是安全的、宽敞的,这样才能充分发挥游戏自由、自主、愉悦、创造的精神。

其次,为幼儿提供丰富适宜的游戏材料。材料是物质环境创设的核心,游戏材料要尽可能丰富,充分满足幼儿的游戏需要、兴趣和操作欲望。例如,幼儿要开展"美发店"游戏,教师可以为幼儿准备各种各样的工具,如化妆台、剪刀、推子、梳子、吹风机等,还可以发动幼儿和家长在生活中注意观察,收集有用的材料,让幼儿、家长都参与场地和材料的安排中。

在提供材料时,要注意材料与幼儿年龄特点相适宜。如小班多提供色彩鲜艳、动态且成型的玩具;中班提供丰富多样的材料,同时在小班基础上增加半成品材料;大班多提供一物多玩的材料,且注意材料的细节,启发幼儿自制玩具或者以物代物开展游戏。

提供更多可操作和变化的材料,幼儿在游戏中的兴趣会更高。有时教师不需要针对某一游戏提供固定的材料和场地,可以把各种游戏材料分类摆放在活动室里,幼儿可以根据自己游戏开展的需要自由选择游戏材料和场地,使游戏材料和场地得到自由、合理的使用。总之,如何为幼儿开展游戏准备更为合适的物质环境需要幼儿教师对幼儿、材料及其两者之间的关系有充分的了解。

再次,要保证幼儿有充足的游戏时间。幼儿开展游戏需要充足的时间保证,这样幼儿才有充足的时间寻找游戏伙伴,进行材料选择,与同伴和材料进行有效互动,开展深度的交流和学习。如果时间太短,游戏过程难以深入展开,幼儿的兴致也达不到高潮状态,游戏的有效价值难以充分发挥。因此,在时间保证上应做到以下两点:一是保证幼儿每天都有游戏的时间;二是保证每次游戏的时间不要太短,最低不得少于30分钟。例如上海市就明确规定幼儿园每天自主性区域活动(游戏)的时间不低于1小时。

2. 丰富幼儿的生活经验

丰富的生活经验是幼儿游戏开展的源泉。在实践中,我们往往会发现同一年龄段的班级,同样的游戏,有些班级的幼儿开展得好,而另一些班级开展得差。当然,这种现象由多种因素导致,但幼儿是否具备游戏所需要的相关经验是其中一个重要原因。因此,有必要为幼儿开展游戏准备相应的生活经验。在游戏之前,教师需要清楚幼儿关于目前的游戏已具有的生活经验,幼儿除已有的经验外还需要哪些知识经验来推进游戏的开展。

教师可以从丰富幼儿在幼儿园的经验和指导家长丰富幼儿家庭生活经验两个角度来丰富幼儿的生活经验。在幼儿园里,教师通过观察幼儿的行为、倾听幼儿的游戏语言、与幼儿进行相关主题的提问与讨论等多种方式来了解幼儿的已有经验。通过日常谈话、集体研讨、在活动区投放相关材料(如图书、玩具、模型等)、参观、现场观摩等方式拓宽幼儿的生活经验。另外,教师要将幼儿的一日生活内容安排得充实丰富,并尽可能提供机会让幼儿直接接触社会、体验生活,通过直接感知、亲身体验、实践操作来获取大量直接经验,幼儿参与的活动越多,游戏经验越丰富。

在指导家长丰富幼儿的生活经验时,教师一方面应指导和协助家长安排好幼儿的家庭生活内容,引导家长经常带孩子参加丰富多样的活动,如旅游、参观、参与各种体验活动等,扩宽幼儿的视野,丰富幼儿的感受和见闻。另一方面,教师要善于挖掘不同幼儿的知识和经验,创设条件让幼儿互相交流,共享经验。例如,每周一进行周末活动的回忆谈话交流,节假日后开展假日旅游见闻分享等活动。在开展专门的游戏主题时,教师还可以与家长沟通交流,布置亲子任务,如现场观摩、在家中完成相关亲子游戏等。在完成任务的过程中,丰富幼儿的生活经验。如幼儿园开设"小超市"游戏时,教师鼓励家长带孩子去超市,记录超市的人员种类、工作和环境布置;在家庭中与幼儿玩与钱币有关的游戏等。

对点案例

超市又热闹起来了

大班刚布置起一个"超市"区角时,幼儿特别喜欢,每天都有很多幼儿来买东西,可是没几天,"超市"就没人光顾了。经过询问和分析,原来幼儿觉得"超市"游戏就是"选东西—付钱"的过程,情节太单一,所以很快就失去了兴趣。我请家长周末带幼儿去超市看一看,超市除了买卖东西,还需要做什么工作。周一,幼儿带来了许多的经验,比如,超市里有理货员,要把东西归类摆放整齐;超市里的售货员还要向顾客介绍产品;超市里还可以做一些促销活动,比如捆绑销售、打折销售、制作宣传海报、做宣传演出等。幼儿对超市的工作有了深入的了解,于是"超市"区角再次热闹起来。

分析:教师在观察的基础上,发现幼儿游戏时缺乏生活经验的支撑,于是给家长与幼儿布置了任务,在实地观察中,幼儿拓展了生活经验,直接推进了游戏情节的丰富与深入。

(二)游戏开展过程中的具体支持

教师对幼儿游戏的介入与支持最为显现、最为直接的环节即为幼儿游戏开展的过程。教师时常在幼儿游戏过程中犹豫不决陷入两难:一方面担心自己指导过多或时机不对反而会影响幼儿游戏的开展和幼儿能力的培养;另一方面又担心自己没有及时指导导致幼儿发展的重要契机被延误。教师在幼儿游戏过程中不要急于去介入,应遵循以下步骤:

一看:观察幼儿的游戏动作、表情、选择的游戏材料等;

二听:听听幼儿与同伴的交流语言与想法;

三想:想想自己介入的时机是否适宜,选择什么样介入方式和方法;

四介入:以自身为媒介或者以材料为媒介,适时、适宜地给幼儿游戏行为以支持;

五退出:在达到预期效果或者自身的介入干扰了幼儿游戏进程时及时退出,将游戏主动权还给幼儿;

六反思:反思自己介入行为是否有效,总结经验。

总之,教师在幼儿游戏的过程中,要尊重幼儿的游戏兴趣和意愿,切不可主导游戏,在游戏中渗透太多成人的意志,阻碍幼儿游戏主体性的发挥。

(三)游戏结束时整理与讲评

游戏结束时整理场地、收纳材料既是方便下次游戏继续开展的必要工作,又是培养幼儿良好的生活习惯的重要时机,因此教师不要包办代替。针对不同年龄的幼儿,教师的指导要点要有所侧重。对于小班幼儿,教师的指导重点在于幼儿常规的培养,教师在带领幼儿一起整理收纳的过程中帮助其树立整理的意识;对于中班幼儿,指导重点在于收拾整理能力的培养,教师要引导幼儿掌握材料归纳、分类、整理的基本方法;对于大班幼儿,指导要点在于引导幼儿自觉收拾整理,独立完成各项收纳工作,养成材料整理与收纳的习惯。另外,在游戏整理环节教师还要注意语言和方式,让幼儿愉快地结束游戏。可以用信号提醒,如音乐、铃声等;也可以以游戏的口吻提醒,如"小医院要下班了""宝宝要睡觉了"等提醒幼儿。要给幼儿留出游戏收尾的时间,不要催促幼儿以免影响幼儿的情绪。

教师要及时组织幼儿在游戏结束后进行讨论评价,这有着重要的价值:一方面可以为后面的游戏规划和开展提供参考;另一方面能帮助幼儿整理、提升和分享游戏中的经验,有效提升幼儿的游戏水平。语言是思维的载体,通过语言交流,幼儿可以整理自己的经验,把自己在游戏中所获得的零散经验系统化。教师关注到后,就可以在讲评环节提出,帮助幼儿将相关经验梳理清楚。最后,幼儿之间可以相互学习彼此快乐或成功的体验,进行思维的碰撞,激发后面活动的兴趣。

游戏讲评内容主要有两个部分,一是游戏开展过程中成功的经验;二是游戏开展过程中出现的问题和困惑。一般情况下教师在讲评环节常问幼儿四类问题:

(1) 回顾性问题:今天你们在娃娃家玩了什么?怎么玩的?有什么有趣的事情要告诉大家?

(2) 体验性问题:今天和谁一起玩的?高兴吗?为什么?

(3) 创新性问题:今天在游戏中发现新问题了吗?找到解决问题的办法了吗?怎样解决的?

(4) 发展性问题:下次想怎样玩会更有意思?你还想怎么玩?"娃娃家"还缺什么材料吗?

游戏讲评的活动形式可以多样,教师可以根据幼儿的年龄特点和讲评侧重点,有针对性地选用。

讨论是游戏讲评中教师最常用的一种方法,既可以由幼儿讲述游戏的情境困惑,也可以由教师帮助讲述幼儿游戏的情景来引发问题供大家思考讨论。由于幼儿的语言发展还不成熟,部分幼儿还不能很好地表达其思维,因此,讨论除了以语言的形式进行外,还可以补充其他方式。如用绘画等方式,让幼儿把自己的游戏体验表达出来。游戏情景重现也是重要的方式,教师可借助于游戏录像、照片或重新进行角色扮演等,帮助幼儿以具体形象的方式发现问题,重新思考。

有的游戏活动幼儿会在结束时产出一些"作品",教师可以保留游戏现场,运用现场评议或者幼儿介绍展示的方式与幼儿进行互动。如建构区搭建的大型建筑、美工区做的礼品手包等。

图 4-2 幼儿建构作品

汇报游戏过程也是游戏讲评的一种方式。游戏结束后,每组幼儿轮流汇报一下自己的游戏过程。教师有目的地引导幼儿围绕汇报的重点内容进行思考讨论,要避免话题零散,以利于幼儿获得清晰的经验。

信息支持是比较直观的一种游戏讲评形式。教师在幼儿游戏的过程中发现幼儿缺乏相应的经验,于是快速运用网络或者书籍查找资料,在讲评时与幼儿分享图片、视频、步骤图等,拓宽幼儿的游戏经验,提升幼儿的游戏水平。如在建构区幼儿搭建高架桥时,缺乏对高架桥构造的深入认识,在游戏讲评环节,教师与幼儿共同观看了不同角度高架桥的图片,在观看与分析中,拓宽了幼儿的建构经验。

在组织游戏讲评环节时，教师要注意不要以教师讲解为主，要以幼儿为主体，给予他们充分表达与表现的机会；评价的问题要聚焦、具体，其实在幼儿游戏的过程中，教师就要明确讲评的重点人员和内容；要多提开放性问题，引发幼儿积极的思考和讨论；多鼓励，少批评，保持幼儿游戏开展的积极性；尽量保证每一次游戏讲评都能助推幼儿后续游戏水平的提升。

第二节　角色游戏的介入与支持

情境导入

"美食店"里的孩子们正在忙碌着，服务员楚楚主动问顾客："你们想吃点什么？""烤红薯。"一位顾客说。毛毛认真地烤起来，不一会儿楚楚端着一盘烤红薯来了。另一位顾客又说："服务员，我要吃兰州拉面！"楚楚看了看店里的材料，没有找到拉面，便去问毛毛。毛毛拍拍脑门，跑过来对顾客说："对不起，我们这里没有兰州拉面，你吃点别的吧！"顾客听了有点不高兴，于是想离开。这时，正在一边观察的教师走过来对毛毛和楚楚说："你们到百宝箱里找找看，说不定有你们需要的材料！"于是毛毛和楚楚在教室的百宝箱里面仔细寻找，找到了一个方便面的盒子。毛毛把方便面盒子放在锅上烧了一会儿，端到顾客面前说："您要的兰州拉面，请吃吧！"顾客很开心地吃了起来。

角色游戏是幼儿期典型的游戏。角色游戏有什么特点？如何介入和支持幼儿的角色游戏？各年龄班幼儿角色游戏的支持重点有什么不同？这些是本节要讨论的问题。

一、角色游戏的含义与特点

（一）角色游戏的含义

角色游戏是幼儿期的典型象征性游戏，在幼儿晚期达到最高峰。角色游戏是幼儿以模仿和想象，借助真实或替代的物品，通过扮演角色，创造性地反映周围生活的一种游戏。它为幼儿提供了模仿、再现人与人关系的机会，也为幼儿形成良好的社会交往能力打下基础，对幼儿的身心健康具有重要的价值。

微课

幼儿象征性游戏解读

（二）角色游戏的特点

对角色游戏特点的理解和分析，可以帮助教师深入了解角色游戏的实质，在此基础上能够更加有效地支持与引导幼儿角色游戏。与其他游戏形式相比，角色游戏具有以下特点：

1. 自主性

角色游戏是幼儿高度自主的活动,能充分发挥和体现幼儿主体性。幼儿根据自己的兴趣和生活经验选择游戏主题,设计游戏角色,选择游戏同伴,控制游戏进程等。

2. 想象性

想象活动是角色游戏的支柱。角色游戏的过程是创造性想象活动的过程。在角色游戏中,创造性想象表现在两个方面:一是幼儿扮演熟悉的角色,如扮演妈妈、老师、司机、警察、售货员等,他们通过语言、表情、动作等表现自己对这些角色的认识和体验,这一反映过程体现了幼儿的想象活动;二是幼儿在游戏中使用玩具,以物代物,往往一种物品在不同的时间、不同的环境中可代替多种真实物品,如小椅子一会儿是汽车,一会儿又当娃娃床,这种替代正是幼儿创造性想象活动的结果。有想象活动参与的角色游戏,既富有假想性,又富有真实性,是虚构性与真实性的巧妙结合。

3. 生活性

角色游戏是创造性地再现幼儿的现实生活的过程。角色游戏的主题、角色、情节、规则等无一不是来源于幼儿周围的现实生活,例如,角色游戏中的"医院""超市"等游戏主题、"爸爸""警察""护士"等角色、"买菜做饭""指挥交通"等情节,都是幼儿对现实生活的反映与体验。

二、角色游戏的价值

(一) 角色游戏有利于发展幼儿的社会性

在角色游戏中,幼儿通过扮演妈妈、教师、司机、警察等现实生活中的各种角色,模仿社会生活中人们的行为,体验着他们的情感,反映着现实生活中人与人的交往关系,学习分工合作及相互配合。例如,在医院的游戏中,有的幼儿当医生,有的当病人;有的在挂号,有的在病房当护士。玩这样集体分工合作的角色游戏,有助于幼儿学会和实践社会性行为,发展幼儿的社会性。

对点案例

保护牙齿

一天,天天和乐乐在玩牙医游戏,天天扮演牙医,乐乐扮演患者,天天问乐乐:"你有虫牙吗?""为什么会有虫牙呢?"乐乐反问道。"你没有及时刷牙,晚上细菌就会爬到你的牙齿上干坏事,细菌中的虫卵孵出来也会腐蚀牙齿的。"乐乐立刻点头说道:"我以后一定早晚刷牙!"

分析: 通过牙医游戏,幼儿懂得了要保护牙齿,早晚刷牙。幼儿在角色游戏中可以不断练习和巩固自己已有的社会经验,并且能将这种经验分享给同伴。

(二)角色游戏有利于发展幼儿的主动性和创造性

角色游戏突出的特点在于它是幼儿自己创造的,游戏的主题、角色和情节等都是依照幼儿自己的兴趣、意愿、经验决定的。在游戏中,幼儿自由地发挥想象力和创造力,独立自主地再现成人的劳动和活动,这种主动性和创造性为幼儿的身体发展、认知发展、情感发展奠定了重要的基础。

(三)角色游戏有利于培养幼儿坚强的意志品质

幼儿的意志比较薄弱,自制力、坚持性均较差。在游戏中,幼儿所自愿担当的特定的角色本身就包含着行动的榜样。游戏要求幼儿时刻拿自己的行为和角色应有的行为做对比,根据角色的要求调节自己的行动,否则便会遭到游戏伙伴的非议。同时,角色游戏要求幼儿遵守游戏规则,按照规则来控制自己的行动,以保证游戏的顺利进行。幼儿为了在游戏中表现角色,能自愿服从规则,努力克服困难,使游戏顺利地进行。这无形中就提高了幼儿的自我控制能力,从而培养了坚强的意志品质。

三、角色游戏的构成要素

角色游戏有区别于其他游戏的特点,也有它自身的构成要素。角色游戏一般由主题、角色、材料、情节、规则等几个结构要素组成。具体包括主题的确定、角色的扮演、对材料的假想、对游戏情境及动作的假想、游戏的内部规则等。

(一)游戏主题

所谓"主题"就是"儿童在游戏中反映的周围人们的生活与活动中的一定动作、事件和相互关系",它包括任务、角色、情景、动作和物品等。[1] 游戏主题是反映游戏内容及范围的中心议题,通常表现为角色游戏的题目。游戏中的角色、动作和规则等都要围绕"主题"组织起来而构成角色游戏的基本框架。例如,小班的"娃娃家"到中班的"医院""商店",再到大班的"旅游团"等,因游戏主题的不同,角色、动作、规则都有所不同。所以,主题是角色游戏的核心要素。

在角色游戏中与主题相伴的是游戏的情节,在游戏中,幼儿不是单纯地玩玩具,而是通过使用玩具的动作来表现假想的游戏情节,以表达自己的思想、感情和体验。幼儿游戏的情节由简单逐渐复杂。教师通过观察幼儿在游戏中情节的复杂程度也可以判断出不同幼儿之间的游戏水平差异。

幼儿角色游戏的主题和情节随着幼儿年龄的增长而不断深化。最初,角色游戏主题的产生单纯依赖于幼儿眼前感知的事物。幼儿此时往往受眼前玩具或用具的启发而产生游戏念头和游戏行为。最典型的表现是在幼儿面对形象玩具时,玩具的造型就对

---

[1] [苏]查包洛塞兹,马尔科娃. 学前教育学原理[M]. 李子卓,等译. 北京:人民教育出版社,1984:252.

幼儿产生暗示性影响,从而使幼儿玩相应主题的游戏。例如,幼儿面对玩具娃娃,自然就想起妈妈照料他(她)的情境,也模仿妈妈的样子照料起玩具娃娃来,这就产生了"娃娃家"的游戏。4岁以后,幼儿不再单纯依赖眼前事物的暗示产生角色游戏主题,逐渐能根据自己的兴趣和主观愿望来构思角色游戏主题,游戏的情节中逐渐能表现出复杂的人际关系和对事物的深入理解。

(二) 角色

"角色"是幼儿在游戏中模仿的对象,是角色游戏中必不可少的构成要素。在角色游戏中,幼儿扮演的是熟悉的角色,如爸爸、妈妈、司机、老师、服务员、顾客、警察、医生等。在对这些角色的扮演中,幼儿需要把头脑中已有的这些人物的表现重新组合,创造新的形象,借助自己的语言、表情、动作等表现出自己对这些角色的认识与理解。在这个过程中,实现了以人代人的假想。一般情况下,幼儿扮演的角色有三种类型。一是机能性角色,指幼儿通过模仿对象的典型动作来进行角色扮演,如医生、妈妈、理发师等。二是互补性角色,指幼儿所扮演的角色是依角色关系中另一方的存在为条件,如病人、顾客等。三是想象性角色,指幼儿扮演的不是现实生活中的人物,角色来源于幼儿的想象,如孙悟空等。幼儿通常根据自己的情感取向来选择扮演的角色。有三种角色幼儿比较喜欢:幼儿比较崇拜和尊敬的人;让幼儿感到害怕的人或动物;与自己身份不同或低于自己身份的角色。

幼儿角色意识、角色归属感的强弱也是教师评价幼儿角色游戏水平高低的重要依据。早期幼儿没有明确的角色意识,所表现出的装扮行为大多是受玩具和游戏材料的刺激和诱发,按照社会约定的方式使用这些材料而表现出相应的角色行为。此时的幼儿关注的重点在于物品以及成人使用物品的行为,而非这种行为的主体即社会性角色。接下来,幼儿能够在游戏开始时提出所要扮演的角色名称,如说出"我要演妈妈"之类的话,但在游戏过程中,常常出现忘记自己在扮演谁,很容易为其他事件或玩具材料所吸引而发生角色扮演的中断或转移,从而一会儿表现出妈妈的行为,一会儿又表现出医生的角色行为。4~5岁幼儿有比较明确的角色意识,并能坚持某一角色,围绕同一角色做出装扮行为,如一位中班4岁9个月的女孩在娃娃家扮演妈妈,她轻轻摇晃宝宝,把宝宝放在小床上用棉被盖好,然后提着包去上班,下班后在教室里转来转去假装逛街,然后又回到家。

(三) 假想

假想是角色游戏的一个重要因素,幼儿在角色游戏中的假想分为对人的假想、对物的假想、对动作和情节的假想等。对人的假想主要是对游戏中各个角色的假想;对物的假想主要是对角色游戏中物品和材料的假想。在角色游戏中使用的玩具、物品,根据游戏的需要,幼儿可以把它们想象成多种真实物品,如一张纸片可以假想为纸币、门票、面包等;撕碎的纸条可以想象成面条、米饭;小椅子一会儿当作娃娃的小床,一会儿又当作医生的诊台,一会儿又当作火车等。

在角色游戏中,幼儿扮演某个角色,不是单纯地操作某个玩具,而是通过操作玩具的动作来表现假象的游戏情节。比如,在"医院"游戏中,幼儿拿着玩具听诊器给"病人"听诊,这个幼儿就把听诊的动作假想成现实生活中医生给病人检查听诊的动作,把自己所处的活动室的一角想象成医院,通过对动作和情境的假想实现游戏情节的发展。随着幼儿年龄的增长,幼儿的生活经验也日趋丰富,对事物和场景的想象能力也逐渐提高,角色游戏中的情节内容也日趋丰富和发展。幼儿在游戏过程中这种以人代人、以物代物的行为反映了幼儿在游戏中的创造性想象能力,也间接地反映出幼儿的游戏水平。

对点案例

区域游戏时间,乐乐一直在跑来跑去,一会儿到娃娃家,一会儿到医院。我跑过去问他:"你在干吗?"乐乐略带骄傲地说:"我是消防队员,我在救火。"又对其他幼儿大喊:"哎,着火了,快来救火!"孩子们都来劲了,先后有好几个男孩子都加入了灭火游戏中。于是,教室里面不时地传出"着火了,着火了"的呼喊声音。乐乐说:"消防员要开消防车去救火的。"于是"消防员"们用小椅子搭起了消防车,乐乐说:"消防员站在车的旁边,我们出发了。"嘴里还不停地发出消防车的鸣笛声。到了娃娃家,孩子们立刻展开了救火的行动,他们模仿消防员,手拿着"水管"往娃娃家浇水灭火。这时,娃娃家的妈妈着急地说:"我的娃娃,我的娃娃还在床上睡觉,快去救我的娃娃!"可是消防员们好像并没有听到妈妈的呼救,继续拿着水管灭火。我连忙对妈妈说:"我也是消防员,别担心,我去救你的娃娃。"乐乐听了我的话说:"我和你一起去。"说着,我们冲进娃娃家把娃娃抱了出来。

分析:角色游戏中幼儿假想了游戏的主题、情节、各种角色和游戏的场景。案例中幼儿成功地运用小椅子拼搭成消防车,做开车的动作、灭火的动作等来实现游戏中消防员乘上消防车去救火的情节构思,把灭火游戏玩得绘声绘色。

(四)内在规则

角色游戏中的规则区别于规则性游戏中的规则,不是外显而是内隐的。角色游戏中的规则是受角色制约的,是由游戏者自己制订并遵守的角色行为方式,扮演某种角色就必须按照相应的角色行为来游戏,不可以随意更改,表现出角色游戏规则的内在性。例如,幼儿为娃娃家搭建了门和围墙,然后规定从大门进出,如果谁从围墙上跨进,谁就违反了规则,娃娃家的"家长们"就会加以制止;医院里打针的一定是"护士"等。这样的游戏规则既起到约束和规范幼儿游戏行为的作用,也为游戏的顺利开展创设了条件。

角色游戏中的规则可以是扮演角色的规则,也可以是使用物品及场地的规则。所谓扮演角色的规则,就是对幼儿所扮演角色的行为与语言的规范要求。例如,司机开车,乘客上车买票;厨师炒菜,服务员上菜等。而所谓使用物品和场地的规则,就是规定了特定用途的物品和场地就必须严格执行,不可随意改作他用。例如,一只正方体的纸盒被当作电视机就必须放在客厅柜子上，不可再搬到别的地方或装别的东西；一张靠背椅反过来就是小小的银行，取钱的人必须在椅子靠背的小窗口外领取等。随着年龄的增长，孩子们对规则的制订越来越明确，对规则的遵守也越来越严格、认真，表现出自觉的规则意识和较高的游戏水平。

四、角色游戏的基本支持策略

角色游戏对幼儿的身心发展具有重要的作用，为了充分发掘其教育意义和价值，教师应对幼儿的角色游戏加强支持。教师应遵循幼儿身心发展不同时期的特点，依据角色游戏自身的特点，按照一定的支持原则和科学有效的方法，对幼儿的角色游戏进行支持。

(一) 丰富幼儿的生活经验，拓展游戏的内容

苏联学前教育家门捷利茨卡娅指出："要想组织一个有趣的游戏，仅仅让孩子们看到怎样盖房子，怎样运输货物，怎样缝制衣服是不够的。如果仅限于此，孩子们所模仿的只能是成年人的活动，却不懂得成年人劳动的意义，结果游戏必然内容贫乏，趣味索然。应该用人们在生活中的事件和他们的劳动功绩深深打动孩子们的心，使孩子们乐意模仿他们的行为，和他们一起体验劳动的乐趣。"幼儿的知识储备和生活经验主要来源于家庭和幼儿园的生活，教师要善于利用一切机会和时机引导幼儿观察周围的社会生活，帮助幼儿积累社会经验。同时，教师还应注重引导幼儿认识周围成人劳动的意义，以此来加深幼儿对周围生活以及成人劳动的理解。例如，通过故事《小猴生病了》引导幼儿了解医院的工作程序，知道医生、护士的工作范围，学习医患之间的日常对话等；又如教师可以带幼儿到十字路口观察交通警察是如何指挥交通的，行人和车辆是如何遵守交通规则的，以及红绿灯的作用等。除此之外，教师还可以指导和协助家长安排好幼儿的家庭生活内容，丰富幼儿的见闻和感受，并创造条件让他们互相交流，帮助幼儿共享经验。如每周进行一次周末谈话，定期展示家庭生活照片等。

值得注意的是，幼儿在角色游戏中所反映的内容，并不是周围生活的直接再现，而是经过酝酿，于适当的场合才会在游戏中表现出来的。教师不要急于要求幼儿将他们看到的和听到的立刻反映在游戏中，更不能要求幼儿将参观到的内容照搬到游戏中。

(二) 提供多层次半成品材料，丰富游戏情节

及时投放新材料，推动游戏情节的拓展。随着时间的推移，幼儿的游戏情节和游戏主题会不断地生发拓展，这时教师适时投放新的游戏材料成为支持幼儿游戏的关键。同时，新的游戏材料也能够暗示新的游戏情节的发生。

适时撤走旧材料，促进游戏区域间的交流。除了通过增加一些游戏材料来促进幼儿新的游戏行为发生，适时地撤走一些游戏材料也有助于拓展新的游戏情节，可以促进不同区域之间幼儿的交流和材料的替代行为的出现。如当老师把娃娃家冰箱中的食物撤走后，娃娃家发展出了去超市买菜、去小吃店吃饭、打电话订外卖等新的游戏情节。

逐步投放百宝箱，拓展幼儿的想象空间。投放材料要给幼儿留有想象和创造的空

间,引发幼儿以物代物、一物多用。教师在百宝箱里投放了大大小小的瓶子、各种各样的盒子、五颜六色的吸管、橡皮泥、水彩笔等低结构材料供幼儿自由取用。牛奶盒在幼儿手中变成了手机、收银盒、小电脑、蛋糕。这些材料为幼儿提供多种选择和思考,让幼儿在自由操作、试验、探索、即兴扮演的过程中,不断发现材料的多种玩法,充分挖掘材料功能的潜在性。

经常讨论材料的使用,打破幼儿的固有思维。材料的使用可以分为同一种材料不同的用处和不同材料同一种用处。如在游戏讲评中,教师围绕刷卡机的材料展开讨论。经过讨论,幼儿发现原来不只纸盒可以当作刷卡机,一块泡沫板、一个蛋糕盒、用积木搭建的盒子都可以当作刷卡机。讨论拓展了幼儿的固有思维,创新了使用材料的方法。

(三)关注幼儿的角色扮演,增强幼儿的角色意识

1. 协助幼儿分配角色

角色游戏中幼儿对自己扮演什么角色最为关心。对于能力弱、年龄小、性格内向的幼儿,我们应鼓励、引导他们能够按照自己的意愿选择适合自己的角色,主动参与游戏。年龄稍大的幼儿角色意识已很强,但往往只考虑个人的愿望而不善于分配角色,因此,教师可以教给幼儿一些分配角色的方法,如自己报名、推选、轮换等。经过这样的过渡,到幼儿后期他们便能与同伴共同商量角色的分配。为了培养幼儿的个性,教师应有意识地让幼儿轮流担任各种角色,尤其是主要角色,不应固定不变。

2. 帮助幼儿理解所扮演的角色特点

我们经常看到有些幼儿在游戏中只是机械地操作着材料,没有角色间的交往对话,没有对于游戏情节的想象。例如,"娃娃家"中的"爸爸"在厨房里重复地把"青菜"倒在锅里,盛起来,再倒进去,又盛起来……教师以游戏的口吻提醒他:"哎呀!宝宝爸爸真能干,青菜吵得真香!快端给宝宝吃吧!"这样就帮助幼儿把"爸爸"的角色语言和角色行为引发出来,幼儿理解了"爸爸"这个角色的人物特点。

3. 关注角色扮演的稳定性

幼儿在游戏过程中常常会忘记自己的角色身份,或者是产生了角色间的错位。尤其是小班幼儿,他们经常会不知不觉地在游戏中忘记自己的角色身份,游离于游戏角色之外,这就需要教师的提醒。例如,在"娃娃家"的游戏中,"妈妈"受到"顾客"角色的吸引,离开了工作岗位,也跑去买东西了……教师发现后,以"顾客"的身份加以提醒:"妈妈,宝宝哭了,该怎么办呀?"以此提高幼儿角色扮演的稳定性。

(四)注重多样的指导方法,推进游戏的不断深入

1. 以自身为媒介的指导

幼儿在游戏中会产生各种各样的问题,教师作为游戏指导的主体,无论是什么指导方法,都应以不干扰幼儿游戏的进行为原则,尽量保持幼儿游戏中的自然状态,避免因教师干预游戏而影响幼儿游戏的真实感。通常,以角色的身份参与游戏,是教师指导游

戏最直接的方法,也是最有效、最自然的方法。例如,"娃娃家"游戏中,"妈妈"把娃娃头朝下抱着,教师以"客人"的身份参与进去,以"客人"的口吻说:"宝宝怎么哭了?不舒服吗?"引导"妈妈"发现问题,自行纠正。又如,"理发店"的"理发师"串门去了,教师以"顾客"的身份找回"理发师",并说:"理发师,你剪得发型最好看了,你不在店里,我到哪里剪头发去呀!"教师以角色的语言、动作等参与游戏,了解游戏的情况、幼儿的想法,还可以设置疑难情境,启发帮助幼儿扩展游戏的情节,深化游戏的内容,提高幼儿的想象力和创造力,推动游戏的深入。

对点案例

我来做顾客

几名幼儿在玩"蛋糕店"的游戏。我走进餐厅跟雯雯说:"服务员,我要一块蛋糕。"雯雯响亮地说:"好。"我说:"那我去那边坐着等了,你让点心师傅做蛋糕,做完你把蛋糕端上来给我哟。"说完我就去用餐桌上等着,同时对区域里的小朋友们进行观察。只见雯雯大声说:"师傅,做一块蛋糕。"说完继续摆弄起了各类材料。阳阳像模像样地做了起来。不一会儿,只见阳阳端着蛋糕送了过来,我笑着提醒说:"阳阳,你是点心师傅,你做好了应该请服务员拿上来。"接着雯雯满面笑容地端上了蛋糕……其余几位顾客见我是这样"玩"的,他们也踊跃去餐厅点餐了,纷纷跟服务员说:"服务员,我要点……"

分析: 在游戏中,教师以游戏者的身份介入指导确实推进了游戏的发展,但是如果教师的主导性太强,要求幼儿一步步按照自己的预设过程来,角色游戏就会像教学游戏一样没有自主、自发、自愿了,也就失去了角色游戏的意义。当幼儿的游戏进入一定阶段,这样的"玩伴参与式"指导就可能影响幼儿的游戏。

2. 以语言为媒介的指导

角色游戏中,教师的语言指导显得尤为重要。游戏是幼儿已有经验的表现活动,基于这一点,教师以提问、讨论、建议、评价等方式,调动幼儿的生活经验,试图让幼儿了解各个区域、各个角色应该做的事,在语言交流互动中给幼儿角色游戏间接指导。

对点案例

餐厅大讨论

为了丰富"餐厅"游戏的情节,教师组织了一次讨论:

问题一:每次去餐厅吃饭,点菜时爸爸妈妈会说什么?

幼儿1:服务员给我来杯白开水。

幼儿2：爸爸会先叫服务员过来，然后点菜。

幼儿3：服务员，把菜单拿来。

问题二：你们去餐厅吃饭，走进餐厅，服务员会说什么？

幼儿1：你好，请问吃点什么？

幼儿2：你好你好。

幼儿3：欢迎光临。

问题三：你觉得我们的餐厅里应该有谁？

幼儿回答：服务员、厨师、客人、爸爸、妈妈、儿子……

分析： 这样的讨论调动了幼儿的生活经验，自然而然地让他们明白了角色游戏中各个角色规则的内在性。讨论后，幼儿在游戏中有了一定的角色意识，游戏情节自然丰富起来。

（五）分析要素，诊断缺失

游戏主题和情节、角色扮演、假装和想象、同伴交往、语言交流等都是角色游戏重要的构成要素，教师应关注这些要素，通过观察确定幼儿的角色游戏中是否有这些要素。如果发现幼儿的游戏活动中缺失这些要素，就可以通过多种方法扩展幼儿的游戏活动，使这些缺失的重要因素出现在游戏中。

对点案例

诊断缺失——平行游戏[①]

女孩A独自坐在角色游戏区给娃娃穿脱衣服。她不看附近的幼儿，不与他们交流。教师观察了她一会儿，决定对幼儿提供帮助。

师："你的娃娃饿了吗？我们可以给他做饭。"（游戏建议）

A不说话，继续给娃娃穿脱衣服。

师："如果他饿了的话，告诉我。我们可以在厨房给他做一顿丰盛的午饭。"教师边说边走向厨房，拿出锅和盘，与幼儿玩平行游戏。

A走向教师："我的宝宝饿了。"（教师的行为引起幼儿的反应）

师："好吧，让我们看看给他做什么。"

A："宝宝食物。"

这时幼儿B走向教师："我来做饭。"（教师和A的游戏引起其他幼儿的注意）

师："为什么你俩不一起做饭？我来抱娃娃。"（让出"交往"的机会，鼓励幼儿之间的互动）

幼儿C也过来："我能玩吗？"（引起更多幼儿的兴趣）

[①] 刘焱.幼儿园游戏与指导[M].北京：高等教育出版社，2012：120.

"不，我们正在做饭。对吧？"B对A说。A点点头但没有说话。

师："你为什么不切菜呢，莎拉？"（提供"介入"游戏的方法）

C："好的，莎拉，可以借我一把刀吗？"

A："我正在用。这给你。"（A给了C一把塑料刀）

B："你的娃娃叫什么名字，莎拉斯特？"

A："劳旺达。"

B："好吧，劳旺达，你的饭做好了。"

三个孩子与老师坐下来吃饭。B和C向老师与A提问并交谈，A点头或只是给一个词作答。几分钟后，老师离开桌子（及时退出）。A与她的伙伴一直玩了很久，直到游戏结束。

分析：教师通过与幼儿玩平行游戏的方法，扩展和丰富了幼儿的游戏活动内容，使幼儿游戏中原本缺失的"假装和想象""同伴交往""语言交流"等多种因素出现在幼儿的游戏活动中。

指导是为了不指导。教师在实现了游戏指导的目的以后就应立刻从幼儿的游戏中抽身出来，不应长时间地留在游戏中。教师不能把自己的意志强加给幼儿，要尊重幼儿独自玩的愿望。

五、不同年龄班角色游戏的特点与支持要点

由于不同年龄段幼儿的想象力、创造力和生活经验等的差异，幼儿的游戏水平也相应地表现出各自的特点。教师应针对不同年龄班的特点和游戏水平，有侧重点地进行指导。

（一）托小班角色游戏特点与支持要点

1. 游戏特点

托小班幼儿正处于独自游戏、平行游戏的时期，游戏中动作性、模仿性、重复性较强，在游戏中与同伴交往少，喜欢和同伴玩同样的或是相似的游戏。托小班幼儿直接依赖玩具，喜欢成型的玩具，主要关注点在游戏材料和自身动作上，通常是面前有什么就玩什么游戏，离开了玩具，游戏也就停止了。托小班幼儿的角色意识差，游戏主题单一，情节简单，没有组织，目的性也不强。托小班幼儿游戏的规则性差，游戏中依赖成人，独立游戏的能力较弱。

2. 支持要点

丰富幼儿的生活经验，为幼儿提供种类少、数量多且形状相似的成型材料，满足幼儿平行游戏的需要。通过平行介入方式给幼儿以隐性的行为示范，引导幼儿开展游戏。通过扮演角色游戏中重要的角色，强化幼儿的角色意识，帮助幼儿明确游戏主题，拓展游戏情节。运用讲评等方式帮助幼儿培养规则意识，逐步培养幼儿独立游戏的能力。

对点案例

在游戏开展之前,我为幼儿展示各个活动区材料摆放整齐的照片,让幼儿一起讨论照片上的内容:"宝宝,你们看着这些照片有什么感觉?""我们的娃娃家很干净。""哪里很干净呢?""小椅子都放好了。"在此,我根据幼儿的回答引导他们了解整理的规则:"这是娃娃家,我们要'小椅子放放好,玩具衣服柜里放,小礼物送回家,所有东西变原样,我们笑得乐哈哈'。"

分析: 教师通过有趣的儿歌可以很好地帮助幼儿记忆、了解、感知游戏中的规则,但由于小班幼儿的思维模式还处于行动与语言不统一的阶段中,所以在实际的游戏过程中,幼儿在游戏初期还不能很好地运用儿歌中的内容,要通过不断的巩固、理解,帮助幼儿逐步建立游戏规则。

(二)中班角色游戏特点与支持要点

1. 游戏特点

中班幼儿处于联合游戏阶段,有同伴交往的意愿但交往技能欠缺,游戏中常常出现矛盾纠纷。角色游戏持续时间延长,游戏主题丰富,情节得到发展,但稳定性差。角色意识较强,有了角色归属感,能按照自己的意愿选择角色,喜欢表现自己感兴趣的角色。游戏目的性、计划性增强,有了初步的规则意识。

2. 支持要点

游戏中观察幼儿与同伴的交往,尤其是观察幼儿与同伴产生纠纷的原因,帮助幼儿提升交往技能,引导幼儿学习运用分工、协商讨论、轮流等简单的交往技能解决交往中的问题。为幼儿提供丰富多样的材料,在成型玩具的基础上,增加半成品及废旧材料,满足幼儿多样的游戏需要。以扮演配合幼儿角色的方式介入游戏,与幼儿合作游戏,在游戏中重点帮助幼儿稳定游戏主题,拓展游戏情节,合理分配角色,制订和遵守游戏规则。通过讲评引导幼儿积极分享成功的游戏经验和解决出现的问题。

对点案例

在一次游戏过程中,天天慌张地跑来告状:"老师,我是小兔家的妈妈,可是我刚刚去上厕所,回来后发现欣欣在我们家,她非要说她是妈妈。"于是我鼓励她:"天天,你试试去跟她商量商量,自己解决这个问题,行不行?"天天走到欣欣身边说:"欣欣,我是小兔家的妈妈,我刚刚去上厕所了,我现在回来做饭了,你到别的地方玩一会儿,好吗?""不要,我也想给娃娃做饭。"只听天天说:"那你做娃娃的姐姐吧,我们一起给娃娃做饭,好吗?""好吧!"就这样天天回到了原来的角色中,欣欣也如愿参与了娃娃家游戏,大家玩得非常开心。

分析： 多给幼儿积极的鼓励，可以帮助幼儿树立解决问题的自信心，幼儿才能大胆地表达内心解决问题的方式，在游戏中找到解决矛盾的方法，从而提高交往能力。

（三）大班角色游戏特点与支持要点

1. 游戏特点

大班幼儿处于合作游戏阶段，游戏的目的性、计划性强，能独立设计和发展游戏情节；乐于与同伴一起游戏，游戏中有分工，有合作，游戏合作水平较高。游戏主题广泛而新颖，能同时展开多个主题角色游戏；游戏情节丰富，能反映复杂的人际关系和细致的生活经验，能根据游戏情境灵活选择与分配多样的角色，角色归属感强，互动频繁。自主独立解决问题的能力强，游戏规则意识强，具有一定的游戏评价能力。

2. 支持要点

培养大班幼儿独立开展游戏的能力，包括独立提出游戏主题、自主动手布置游戏场地、准备游戏材料、独立解决游戏中的困难和纠纷等。引导幼儿在游戏中开展更多、更深入的合作交流，鼓励幼儿之间的互动与合作，鼓励幼儿协商分配角色、设计情节、制订游戏规则。有意识地引导幼儿加强各游戏主题之间的联系，以反映现实生活中更复杂的人际关系与生活内容。提供原材料或者半成品、替代性材料，发展幼儿动手实践能力。多以提问、讨论、建议等外部介入的方式支持幼儿游戏行为，关注幼儿的游戏意图，及时为其实现各种意图提供条件。鼓励幼儿积极参加游戏讲评，充分讨论问题，积极分享经验，培养大班幼儿的游戏评价能力。

第三节 建构游戏的介入与支持

情境导入

区域游戏开始了，今天小宝、伊娃、峰峰等人都来到了"小小建筑师"，他们三个人都选择了纸盒子和奶粉罐，他们用盒子和奶粉罐的相互组合搭成一座高高的"房子"。搭了一半的时候，我走过去问伊娃："你们在搭什么呀？"她没有立刻回答我，而是想了想后说："老师，我们在搭房子。"接着小宝和峰峰也在附和着："是呀，是呀，我们在搭房子呢！"于是我又退到一边，看看他们接下来会怎么做，过了一会儿他们的作品已经很高了，本想过去夸奖他们，没想到"哗"的一声，房子倒了！"哎……真可惜！"我心想。没想到的是孩子们一点都没觉得可惜，反倒兴奋起来了："哈哈……房子倒了！"说完又重新自顾自地搭起来了！

建构游戏具有广阔的想象空间和创造因素,又有较强的操作性,是幼儿喜欢的游戏。什么是建构游戏?有哪些特点?对幼儿的学习与发展有哪些意义?应当如何组织不同年龄班幼儿玩建构游戏?这些是本节要讨论的问题。

一、建构游戏的含义与特点

(一)建构游戏的含义

建构游戏也称结构游戏,是幼儿利用各种不同的结构材料创造性地构造物体形象,反映现实生活场景的一种游戏。游戏中,幼儿可以根据自己的想象、意愿进行不同造型的构思、构造,表现出事物的形态。这些事物的形态是直接或间接地来源于现实生活的。因此,建构游戏也是幼儿创造性地反映现实生活的游戏。

(二)建构游戏的特点

1. 建构游戏是一种创造性构造活动

建构材料是一种素材材料。单独一个结构元件并无意义,只是组成各种物体形象的素材,只有当这些素材被组合成某一结构物时才有意义。例如,孩子们用积木搭出了自己"设计"的轮船,这充分体现了他们丰富的想象力和创造力,是他们对生活的一种创造性反映。建构游戏中的各种材料为幼儿的构造活动提供了想象与创造的广阔天地。

2. 建构游戏以操作活动贯穿始终

建构材料作为素材,只有在幼儿的实际操作中,即构造活动中,才具有可玩性。例如,积木只有通过拼搭,才能构成一种新的东西,不拼搭,就成了一堆废木块。孩子只有在拼搭活动中才能得到愉快和满足,离开构造活动,也就无所谓建构游戏。建构游戏满足了幼儿利用建构材料动手造型的兴趣和需要。

3. 建构游戏是幼儿的一种造型艺术活动

建构游戏与绘画一样,是一种造型艺术活动,不仅反映了幼儿的美术欣赏能力,同时也需要掌握艺术造型的简单知识与技能(如构图及设计技能,空间想象、色彩、平衡、比例及建构过程的知觉整合能力等)。绘画是平面的,建构造型则有如雕塑,是立体的艺术。幼儿的结构造型生动形象,反映了他们对生活中美的感受和对创造美的追求,具有审美意义。

4. 建构游戏是一种具有显著认知性的活动

在建构游戏中,幼儿不仅要具备一定操作技能,还需要对要构建的物品在颜色、形状、大小、功能与空间上有一定的认识,更需要具备一定的空间知觉和象征能力。幼儿的建构游戏水平与其智力发展水平是紧密相连的,不同的智力发展水平会表现出不同的建构游戏水平。如幼儿刚开始往往只对单一建构材料进行摆弄,然后发展到对多个建构材料的平铺、叠放,再然后是拼搭、围合等简单的造型,最后造型逐渐复杂化。在建构游戏中,幼儿的手眼协调能力、对物体材料的认知能力、对材料之间关系的把握能力等智力发展水平都有充分的反映,因此,建构游戏具有显著的认知性。

二、建构游戏的类型与价值

(一) 建构游戏的类型

根据建构游戏材料的不同,我们将建构游戏分为以下几大类:积木建筑游戏、积塑构造游戏、拼摆游戏、穿珠编织游戏、自然材料构造游戏和废旧材料搭建游戏等。

1. 积木建筑游戏

图 4-3　小型积木

图 4-4　中型积木

图 4-5　大型泡沫积木

图 4-6　大型碳化积木

2. 积塑构造游戏

图 4-7　拼插积塑

图 4-8　雪花片积塑

图 4-9　磁性塑料积木　　　　　图 4-10　管类积塑

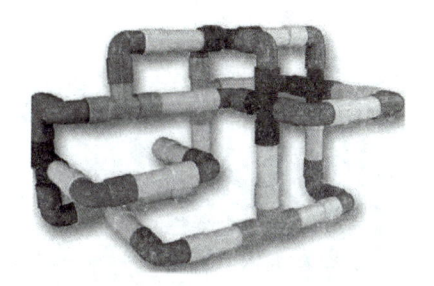

图 4-11　螺丝积塑　　　　　图 4-12　墙面积塑

3. 拼摆游戏

图 4-13　三角块　　　图 4-14　七巧板　　　图 4-15　蘑菇钉

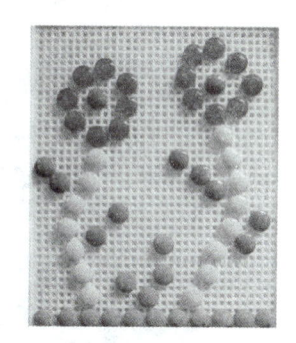

图 4-16　小木块

4. 穿珠编织游戏

图 4-17 穿珠游戏

图 4-18 制作蜘蛛网

5. 自然材料构造游戏

图 4-19 沙池区玩沙

图 4-20 水上钓鱼

图 4-21 搭雪人

图 4-22 泥巴造型

6. 废旧材料搭建游戏

图 4-23 "城市高楼大厦"搭建

图 4-24 废旧材料垒高

(二) 建构游戏的价值

1. 建构游戏对认知发展的作用非常突出

首先,由于建构材料没有固定的模式,幼儿需要根据头脑中的表象自己去寻找不同材料的联系和组合,加上多变化的特点,可以引起幼儿的好奇和探索,从而发展幼儿的想象力和创造力。其次,由于建构游戏要求幼儿在操作时先要对材料进行认识,在摆弄中充分感知和反复辨认物体的色、形、大小、空间比例、材料特点等,选择材料时又要充分利用感知的对比现象,选择的材料必须是标准的、正确的,大小、长短、高矮等空间位置和比例必须是明显的,有利于幼儿建立感觉标准体系,并在操作的过程中形成空间概念,认识事物的对应关系,通过分解、组合,理解事物的整体与部分的关系。所以,建构游戏发展了幼儿的空间知觉能力和空间概念的知识。最后,由于建构游戏往往是幼儿按实物表象或结构图形进行构造,要求幼儿对实物具有精细的观察,学会有目的地观察、识记画面或实物的特征,不仅要会辨认实物整体的外形特征,还要会细致地观察、识别构成实物各个组成部分的特点、它们之间的关系和它们与物体整体之间的搭配关系,有助于发展幼儿的观察力、分析综合能力,学会在杂乱无意义的材料中找到一定的模式。

2. 建构游戏对审美能力的发展也有不可低估的作用

由于建构游戏是一种造型活动,具有造型艺术的一般特点。这种建构的造型与绘画的造型一样,是幼儿的一种艺术活动,通过构造物体反映大自然和人们创造劳动的美。不少国家将建构游戏作为美育的一部分,因为建构游戏能给幼儿丰富的造型艺术知识、技能,培养他们感受美和表达美的情趣。幼儿在对自己作品的欣赏中陶冶自己,因为作品是他主体精神的对象化,他为在作品上凝聚了自己的智慧和力量而感到由衷的高兴,于是对作品日益变得主动,不断加工改造,使之更富有表现力,不仅从中得到了美的熏陶,而且提高了审美能力。

3. 建构游戏对幼儿动作的发展具有重要作用

由于建构游戏的基本活动方式是手脑并用的构造活动,使幼儿在大脑的调节控制下,动作逐渐协调、复杂。手的动作,特别是手指活动控制力的不断增长,大大提高了幼儿的动手操作能力。

此外,经常玩建构游戏还有助于培养幼儿热爱自然、热爱生活的积极人生态度,以及认真、耐心、细致、有毅力等非智力品质。

本书第二章第一节举例说明了积木游戏的价值,这里,从五大领域的角度说明建构游戏的功能,具体参见表4-1。

表 4－1　建构游戏的功能

领域	建构游戏的功能
健康	手眼协调、手的精细动作、大肌肉活动的协调性、搬运重物时身体重心的变化、携物行走的能力
语言	描述、标志、设计、计划、标志、整理
社会	社会环境和功能；人的活动与相互关系；对他人劳动的尊重；合作、分享、规则、秩序
科学	物体材质；力的相互作用；尝试与探索、发现与归纳
数学	形状；空间关系（距离、方向）；数量概念和数量关系（多少、相同/不相同、相等/不相等、对称/不对称）；分类、排序、配对；测量（大小、长度、高度、宽度、深度、面积、体积等）；模式
艺术	美感（形式、对称、平衡、均衡）、想象与创造

三、建构游戏的构成要素

建构游戏既是幼儿自主的游戏活动，又是一种造型技能的练习活动。它具有一定的结构，其主要的构成要素有以下几点：

（一）建构材料

建构材料是幼儿开展建构游戏的物质基础。根据材料性质的不同，幼儿园可提供的建构材料包括积木、积塑、拼摆玩具、串珠、编织玩具和沙、水、泥、雪等自然物，以及废旧材料，如纸盒、饮料瓶等。

（二）建构技能

建构游戏的技能根据材料的不同而不同。

（1）积木等块状几何体需要排列组合、平铺、延长、对称、加宽、加长、加高、间隔、围合、盖顶、垒高、架空、穿过、搭台阶等技能。

（2）形状多样的各类积塑需要接插（如一字插、十字插、整对插、环形插、正方形插等）、镶嵌、整体连接、端点连接、交叉连接、围合连接等技能。

（3）塑料或木制的螺丝系列需要捶打、敲击、旋转等技能。

（三）表征与想象

表征是信息在头脑中的呈现方式，是对客观事物的反映。建构游戏中，幼儿利用一个个建构元件组成各种物体形象，表现出物体基本的形态特征。幼儿的表征水平主要体现在构造出的形象与原型的一致性，及构造形象的细致性与概括性等。随着幼儿年龄的增长和建构技能的逐步提升，幼儿表征水平也不断提高。教师在观察与评价幼儿建构游戏水平时，表征水平是其中一项重要参考内容。

建构游戏中必然有想象的参与。第一种是对建构物名称的想象。幼儿有时直接将建构材料进行以物代物的想象，如幼儿拿着长方形的积木将其想象成"小狗"。有时幼儿借助结构材料的组合，构成新的物体，并将其想象为熟悉的物体。例如，用四块积木围合成一个封闭空间,幼儿说是动物园。

第二种是对建构物功能的想象。建构游戏与角色游戏联系密切,且建构游戏往往会演变为角色游戏,而演变一般表现为对最后建构物功能的想象。例如,搭好了一条"高速公路"后,两名幼儿各拿一辆小汽车玩具,开始玩"赛车"的游戏。

四、幼儿建构游戏的发展阶段

(一)建构游戏的萌芽(1~1.5岁)

我们知道,建构游戏有两个基本要素,即操作技能和空间想象力。首先,从操作技能来看,根据从上到下(从头向脚发展)、由近及远(从躯干向肢端发展)、由粗到细(从大肌肉向小肌肉发展)的动作发展规律,发展到手的精细动作要经历很长一段时间,而动作技能比动作更进一步,它是一种自动的、迅速的、正确的、柔和的动作,不是一个单一的动作,而是一连串的上百个肌肉与神经的协调动作。婴儿在掌握了人类的一些基本动作后,通过大量的练习,开始掌握日常生活和游戏中所需要的较简单的动作技能。婴儿手的技能发展常模显示,能用大拇指和食指、中指捏一块方木要到第一年末,所以第一年内不可能有建构游戏出现。其次,从空间想象力来看,这是一种比较复杂的知觉,是物体的形状、大小、远近、方位等空间特性在头脑中的反映。1岁以内的婴儿往往不能正确把握物体的空间特性,分不出大小,分不清形状,更无距离、方位知觉。大约1岁以后,当他发现物体之间的关系时,渐渐会将两个物体作空间安排,学会垒方木、套叠。在简单的空间知觉水平与简单的动作技能的相互配合下,最初的建构活动萌芽了。但这时的建构活动特点是只能在数量有限的材料之间进行排列组合,一般是两物、三物,基本上仍属于摆弄,且无构造意识。

(二)无意构造(1.5~3岁)

这个阶段的儿童仅仅把元件结构材料无目的地组合在一起,起初并不注意材料的大小、形状以及槽枢、凹凸的对应关系,盲目接插,只是遇到困难时才开始对材料的槽枢、凹凸、眼等关节处尤为注意。但由于手眼的协调还较差,不能准确操作,所以能够将材料连接、插并在一起便是成功,并不关心接插的结果。

由于动作的逐步灵巧,手指对元件的把握比较自然,能把更多个元件拼接在一起,拼接时着力于补缺。这时孩子能用建构的作品来表达自己的意思了,一开始完全按自己的意愿赋予"作品"以意义,并不根据作品的结构特征,所以一点儿也不像。随之即以作品的某一明显的外部特征与类似的实物相联系来赋予意义,比如搭成长的就说是"树",搭成方的就说是"电视机",多少有点像。

(三)想象构造(3~5岁)

这个阶段儿童在进行构造之前就先有构造意图,凭借对实物的表象进行操作,加之操作技能的熟练,使想象力和表现力统一于作品,以实现构造目的。此时一般都是幼儿十分熟悉的主题,其表象才会清晰,创作才会顺利,所以幼儿园的命题构造应当注意这一点。

(四) 模拟构造(4岁以后)

模拟构造即模仿结构实例或图纸进行构造的活动。从幼儿建构活动的自然发展规律来看,模拟构造晚于任意构造。我们发现,4岁之前的幼儿往往不愿意照着样子进行构造,喜欢尝试动作,说明这个年龄的幼儿不善于观察。4岁开始,幼儿已经会照着立体结构造型的范例进行构造活动,模仿范例,学会根据形状、大小、颜色的对应进行准确模拟。5岁开始学习照图模拟,这种模拟要求幼儿学习观察平面图纸,根据记忆表象,将图纸中的结构造型想象成立体结构造型,有一定难度,复杂的图纸仍不能模拟。稍后,幼儿同时开始模拟实物进行构造活动,这种实物只有主题形象的特征,无结构造型特征,幼儿学习抓住事物的特征选择材料,是模拟与想象的结合。

(五) 自由构造(学龄后)

在想象构造和模拟构造的基础上进行的创造性加工,即自由创作。这时儿童的操作得心应手,空间知觉能力和空间想象力得到发展,构思出许多巧妙的作品,作品的表现力更强。这是小学以至成年不断发展、不断成熟、不断完善的过程,最终达到艺术创作的境界。

以上是儿童结构活动的发展顺序,要说明的是,各种构造形式的发展有先后顺序,但并非相继,即不是前一形式结束,后一形式才开始发生,而是发生有先后,发展有重合。

五、建构游戏的基本支持策略

(一) 创设开展建构游戏的环境与条件

1. 为幼儿创设适宜的建构环境

时间、空间和材料是开展建构游戏必备的环境条件。首先,教师要在幼儿一日生活中合理安排建构游戏的时间,保证每天有稳定的时间让幼儿开展建构游戏,一次建构游戏的时间一般不少于30分钟。

其次,必须为幼儿提供建构游戏的场地。小型材料的建构游戏可提供固定的桌面和地面,大、中型的建构游戏要有宽敞的室内外场地,以便幼儿开展连续性建构游戏或由建构游戏向角色游戏或表演游戏转化。

再次,教师要为幼儿准备各种类型的建构材料。建构游戏的材料是非常丰富的:有基本几何形体构成的大、中、小型的积木,金属的、木制的、塑料制的各种可装拆的积塑、胶粒、插片等,以及各种颜色、形状的串珠、插板、拼板等。这些定型的成品玩具为建构游戏的开展提供了必要的物质保证。除了购买现成的材料以外,还有一些自然界的原材料及生活中的各种安全卫生的废旧物品,都可作为建构游戏的材料。如随处可见的沙石、泥土、树叶、秸秆等自然材料,都能成为经济实用且随意灵活的建构材料。教师除了给幼儿提供建构游戏材料之外,在某些建构活动中还要给幼儿提供必要的辅助工具及材料,如小剪刀、彩笔、黏合剂、螺丝刀等。这些辅助材料的提供,丰富了游戏的内容,既能满足幼儿在游戏时的突发奇想,也能激发幼儿的创作灵感。

另外,教师还要为幼儿创设一个平等、自主、宽松的心理环境,鼓励幼儿自主选择建构材料,自主选择操作方式,自主选择游戏场地,自主选择玩伴,自主选择游戏主题,激发幼儿参与建构游戏的兴趣。

2. 加深幼儿对物体和建筑物的感性认知

幼儿对周围生活中的物体和建筑物有较细致的了解,有丰富而深刻的印象,才会积极主动并创造性地开展建构活动,这是开展建构游戏的基础。

首先,要积极培养幼儿仔细观察周围事物的习惯,从日常生活中经常接触的、熟悉的物品入手,如幼儿的座椅、吃饭的桌子、睡觉的小床等,逐渐发展到观察生活中常见或少见的物品(体),如各类家具、家电、汽车、飞机、轮船等。教师不但要引导幼儿掌握物体的主要特征,还要引导幼儿区分同类物体的明显甚至是细微的区别。

其次,教师应该通过教育活动,如参观、散步等生活活动,指导幼儿认真细致地观察周围的各种物体、建筑物,抓住其外形特征和结构特点。既要让幼儿经常直接观察实物,又可利用照片、视频让幼儿间接观察物体。同时,还应该经常用谈话、绘画等方式巩固幼儿对各种建筑物和物体的印象。总之,幼儿头脑中积累的感性物象越多,他们构造时的表现力、创造性也就越强。

(二)注重建构游戏过程中的观察与支持

1. 观察和了解幼儿建构的意图和困难

计划性和坚持性是建构游戏中幼儿重要的行为表现特征。教师在幼儿建构游戏的过程中,可以通过观察、询问,了解幼儿的建构意图,在此基础上帮助幼儿实现自己的建构意图,培养幼儿建构游戏的目的性和计划性。另外,在建构游戏中,幼儿常常出现遇到了困难和问题就难以坚持、易放弃等现象,因此,教师在幼儿建构游戏过程中,还要细心地观察幼儿存在的困难和问题,了解其缘由,及时给幼儿以鼓励和支持,与幼儿一起解决困难,完成游戏。

2. 帮助幼儿掌握建构技能

建构技能是建构游戏顺利开展的保证。教师要结合不同年龄段幼儿的学习特点以及每个幼儿的游戏水平,在幼儿原有技能的基础上进行有针对性的指导与帮助。建构技能不能专门教,否则会使幼儿感到枯燥之味。对于小班幼儿,可用游戏的口吻示范讲解,如:"我拿一块长方形的积木做车厢,你能拿一块圆形的积木给我做轮子吗?"对于中、大班的幼儿,教师要重点帮助他们学会看结构图纸并大胆尝试、探索新的建构技能。

3. 提高幼儿的数学经验和表征水平

建构游戏中存在大量的数学概念和数理逻辑经验,如形状、空间、数量、对称、模式、排列等。教师应在幼儿游戏过程中,关注幼儿的数学经验水平,在游戏中直接或间接地提升幼儿的数学水平。

另外，教师还可以通过谈话、提问、讨论、建议、信息或材料支持等方式丰富幼儿对要搭建物体形象的认知，有意识地提升幼儿建构游戏的表征水平。

（三）组织好游戏后的整理与讲评环节

1. 培养幼儿对待建构材料和建构成果的正确态度

教师不仅要提供适宜的、充分的建构材料，同时也要教育幼儿爱护建构材料。建构材料不仅是开展建构游戏的条件，也是培养幼儿爱护公物这种良好品德的一个载体。为此，要教育幼儿爱护建构材料，轻拿轻放，有顺序地收放建构材料，整齐地放在固定的地方，并逐步培养幼儿独立地收放材料的习惯。

建构成果是幼儿建构活动的结果，不仅反映了幼儿建构游戏的水平，同时通过建构成果的相互评价和欣赏可以培养幼儿珍惜建构成果的情感，满足幼儿在游戏中获得成就感和自豪感的心理需要。为此，教师要教育幼儿珍惜彼此的建构成果，不随意破坏别人的作品。教师本身也要尊重和爱惜幼儿的建构成果，不可因幼儿建造得不好而持否定的态度甚至轻率毁掉幼儿的作品，这样做会挫伤幼儿游戏的积极性和兴趣。一些好的、幼儿感兴趣的作品应保留一段时间，供大家欣赏，并鼓励幼儿围绕它开展其他游戏。

对点案例

建构游戏的常规[①]

> 按标志指示进入活动区；
> 在指定区域内玩游戏；
> 不扔、砸、踩、踏积木；
> 积木垒高不超过自己的头；
> 大型积木搭建不能搭得太高以免倒塌下来砸伤人；
> 活动结束后将材料归类收放；
> 会保护和欣赏自己与他人的建构作品。

2. 以引导和鼓励为主进行游戏讲评

建构游戏的讲评目的是培养幼儿的自信心和再次参与建构游戏的热情，以及提高幼儿的建构水平。教师在组织幼儿讲评时首先要表扬和鼓励幼儿的建构行为，其次，要引导建构水平高的幼儿及时分享自己的经验。另外，教师还要就幼儿建构游戏过程中遇到的困难与幼儿及时讨论，给幼儿以心理和行为上的支持。创造性是建构游戏水平的一个重要标志。教师还要善于发现幼儿的创造性表现，引导和鼓励幼儿创新，充分发

---

① 翟理红，侯娟珍. 幼儿游戏[M]. 北京：北京师范大学出版社，2012.

挥幼儿的想象力和创造力。

六、不同年龄班建构游戏的特点与支持要点

(一) 托小班幼儿建构游戏的特点与支持要点

1. 游戏特点

托小班幼儿进行建构游戏没有一定的目的,还不会先想好要建构的形象然后有目的地去做,只是无计划地摆弄结构元件;在建构游戏中对建构的材料和动作感兴趣,材料选择具有盲目性;建构技能简单,以平铺、延长、垒高为主;小班后期在成人的指导和示范下,游戏逐渐有了主题,但很不稳定,易中断,坚持性差。

2. 支持要点

教师可多采用游戏的口吻,以"情境讲述法"激发幼儿参与建构游戏的兴趣。如"小鸭子没有地方住了,我们快来帮它搭个房子吧!"也可以带他们参观中、大班的建构游戏,引起幼儿的游戏兴趣。引导幼儿学习认识各种建构材料,叫出其名称,如积木、积塑等,并认识建构材料的形状、大小、颜色等。引导幼儿学习基本的建构技能,如平铺、延长、围合、盖顶、加宽、加高等技能,并识别上下、中间、旁边等方位词。鼓励幼儿独立地搭建简单物体,同时引导幼儿给建构物命名,促使他们逐渐明确建构活动的目的。帮助幼儿建立建构游戏的规则,学会整理和保管材料的简单方法。

对点案例

小小红绿灯

为了给孩子直接想象的空间,我们创设了"辘轳辘轳"主题下的建构区,对墙面进行了布置:创设"马路上的小汽车",还新增了"停车场",里面停放了很多孩子最喜欢的小汽车。今天,轩轩、同同、瑶瑶、峰峰、伊娃等几个小朋友在建构区的停车场里玩起了开汽车的游戏,因为地上贴了路线,他们没有用任何材料搭建小路而是直接在路线上开起来,"滴滴""嘟嘟"开得好开心,一会儿这里"砰"一声,一会儿那边"砰"一声。我走过去问:"哎呀!发生什么事啦?是出车祸了吗?"他们对着我笑笑:"是的,撞车了!""那有什么好办法能不撞车呢?"小朋友你看看我,我看看你,都摇摇头,于是我说:"马路上小汽车为什么不会撞车呢?"瑶瑶立刻说:"因为有红绿灯。"真聪明,瑶瑶马上拿起我放在钢琴边的红绿灯对着小朋友说:"我们来玩红绿灯的游戏吧!红灯亮了!"轩轩、同同、峰峰、伊娃赶紧把车子停下来,"绿灯亮了",他们又开了起来,玩得好开心啊!

分析: 教师提供有情境性、能激发小班幼儿想象和感兴趣的材料,有助于孩子更好地进行建构创造。在上述案例中教师提供了新材料,幼儿的兴趣立刻上升。而车对于生活在城市里的孩子来说再熟悉不过了,他们在日常生活中经常接触到车,每天上幼儿

园要用到车,出门游玩要用到车。这些都吸引着幼儿的注意力,基于孩子对车的熟悉,便有了极大的兴趣,在兴趣的驱使下孩子们对于建构游戏便有了更多的构想。

(二) 中班幼儿建构游戏的特点与支持要点

1. 游戏特点

中班幼儿进行建构游戏的目的比较明确,并且有了初步的建构游戏计划;对操作过程有浓厚的兴趣,同时也关心建构成果;建构技能以垒高和架空为主;对建构材料熟悉,能根据材料的特性和自身的建构需要选择和利用材料;能独立建构一些较复杂的物体,也会按主题进行建构,按要求美化建构物;能围绕建构物开展游戏,能独立地整理玩具。

2. 支持要点

结合各个领域的内容以及特点,利用散步、参观等各种活动,丰富幼儿的生活经验,增加幼儿对各种常见事物结构造型方面的知识。可采用示范、讲解相结合的方法,也可用建议和启发的方法,指导幼儿掌握建构技能并会应用技能构造物体。引导幼儿学习设计建构方案,有目的地选材和看平面图进行构造。既要鼓励幼儿独立地进行创造性的建构活动,也要组织建构游戏小组(3~4人)进行集体建构活动,引导幼儿在建构游戏中共同讨论、制定方案,进行合作搭建。组织幼儿评价建构成果,鼓励他们独立地、主动地发表意见,以发展幼儿的语言表达能力和创造性思维能力。

对点案例

东方明珠

教师带领幼儿参观了上海著名的东方明珠电视塔。回到幼儿园之后,他们就在建构区兴致勃勃地用"智多多"插塑材料开始建构"东方明珠"。明明很快就插好了三个球,可在三个球连起来时,却遇到了困难。教师观察到他先用较粗的插棒连接,但插棒太粗插不进去。接着他又换成细插棒,虽然插进去了,但球大棒细,重心失衡无法支撑,塔体怎么也不能平衡地站立起来,明明表现出了些许焦躁。教师这时马上找来一张印有东方明珠的明信片,引导他仔细观察。最后,明明在三根支撑大球的插棒间装上横档,解决了承重及重心不稳的问题,"东方明珠"站起来了!

分析:幼儿有了相关的经验后,能主动地、有目的地建构"东方明珠",并注意到东方明珠的主要特征,尝试在建构中表现出来。教师能基于幼儿的建构水平,提供图片,引导幼儿观察,起到了支持游戏的效果。

(三) 大班幼儿建构游戏的特点与支持要点

1. 游戏特点

大班幼儿建构游戏的目的性、计划性和坚持性都有所增强,往往能围绕一个主题,进行几天甚至一周的建构活动;掌握许多建构技能,并能综合运用;在建构活动中追求结构的逼真和美观,希望自己的作品有新意;能根据需要选择丰富多样的材料,会创造性地利用辅助材料;集体观念增强,能几个人在一起进行大型建构活动;具有一定的游戏评价能力。

2. 支持要点

丰富幼儿的建构造型知识和生活印象,引导幼儿为建构活动收集素材,保证建构游戏的主题和内容不断发展。多采用语言提示的方法引导幼儿掌握新的建构知识和技能,重点指导幼儿运用新的技能去实现自己的构思,使建造的物体更加精细、整齐、匀称,结构更加复杂和富有创造性,引导幼儿运用辅助材料表现物体的细节和特征。以部分幼儿的小型活动为基础,引导幼儿开展参加人数多、持续时间长的大型建构活动。在活动过程中,教师不断鼓励幼儿的创造性思维并为他们提供材料,帮助他们克服困难,教师也可加入幼儿的活动,共同完成建构任务。教育幼儿重视建构成果,通过展览会、品鉴会等形式,提高幼儿对建构成果意义的认识并提高他们分析、评价的能力。

对点案例

"好大一个家"城市建设

建构游戏开始前,我给幼儿提出了两点要求:一是请小朋友能先将马路自由连接起来,组成一个城市的路线;二是请小朋友自己找到好朋友,分散在马路旁搭建自己的建筑。

游戏开始了,孩子们三三两两将马路组合了起来。孩子们开始并没有特意设计,利用直线与曲线的马路随意组合,将建构范围逐渐扩大。马路完成后,孩子们更是热闹地开始喊着自己的好朋友一起去搬运大型积木,堆在空的马路旁,虽然声音比较响,但是并没有出现争夺空间的情况。在这段时间内,孩子们的交流流畅,分工明确,为了能有足够多的材料建构自己的建筑,有孩子就开始商量,谁去搬材料,谁先开始搭,看还缺什么形状的积木。一转眼,各种建筑就呈现了出来,有别墅,有桥梁,还有的告诉我说,马路上有车子就要建一个休息站、一个加油站。当我站在一幢围合的较大的建筑前时,小朋友告诉我,他们建造的是游乐园,他们去过苏州乐园,里面有很多好玩的游戏器械,并指给我看他们建造的过山车和滑滑梯。半个小时过去了,孩子们的兴趣度仍然不减,虽然积木已经分完了,孩子们从自己建构的建筑上商量着开始修改,另一种创意又出现了。从二楼望向户外建构区,一座城市冉冉呈现,极为壮观。

分析: 大班幼儿在老师的帮助下,在建构游戏中能够完成共同协商确定主题、设计建构步骤及方法、分工、确定建构规则等一系列的合作行为,共同建构一个复杂的物体。案例中幼儿自由组合,分工明确,有想法、有技能、有创意、有美感,游戏开展得绘声绘色,建构物体形象逼真。

第四节　表演游戏的介入与支持

情境导入

自从我把表演区设置在走廊后,不仅吸引了本班的幼儿,还在游戏串联活动时吸引了其他班幼儿来观看。孩子们反映:"老师,我站得很累,有没有椅子?""老师,她从我们表演的地方走过去。""你不是演员,不能上来。""这么多人看我表演,我好紧张,不想演了。"还有的幼儿正在表演的时候,观众就将手里的鲜花送到台上,干扰了表演……

什么是表演游戏?它有什么特点?教师如何介入和支持幼儿的表演游戏?这些是本节要阐述的问题。

一、表演游戏的含义与特点

(一) 表演游戏的含义

表演游戏是指幼儿根据文艺作品的内容和情节,通过角色扮演,运用语言、动作和表情进行表演的一种游戏形式。如幼儿自发表演的童话剧、歌舞剧、木偶剧和皮影戏等。

(二) 表演游戏的特点

为了深入地了解表演游戏的特点,需要把表演游戏与角色游戏、戏剧表演活动进行比较。

1. 表演游戏与角色游戏的异同

表演游戏与角色游戏都有角色扮演,都是通过语言、动作、表情等方式来开展游戏情节的。但二者在游戏主题的来源及游戏的结构性与规则性方面不同。

(1) 表演游戏主题和内容来源于作品素材

角色游戏是幼儿根据自己的生活经验创造性地反映周围真实生活,游戏主题和内容来源于幼儿的生活经验,例如,医院、超市、理发店等。而表演游戏则是以文艺作品中的情节来扮演角色,按照文艺作品中的内容和结构来组织表演,游戏主题和内容主要来源于作品素材。

(2) 表演游戏的结构性与规则性明显

角色游戏和表演游戏都是幼儿自主性、创造性较高的游戏类型，在表演时有自由的空间。但是，由于二者的故事主题和内容来源不同，两类游戏在结构性和规则性上有明显差别。

角色游戏中，幼儿可以自主地选择游戏主题和内容，游戏情节的展开可以根据儿童兴趣和需要而随时发生变化，可以自己丰富或删减游戏情节，游戏情节的结构性与规则性较弱。而表演游戏是依据文艺作品来展开游戏情节的，在幼儿表演之前就已经确定了游戏的框架，表演游戏受素材框架制约，即使幼儿在表演过程中有一些改变与创造，但始终不能脱离素材的发展脉络，游戏的结构性与规则性较为明显。

2. 表演游戏与戏剧表演的异同

表演游戏和戏剧表演一样，幼儿表演的内容都来源于文艺作品，但二者在性质和规则上存在明显差别。

(1) 表演游戏是幼儿的自娱活动

戏剧表演需要一定的观众，目的是演给别人看，它是一种表演，必须有观众。而表演游戏则不一定需要有观众，因为好玩才去玩，即使没有观众，幼儿也能兴致盎然地投入其中。表演游戏是一种游戏，是幼儿的一种自娱活动，而不是表演。这是二者的本质区别。

(2) 表演游戏具有一定创造性

表演游戏和戏剧表演都依据文艺作品，但二者在游戏的自主性与创造性上是不同的。戏剧表演是幼儿在教师组织下，严格按照故事或童话的情节、语言进行表演的。而表演游戏是幼儿主动自发的创造性活动，虽然是依据文艺作品内容、结构等进行表演，但是幼儿会选择富有个性化的语言、动作和表情来表演作品情节，且不是严格按照情节来表演，可适当自由发挥，如增减情节、替换动作等，具有更大的创造性与自主性。

二、表演游戏的类型与价值

(一) 表演游戏的类型

根据角色扮演形式的不同，表演游戏主要有舞台表演、桌面表演、影子戏和木偶戏四种表现形式。

1. 舞台表演

舞台表演即幼儿自己在舞台上进行表演的游戏活动。孩子们的表演是极为单纯和朴素的，他们以故事、歌曲等作品为蓝本，按自己对作品的理解，利用舞台进行游戏，在游戏中自编自导自演，每一遍演出都可能不一样。一般情况下，幼儿园表演区的舞台角是幼儿进行舞台表演的重要场所。幼儿园里的舞台表演常见的内容有故事表演、歌舞表演、时装表演、乐器表演、才艺表演等。

2. 桌面表演

桌面表演是指在桌面上以小玩具替代作品中的角色,幼儿以口头独白、对白和操纵玩具角色的动作,来再现作品的内容。

桌面表演对幼儿讲故事时的语言声调有一定的要求,幼儿必须在理解故事情节和体会角色情感的基础上,用不同的声调来表现角色的性格特征和情节的发展变化。

3. 影子戏

幼儿玩的影子戏有头影、手影和皮影戏等,其中以手影游戏居多,而皮影戏则具有鲜明的地方特色。

手影游戏是令无数孩子着迷的游戏。一双手做出各种变化的手势,在光线的照耀下,在墙上呈现出活灵活现的黑影,勾勒出一幅幅神奇变幻的动画。

皮影戏是让观众通过白色幕布,观看演员操纵的平面偶人表演的灯影来达到艺术效果的一种戏剧形式。皮影偶人一般为平面侧影,具有小巧玲珑、夸张生动的特点,其内容包含了美术、音乐、戏剧、剪纸、故事和游戏等综合因素。

幼儿皮影戏的取材和制作不必像传统的专业皮影戏那样用皮革精雕细刻,可以就地取材,选用硬纸片、透明胶片等代替,用剪纸和刻花的方法制作影人、布景和道具。演出用的影窗可用一块白纱布平绷在倒置的桌腿上,再把灯光调整到适当的位置即可。然后一边操纵影人,一边配词拟声,就能进行简单的表演了。

4. 木偶戏

木偶是用木头制成的偶人。除木制的之外,还有纸制的,以及用瓶子、盒子、泥等材料制成的。现代人把用各种材料制成的偶人都称为木偶。通过木偶表演来再现文艺作品的内容,称为木偶戏。常见的木偶有纸偶、布袋木偶、手指木偶、杖头木偶和提线木偶等几种,还有一种重要的表演形式就是人偶同演。

木偶的形象夸张,造型生动有趣。幼儿不仅喜欢看木偶表演,更喜欢自己操纵木偶,自编自演。幼儿游戏的木偶比较简单,一般以布袋木偶和手指木偶为主,既有市面上销售的布袋木偶,也有自己动手制作的。演出的舞台只要用一块幕布挡住操纵者即可,非常简便易行。

按照选择作品的类型不同,还可以将表演游戏分为故事表演与歌舞表演。一般情况下,故事表演主要是借助故事中的形象、语言、动作进行情节的再现;歌舞表演主要是幼儿通过自己编排舞蹈、演唱歌曲、主持等形式,在模拟舞台上展示幼儿自我风采和才艺。

(二)表演游戏的价值

1. 表演游戏可以培养幼儿对文艺作品的兴趣

幼儿通过表演能更好地掌握文艺作品的主题、情节,了解作品中事情发生的因果关系、人物的性格特征及人物之间的关系,加深对文艺作品的理解。在一次次的表演中,幼儿既记住了文艺作品的内容,又领会了人物的思想感情,从而受到了潜移默化的影响,对文艺作品逐渐产生浓厚的兴趣。

2. 表演游戏可以促进幼儿想象力的发展

表演游戏进行的过程,也是幼儿进行想象的过程。幼儿所表演的角色是假的,他们所用的道具也是假的,但他们要当作真的来对待。这种以假当真的活动,只有依靠想象才能进行。同时,表演中对话、动作、情节等的增减或语词的替换,也需要幼儿充分发挥自己的想象力。

3. 表演游戏可以促进幼儿语言的发展

表演游戏对幼儿的语言发展有突出的作用。文艺作品中生动、优美的语言特别能吸引幼儿。幼儿在表演过程中,要熟记作品中的语言,掌握正确的语音,富有创造性地表现符合角色性格特征的语调和表情,这些都有利于提高幼儿的语言表达能力。

4. 表演游戏可以有效地使幼儿受到艺术熏陶

表演游戏是幼儿接受艺术熏陶的一种有效途径。在表演游戏过程中,幼儿会主动注意自身的形象,试着去调整和改变自己的仪表、言行等,这对幼儿的形象、仪表、言行、体态、艺术素养等方面起到综合培养的作用。表演游戏本身是一种艺术活动,通过表演,幼儿会在激情昂扬的过程中受到美的启迪,得到美感的升华。同时,表演游戏还有助于发展幼儿的表演才能,使他们能从感受语言美、艺术美逐步扩展到通过语言、动作去表现美、创造美,从而发展幼儿的审美能力,培养幼儿的艺术气质。

三、表演游戏的构成要素

(一)表演素材

开展表演游戏首先要有表演素材。表演素材来自幼儿熟悉和喜爱的文艺作品,包括文学作品和音舞作品两类,比如《小兔子乖乖》《白雪公主》等;也可以是幼儿自己创编的故事,比如幼儿根据儿歌《拉大锯》(拉大锯,扯大锯,姥姥门口唱大戏。带你去,带他去,就是不带小猫去)自己创编故事,扮演小猫的幼儿和其他幼儿展开对话并伴有动作表演:

问:"为什么不带我去?"

答:"因为你不抓老鼠。"

问:"怎么抓?"

答:"这样抓。"这时音乐响起,其他幼儿做出抓老鼠的动作。

扮演猫的幼儿就开始抓老鼠,被抓到的幼儿继续之前的游戏,如此反复。

(二)场景与材料

表演游戏离不开场景与材料。幼儿的表演游戏需要适宜的场景,比如舞台、剧场等,创设不同的场景可以满足幼儿的不同需要,比如,小班幼儿合作游戏较弱,可以设置独立操作的纸盒小舞台;为了满足幼儿表演时需要观众的心理,可以设置一个小剧场的场景等。幼儿也可以根据自己的需要自己创设场景。同时,幼儿的表演游戏中也需要丰富、适宜的道具、材料,道具和材料一方面可以激发幼儿的游戏兴趣,另一方面,幼儿通过利用道具材料来创造性地再现自己对于故事的记忆和理解,表达自己对于故事中角色的情感体验。

(三) 表演技能

表演游戏的"表演性"决定了表演技能在游戏中的重要地位,幼儿具备一定的表演技能,才能在表演游戏中获得"表演"的快乐。表演技能主要包括语言表达技能、动作表现技能、歌舞表演技能等。

四、表演游戏的基本支持策略

(一) 选择适合幼儿表演的作品

表演游戏是以文艺作品为依托,首要环节是为幼儿选择适合的表演主题或内容。并非所有的文艺作品都适合幼儿表演,幼儿表演游戏的作品应具有以下一些特点:

第一,具有一定的教育意义,主要指思想健康、内容活泼、善恶分明。比如教育幼儿要努力奋斗的《丑小鸭》、做事要踏实的《三只小猪》、助人为乐的《小羊和狼》。

第二,具有表演性,具有朗朗上口的角色对话或适合幼儿表演的动作和音乐。比如故事《三只蝴蝶》、歌曲《虫儿飞》等。

第三,作品主线简单明确、重点突出,情节生动起伏、节奏明快、变化明显,以便于幼儿理解和记忆,这样才易于表演。

第四,场景简单,环境中有集中的场景,易于布置。道具简单,可以利用现成的桌椅、积木、废旧材料等实物来替代。

需要指出的是,选择适合幼儿的表演作品,不是一味地由教师决定,应在尊重幼儿兴趣和需要的基础上,经过教师的"把关",确保选择适合幼儿表演的作品。在幼儿表演的过程中,教师应允许并鼓励幼儿在原来作品的基础上进行扩展和改编,丰富和扩大表演游戏的内容和范围。

(二) 帮助幼儿理解作品

教师可以通过讲述、讨论、提问等方式帮助幼儿熟悉和理解作品内容,掌握作品主要特征,体验素材中人物的心理活动,领会作品的矛盾冲突,并能尝试用不同的动作、语言及神态来表现自己对作品的理解。

对于故事类文学作品,教师可以从以下几个方面帮助幼儿理解:

第一,通过抑扬顿挫的语言,富有感情地给幼儿讲述故事,可采用整体和分段两种方式进行讲解,帮助幼儿分析作品中人物特征。

第二,以提问的方式,引发幼儿针对故事发展的情节进行讨论,进一步加强对故事的印象,体验角色行为的心理活动。例如:"大家都不理丑小鸭,丑小鸭心里有什么感觉?"

第三,引导幼儿讨论如何用动作、语言生动形象地表现人物角色的特征,讨论需要哪些道具比较适合。

第四，在整个故事的讲述与讨论过程中，要注意"声情并茂"，辅之以简单的动作，激发幼儿表演故事的欲望。

对于歌舞表演类作品，教师可以运用谈话、提问、讨论、建议、示范等方法帮助幼儿理解歌曲的特点和风格，以及歌曲所传达的感情和适宜的表现形式等。

（三）创设表演游戏的环境

游戏环境是幼儿进行表演游戏的物质条件。教师可根据幼儿平日所喜欢的故事角色或者歌舞作品等，吸引幼儿一起来准备玩具、道具和服装，并摆放在适当位置，以激发幼儿的游戏兴趣。表演游戏的环境主要包括舞台和布景、服饰和道具。

1. 简易的舞台和布景

舞台就是幼儿表演游戏的场地。表演游戏一般有一个相对固定的表演区，可以设在活动室的一角。有条件的幼儿园可以在专用游戏室里创设面积相对较大的表演区，如果条件不足的话，可以根据需要借用桌椅玩具等现成的物品来搭建一个临时小舞台。对于舞台布景要求简易大方、经济适用，过于复杂的布景反而会分散幼儿的注意力，影响表演游戏的顺利进行。布景是为了渲染气氛，烘托情境，布景造型宜简单明晰，色彩要鲜明。例如，布景中用大型积木搭建的小房子，用金色的纸片进行包装，把门窗贴上金色的边，有利于幼儿生成表演的愿望。

图4-25　户外表演舞台　　　　图4-26　服装与道具

2. 典型的道具与服装

表演游戏的各种玩具造型、道具形象以及服装的色彩都非常重要，不仅能激发幼儿的表演兴趣，还会影响幼儿在表演游戏中的情感体验。教师可以和幼儿一起准备道具和服装头饰等。在道具和服装方面，不仅要考虑作品的要求，还应结合幼儿的实际生活经验。例如，老爷爷的白胡子或拐杖、老奶奶的花围裙或老花镜、警察的大檐帽、维吾尔族的帽子等。

表演舞台的布景、道具和服饰应简单实用，这些材料尽可能自制，或利用废旧材料代替，教师应相信幼儿有能力布置环境，给幼儿布置环境的机会。将幼儿布置环境当作

117

表演游戏的组成部分,调动幼儿充分动手的积极性、主动性和创造性,组织幼儿针对表演游戏的道具、服装、玩具等的设计进行讨论,充分发挥想象力,提高动手能力。

(四)指导幼儿掌握表演的技能

表演游戏的"表演性"特点决定了表演技能在游戏中的重要地位,幼儿的表演游戏需要一定的表演技能做基础才能顺利开展。

1. 幼儿表演游戏中常见的表演技能

(1) 语言表达技能

适合幼儿表演的文学作品一般都有大量的对白或独白,要求幼儿通过声音的高低、轻重、缓急等变化来表现故事中角色行为特点与思想情感。例如,在表演《小熊请客》时,小花猫用清脆的声音表现出其轻巧灵活的特点;小狐狸用尖尖细细的声音来表现其狡猾善变的特点;小熊的声音要低沉而缓慢,表现其笨重的特点。表演游戏对幼儿的语言表达技能有一定的要求,教师应引导幼儿用清晰而流畅的普通话表现对作品的认识,通过语音高低、语调变化来表达角色的特点和思想感情。

(2) 动作表现技能

幼儿在表演游戏中需要借助于身体动作来展现角色特点。例如,剪刀手表现小兔子蹦蹦跳跳,身体摇摆表现小鸭子走路摇摆等。幼儿在表演游戏中,需要夸张的动作与手势,这样可以增加表演的趣味性,使人物更加生动形象。

(3) 歌舞表演技能

在歌舞类表演游戏中,教师应指导幼儿根据歌曲的特点和情感需要进行有表情的歌唱和舞蹈,声音音量适度、吐字清晰、快慢适当,舞蹈动作优美流畅。有的文学作品表演游戏中,还需要幼儿具备创造性的歌唱能力,例如,"小兔子乖乖"中兔妈妈与大灰狼有段唱词是一样的,但是幼儿需要用不同的声调、语气、快慢来表现,以展示不同角色的特点,生动形象地展现作品特点。

(4) 其他技能

表演游戏有时候需要操作木偶、手偶等道具,这要求幼儿掌握相关操作技能,这些技能幼儿要专门学习才能掌握。

2. 提高幼儿表演技能的方法

(1) 教师示范

教师可以把适合幼儿扮演的故事、歌曲等文艺作品,以童话剧、歌舞剧、木偶戏等形式,向幼儿做示范性表演,这样不仅可以激发幼儿的表演欲望,还可以帮助幼儿积累不同人物角色行为表现的感性经验,学习不同的表演技巧。教师鼓励幼儿自然生动地表演故事内容,并给予指导。例如,"小花猫是怎么走路的?用两只脚尖轻轻地踏着,弯着腰往前走。"

(2) 师幼共同表演

教师担任游戏中某一角色,和幼儿一起表演,是指导表演游戏常见的方法之一。当幼儿具有一定的社会经验和表演技能后,教师可以和幼儿一同表演,逐渐过渡到幼儿能够独立表演。教师参与表演游戏,一方面可以给幼儿做示范,给幼儿启迪,供幼儿模仿;另一方面,可以给幼儿提供问题或建议,引导幼儿针对某问题组织讨论,帮助幼儿更好地理解作品内容,提高表演技能。

(五)帮助幼儿拓展生活范围,积累社会经验

表演游戏的内容源于文艺作品,这些内容从根本上来说源于我们的社会生活。幼儿对社会生活的认识程度,影响其对文艺作品的理解,影响表演游戏的质量。表演游戏虽然是以文艺作品为依托,但不是机械地照搬照抄,幼儿具有自主性和创造性。在游戏中,幼儿可以根据生活经验,对作品素材内容进行调整和修改,教师在指导幼儿表演游戏时,应尊重幼儿的自主性和创造性,鼓励幼儿根据社会经验,可以适当增减某些情节,进行有创造性的表演。教师应注意在日常教学活动、生活活动以及游戏活动中拓展幼儿的生活视野,扩大生活范围,丰富幼儿的生活经验,不断提升幼儿的表演水平。

五、不同年龄班表演游戏的特点与支持要点

不同年龄班幼儿的表演游戏有着各自的特点,其表演水平也表现出显著的差异,教师对不同年龄班幼儿的表演游戏应有不同的指导要求。

(一)小班幼儿表演游戏的特点与支持要点

1. 游戏特点

小班幼儿处于表演游戏的初级阶段,以模仿学习为主,一般不会主动参与表演游戏;动作简单,幼儿的游戏兴趣集中于用、玩各种材料和用材料装扮自己;表演时常常改动素材中的内容,有时会创造出意思相同的不同语言来表现作品;幼儿之间出现相互模仿,形成了初步的玩伴关系;常出现争抢某一种材料,而其他材料无人问津的现象;通常情况下,小班的表演游戏没有观众。

2. 支持要点

教师应帮助幼儿选择感兴趣且简单的故事或歌曲作为表演游戏的内容。表演游戏的故事应该对话简洁且多重复,动作表现性强。场景最好只有一个,如"拔萝卜"。在角色扮演方面,教师主要的介入方式是平行或者交叉介入,更多地给予幼儿示范表演。材料准备方面,教师要为小班幼儿提供形状逼真的服装和道具,材料的种类要减少,数量要多,满足幼儿平行游戏的需要。一般小班不设观众席。

(二)中班幼儿表演游戏的特点与支持要点

1. 游戏特点

中班幼儿对作品理解较好,能选择自己喜欢的角色;游戏以动作为主要表现手段,表现夸张,但角色轮换的意识不强;能简单地布置游戏场景,选择和制作一些基本的道具,表演技能较好,能基本展现出素材的内容与特点;游戏中幼儿会讨论一些与表演有

关的话题,能与同伴一起配合表演;表演过程中目的性不强,只是满足于与同伴共同游戏的快乐,经常出现跑题或者打闹嬉戏的场面。

2. 支持要点

教师在收集、筛选素材前可以组织幼儿讨论,以明确素材表现的要求。素材场景不可过多,有集中的场景,方便布置环境与选择或制作道具。为中班幼儿设置一个相对固定的表演区或小舞台,并保证幼儿有30分钟以上的游戏时间。中班幼儿的角色轮换意识尚未形成,幼儿之间协调角色的意识和能力较弱,有时会因角色问题导致游戏中断。教师要在尊重幼儿意愿的前提下做好分组工作,讲解角色轮换的原则,让幼儿自愿选择或接受角色。以开放的心态指导游戏,帮助幼儿识别问题,耐心等待幼儿协商、讨论,引导幼儿解决问题。在游戏进程中,教师可以以观众身份观察幼儿的游戏,适当的时候给以提示,避免跑题,还要时刻观察幼儿的打闹行为,及时提醒,做好安全防范。

(三)大班幼儿表演游戏的特点与支持要点

1. 游戏特点

大班幼儿能独立完成角色分配任务,能迅速形成角色认同,进入游戏协商、计划阶段;在游戏开始前能就游戏的规则、情节、出场顺序进行协商,进入游戏之后的同伴交往内容则集中在动作和表演方面,并且能够相互小声地、悄悄地提示或告知;角色扮演意识较强,能够自觉地等待着自己"上场"时候的到来;扮演角色时能注意语气、语调与日常言语、动作的区别;在表现力上,幼儿不只是简单地再现素材,而是能够根据自己的理解塑造角色,调整语言与动作,能根据情况灵活运用各种手段(语言、动作、混合手段)来再现作品内容,具有一定的表现能力,但表演技能仍需进一步提高。

2. 支持要点

大班幼儿已经基本具备独立进行表演游戏的能力,所以教师在表演游戏的最初阶段,除了提供时间、空间和种类较多的基本游戏材料外,应尽可能少干预,以促进幼儿主体性的发挥。随着游戏的展开,教师应该及时给幼儿提供反馈,提高幼儿表现故事、塑造角色的能力。反馈的侧重点应在如何塑造角色上。要指导幼儿注意运用语气、语调、夸张的动作、生动的表情来塑造角色。教师可以引发幼儿共同参与讨论,采用多样的表现方式,也可以提供相关的视频资源供幼儿利用日常生活的时间观看、借鉴,提升幼儿运用语言、表情和动作综合表现角色的经验,使他们获得更为丰富的游戏体验。同时,多组织一些反思性谈话和小组讨论,在对游戏的现有角色、情节进行理解和丰富的基础上,启发幼儿运用想象,创造性地表现文艺作品中的角色言行,以确保表演游戏的趣味性和幼儿创造性表现的同步实现。

第五节　规则性游戏的介入与支持

情境导入

某大班幼儿都很喜欢拼图游戏。最初幼儿游戏的积极性很高,都盼望着自己能早点把 200 块拼片拼成一幅完整的图画。但是一旦他们完成了拼图,继续游戏的兴趣也就随之降低了。能力较弱的幼儿由于缺乏坚持性,总也拼不好,因而失去了信心。近日来,这个活动区的人不像以往那样多了。这一阶段幼儿正在学习认识钟表,于是教师就建议能力较强的幼儿进行拼图计时比赛,幼儿的积极性又被调动起来。硕硕第一个拼完,用时 15 分钟,没拼完的幼儿都加快了速度。对于能力弱的幼儿,教师采取和他们一块拼的方法,引导他们摸索拼图的规律,建立信心。后来,教师又请能力强的两名幼儿分别带两名能力较弱的幼儿进行双人拼图比赛,取得了较好的教育效果。

规则性游戏是幼儿期常见的游戏。规则性游戏有什么特点?如何介入和支持幼儿的规则性游戏?各年龄班幼儿规则性游戏的支持重点有什么不同?这些是本节要讨论的问题。

一、规则性游戏的含义与特点

(一)规则性游戏的含义

规则性游戏是指突出游戏的规则性,旨在培养幼儿的规则意识和行为习惯的专门的游戏活动,通常参与者为两人及以上。其中,游戏规则是规则性游戏的核心,规则可以是成人事先编制的,也可以让幼儿按他们假设的情节自己协商规定。

(二)规则性游戏的特点

1. 规则是明确的、预设的

规则性游戏中的规则是外显的、明确的、预设的,它具有"约定"的性质。规则约束和规范着游戏参与者在游戏中的行为、动作和活动方式。规则性游戏的规则一般在游戏开始之前就已经确定了,并且得到了每一个游戏参与者的认同,游戏一旦开始,每个游戏者就必须服从规则。当然,规则性游戏的规则并非不可修改,但是修改的前提是每一个游戏参与者都同意,否则,很难实行。

2. 规则是必须被遵守的

规则性游戏中的规则支配着游戏参与者能做什么,不能做什么。游戏参与者在游戏过程中必须遵守游戏规则,否则,规则性游戏将无法进行。一人一个游戏规则,最终将会导致不知道遵守哪个规则,也就等于没有规则。

3. 规则性游戏具有刺激性和竞争性

一般来说,规则性游戏具有竞争性。参与规则性游戏,一方面是因为规则性游戏好玩,能给游戏参与者带来刺激,带来快乐;另一方面是因为游戏参与者想取得胜利。如果一个规则性游戏没有分出胜负,那么游戏参与者一般是不愿意立即结束游戏的。

二、规则性游戏的类型与价值

(一)规则性游戏的类型

幼儿园常见的规则性游戏包括益智游戏、体育游戏、音乐游戏等。

1. 益智游戏

益智游戏是指以生动有趣的形式使幼儿在积极愉快的情绪中增进知识和发展智力的游戏。益智游戏有丰富的内容,并有很多种类。以游戏的作用来分,有感官游戏、记忆游戏、思维游戏、创造力游戏、语言游戏。

(1)感官游戏主要锻炼儿童的感知觉,通过听听、看看、摸摸、尝尝等活动,帮助幼儿加强感官的敏锐性和观察的目的性、计划性,扩大观察的广度和深度。如,"请你猜猜我是谁"的听觉游戏,被猜的一方伪装成别人的声音,猜测的一方则集中注意力来辨别。

(2)记忆游戏主要锻炼记忆力,是让幼儿对实物、图片、图形、数字、词汇等内容识记后,进行诸如寻找、发现、传话、取物等形式的再认和再现。如先让幼儿观看图 4-27 1分钟,然后遮住某些画面(见图 4-28),让幼儿观察并说出遮住的是哪些动物。

图 4-27 遮住前 　　　　图 4-28 遮住后

(3)思维游戏旨在培养幼儿的概念理解能力,发展幼儿分类、比较及序列化能力和一定的逻辑判断和推理能力,从而提高幼儿思维的独立性、敏捷性、广泛性、灵活性、逻辑性和创造性。如小动物们要去旅游,请你用线把小动物与合适的交通工具

连起来。

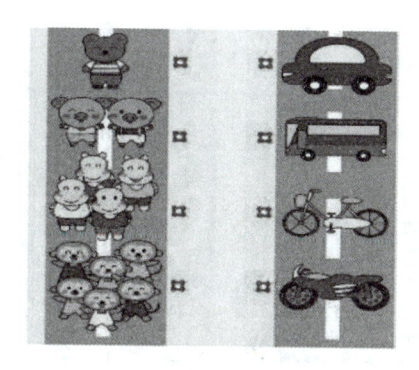

图 4-29 思维游戏

（4）创造力游戏要求游戏者针对一定的事物展开有目的的积极联想活动，具有开放性，没有固定的标准答案，鼓励幼儿思维的创新求异。这类游戏能有效地提高幼儿思维的流畅性、灵活性、独特性和发散性，培养幼儿的想象力和创造力。比如给幼儿一根绳子，让幼儿发挥想象，盘成一个个图案，如香蕉、苹果、帆船、小猫等。

（5）语言游戏旨在通过科学的、全面的、规范的趣味语言训练，帮助幼儿学习语言，提高幼儿运用语言交往的积极性，发展幼儿语言能力。根据练习的重点，语言游戏可以分为听音游戏、发音游戏、词汇游戏、句子游戏、描述性游戏、文字游戏。例如，教师事先准备多张图片，让幼儿随机翻开2张，并用图片上的内容说一句话。

按照游戏材料的作用来划分，益智游戏可分为猜猜类、拼图类、迷宫类、棋牌类游戏。

（1）猜猜类游戏主要指借助工具和利用语境形成游戏情景，开展智力游戏。例如，"奇妙的口袋"中，对于小班，将幼儿认识的水果放进袋子，让幼儿通过触觉或嗅觉猜水果，说出名称。对于中班，将同一个季节的水果和坚果放进袋子里，让幼儿通过触觉或嗅觉等判断里面有几种东西。大班可以让幼儿自己将东西放进去，自己制订规则开展游戏。

（2）拼图类游戏主要是借助各种材料进行拼图，锻炼幼儿的观察力、记忆力、想象力和思维能力。

图 4-30 拼图一 　　　　　　　　图 4-31 拼图二

（3）迷宫类游戏主要是提供迷宫，培养幼儿的观察力、记忆力和思维能力。

图4-32　迷宫一　　　　　　　　　图4-33　迷宫二

（4）棋牌类游戏主要是利用棋牌的基本原理，将智力游戏的目标融入其中，在棋牌游戏中获得智力的综合发展。通常适合幼儿玩的有扑克牌、七巧板、五子棋、跳棋、飞行棋、象棋和各类自制棋牌等。

对点案例

扑克、棋类游戏设计举例

"请纸牌归队"。玩法：按一定的规律排列纸牌，可以按"1、2……"的规律、"1、3……"的规律、"1、4……"的规律，也可以按你能想到的规律。在让幼儿看过你所摆放的牌后，你将牌收起来，再重新按原来的规律进行摆放，但是你所摆放的牌中已经有一张或几张被你拿开了，这时，你就让幼儿将你所拿开的牌补上。这个游戏是一种记忆力和演绎推理相结合的游戏，幼儿可以凭记忆来完成游戏任务，也可以根据对数字规律的分析和归纳来找到答案。这种游戏有一定的难度，适合大班幼儿。

五子棋是我国古代传统的黑白棋种之一，大约在南北朝时期随围棋一起先后传入朝鲜、日本等地。五子棋的棋盘与围棋的棋盘一样。五子棋可以培养幼儿的观察力，提高其思维的灵活性和敏捷性。玩法：二人各执一色棋子，每人都要尽快把自己的棋子摆成五子相连的一排（横、竖、斜排均可），同时阻断对方的五子连接，最后五子相连排数多者为赢。能力弱的幼儿可与同伴协商自行制订玩法及规则，如玩排序接龙、摆图形等游戏；能力强的幼儿可玩五子棋。

幼儿园中班自制的趣味分类棋的制作目的是培养幼儿的分类能力。玩法：棋子画面分动物类、花卉类、人物类、水果类四类，每类五个画面。幼儿协商、分配所找类别，猜拳决定谁先开始，摸到棋后，不能让别人看到画面，是属于自己所找类别的，画面朝上摆放在自己一边，反之放回原处，记住下次不再摸该棋。大家按顺时针方向轮流摸棋，先集齐同类别五个画面者为赢。可以先玩四个一级概念：动物、人物、花卉、水果；再玩四个二级概念,如爬行动物、兽类动物、鸟类动物、鱼类动物,依次类推,难度逐渐加深。

2. 体育游戏

体育游戏是指以发展动作、锻炼身体为主要目的的游戏。体育游戏不仅能促进幼儿身体发展,还能培养幼儿勇敢、坚强、遵守规则、与人合作等优良品质。

体育游戏最能满足幼儿活泼好动的心理,是幼儿很喜欢的游戏。在长期的教育实践中,教育工作者们根据实际需要继承和创编了大量的体育游戏,常见的体育游戏有接力游戏、追逐游戏、追拍游戏、争夺游戏、角力游戏和猜摸游戏。

接力游戏是以接力的活动形式进行的各种走、跑、跳跃、投掷、攀爬和球类等项目的分组竞赛游戏。追逐游戏是游戏者追逐其他游戏者或球,锻炼幼儿奔跑及反应力的竞争游戏。追拍游戏常常带有一定的心理紧张因素,有的还有一定的情节和角色,如"狼来了""地雷爆炸"等游戏。争夺游戏是为争夺一定的物品或位置而进行的一种斗智比速游戏,在球类游戏中运用较多。角力游戏是游戏者相互比较力量、斗智斗勇的对抗性游戏,游戏分成双人角力和多人分组角力,如拔河。猜摸游戏是在体育游戏中,蒙住游戏者的眼睛,而利用听觉、触觉和平衡觉来进行运动和猜物的游戏,它能发展幼儿的多种感官和身体的协调性。

3. 音乐游戏

音乐游戏是指以发展幼儿音乐感受性和表现力为主的,在音乐伴奏或歌曲伴唱下进行的规则性游戏。

在音乐游戏中,音乐和游戏是相互促进、相辅相成的。音乐指挥、促进和制约着游戏活动,而游戏动作又能帮助幼儿更具体、更形象地感受和理解音乐,获得一定的情绪情感体验。因此,音乐游戏是深受幼儿喜爱的一种音乐活动。它在音乐和幼儿之间架设了一座桥梁,将丰富的教育要求以生动有趣的游戏形式表现出来,使幼儿在乐此不疲的玩耍中不知不觉地获得对音乐的感受与表现的能力,完成艺术教育任务。[1]

音乐游戏有多种分类,按照有无主题可以把音乐游戏分为主题音乐游戏和无主题音乐游戏。主题音乐游戏有主题、情节、角色,要求幼儿根据音乐扮演角色形象,用动作、表情来再现音乐,如《洋娃娃与小熊跳舞》;无主题音乐游戏无主题、情节和角色,只是随音乐做动作,但这种动作有一定的游戏性,即含有游戏规则,如"抢椅子"游戏。

(二) 规则性游戏的价值

规则性游戏同角色游戏、结构游戏等一样,能给幼儿带来积极的体验和情感,也能培养幼儿的规则意识,促进幼儿身体动作、个人意志等的发展。

1. 规则游戏能培养幼儿的规则意识

蒙台梭利曾指出,当孩子2岁半左右时,便进入了社会规范敏感期,这个时期将一

---

[1] 王懿颖. 学前儿童音乐教育的理论与实践[M]. 北京:北京师范大学出版社,2004:108.

直持续到6岁左右。在规则性游戏中,规则是游戏的核心。规则约束着每个游戏者的活动方式和行为,贯穿于整个游戏过程。年幼儿童要想参与游戏,或是想游戏能持续进行下去的话,就必须遵守已定的游戏规则。这一过程,有助于幼儿形成规则意识。

2. 规则性游戏能促进幼儿基本动作和身体素质的发展

规则性游戏,尤其是体育游戏,一般会有各种动作,如走、跑、跳、爬、投等基本动作。如规则性游戏"老狼老狼几点了"有利于幼儿奔跑能力的发展;规则性游戏"跳绳",既有助于发展幼儿跳的能力,又有助于幼儿手脚协调能力、平衡能力的发展。

3. 规则性游戏能促进幼儿意志力的发展

一般来说,意志是指人自觉地确定目的,并支配行动、克服困难、实现目的的心理过程。可以看出,意志与行动密不可分。幼儿的意志力主要表现在自制力、自控力和坚持性三个方面。而规则游戏在培养幼儿意志力方面有着不可替代的作用,因为幼儿需要遵守规则,需要在规则这一"紧箍咒"下进行活动,这就有利于幼儿自制力、自控力和坚持性的发展。

三、规则性游戏的构成要素

规则性游戏一般包括游戏任务、游戏玩法、游戏规则、游戏结果等几个基本要素。

(一) 游戏任务

游戏任务即游戏的目的,是通过游戏使幼儿达到的最终目标。不同年龄阶段的幼儿,其规则性游戏的任务是不同的。比如,小班的规则性游戏比较简单,游戏任务容易理解,易于完成,中大班幼儿的游戏任务比小班复杂多样。如"认识蔬菜"游戏中,要求小班幼儿能说出蔬菜的名称、大小等简单问题,但对中大班幼儿还要求说出蔬菜的颜色、种类及营养价值等。

(二) 游戏玩法

游戏玩法是指游戏的具体操作方法,即在游戏中对幼儿的动作和活动的要求,是根据不同游戏,明确了游戏如何开始、怎样进行、何时结束。游戏的玩法要有一定的趣味性,能调动幼儿的积极性,如"做相反的动作"游戏中,发出某一指令,幼儿就马上做出相反的动作:指令说"睁开眼睛",幼儿就闭上眼睛;指令说"蹲下",幼儿就站起;指令说"挠挠自己的右耳朵",幼儿就要挠挠自己的左耳朵。

(三) 游戏规则

游戏规则是指在游戏的过程中,要求幼儿遵守的行为准则或方法,是确定和评定幼儿游戏动作和活动是否合乎要求的标准。游戏规则是规则性游戏任务完成的重要保证。如"看图猜动物"游戏中,看到图片的幼儿只能通过自己的肢体动作向其他幼儿展示该动物的关键特征,而不能有任何的语言提示,否则为犯规。游戏的规则要根据幼儿的认知水平制定:小班游戏的规则一般比较少,通常只有一个;中班幼儿游戏的规则带有更多的控制性,要求相对较高;大班幼儿游戏的规则可以改变,幼儿可以在活动中通过协商制定新的规则。

(四)游戏结果

游戏结果是幼儿在游戏中任务完成的状况和目的实现的程度。游戏任务的完成使幼儿获得满足感和自信心,且意犹未尽,从而促使其更加积极地参与此类活动。幼儿教师要以积极、肯定的评价为主,鼓励幼儿参与更多的规则性游戏。

规则性游戏的游戏任务、玩法、规则及结果四部分是相互联系、缺一不可的,存在于每一个规则性游戏之中。

对点案例

游戏:老狼老狼几点了

游戏任务:

(1)练习四散追跑、跳、爬、急停、躲避、蹲行等能力。

(2)提高听力和数数能力、敏捷的反应能力和动作速度。

(3)积极地参与活动,并从中获得快乐。

游戏准备:

(1)环境准备:游戏老狼老狼几点了,要求活动空间比较大,能满足幼儿自由分散跑动。活动场地不能有障碍物,以免幼儿在躲避时出现意外。

(2)材料准备:每人一张报纸,间距合适地铺放在场地的一头,作为每个孩子的家。

游戏玩法:

(1)一人扮老狼,捂着眼睛面朝墙,其余幼儿扮小羊站在老狼背后。游戏开始后,小羊开始问:"老狼老狼几点了?"老狼随意回答几点,可以是九点了、七点了,等等,小羊继续问:"老狼老狼几点啦?"老狼大声说:"十二点啦!"这时候,小羊四散,快速跑回家,因为老狼一报十二点就意味着追捕开始了。如果有一只小羊被老狼抓住,被捉住的小羊再扮演老狼,游戏重新开始。

(2)一人扮老狼,捂着眼睛面朝墙,其余幼儿扮乌龟手脚撑地、屁股撅起趴地在老狼背后。游戏开始后,乌龟开始问:"老狼老狼几点了?"老狼随意回答几点,乌龟继续问:"老狼老狼几点啦?"老狼大声说:"十二点啦!"这时候,乌龟四散,手脚撑地,快速爬回家,因为老狼一报十二点就意味着追捕开始了。如果有一只乌龟被老狼抓住,被捉住的乌龟再扮演老狼,游戏重新开始。

(3)一人扮老狼,捂着眼睛面朝墙,所有小朋友胳膊搭在前面小朋友的肩上,模仿毛毛虫蹲在老狼背后。游戏开始后,毛毛虫开始问:"老狼老狼几点了?"老狼随意回答几点,毛毛虫继续问:"老狼老狼几点啦?"老狼大声说:"十二点啦!"这时候,毛毛虫要快速解散,蹲行回家,因为老狼一报十二点就意味着追捕开始了。如果有一只毛毛虫被老狼抓住,被捉住的毛毛虫再扮演老狼,游戏重新开始。

游戏规则:

(1) 一人扮演老狼,其余小朋友扮演小动物,在老师划定的范围内追跑,追跑的时候注意安全,不要碰撞在一起。

(2) 小动物们要跟在老狼身后,不能离得太远,更不能一直躲在家里。

(3) 小动物跑回家之后老狼就不能再追赶。

四、规则性游戏的基本支持策略

(一) 选择和编制适合幼儿年龄特点的规则性游戏

尽可能为幼儿选择可以让大多数人参与的游戏,如在游戏中幼儿需要长时间的等待,容易对游戏失去兴趣。教师要尽量让幼儿体验到规则性游戏成功的乐趣,因此,选择的规则性游戏要适合幼儿的年龄,顺应他们身心发展水平,不能太容易或太难,太容易的游戏幼儿觉得没有挑战性,很难刺激他们;过难的游戏又常常导致幼儿感到挫折。一般来说,与玩具、动作相联系的游戏适合小班;而根据已有的知识经验来推理、判断或以语言来进行的游戏,相对需要的思维发展水平更高,则适合于中大班幼儿。

另外,选择的规则性游戏还要考虑幼儿的生活经验,有些规则性游戏有地域特点,教师可以根据具体情况进行选择。

(二) 要为幼儿开展规则性游戏创造条件

一些规则性游戏的开展往往需要各种玩具、教具及其他材料。教师应根据教育要求和幼儿的实际需要,为幼儿购买适合幼儿发展的玩具,有时还可以利用废旧物品进行制作。这些游戏材料要便于幼儿自由取放,可以让幼儿随时玩。

(三) 帮助幼儿理解游戏的规则

虽然强调在幼儿阶段的规则性游戏指导重点不在游戏规则的掌握上,但并非完全忽视此方面,由于规则性游戏往往带有一定的竞赛性,游戏的规则是游戏能否长久进行下去的内在线索,游戏的趣味性才能真正得以显现,因此,教师可以在尊重幼儿作为游戏主体的前提下,通过参与游戏等方式,用生动、简明的语言及适当的示范引导幼儿逐步理解游戏的规则,关注游戏的结果,体验在遵守游戏规则过程中开展游戏带来的成功喜悦。

五、不同年龄班规则性游戏的特点与支持要点

(一) 小班规则性游戏特点与支持要点

1. 游戏特点

处在"动即快乐"的阶段,小班幼儿对游戏中角色的动作、材料感兴趣;表现出"自我中心",只对自己所做的事感兴趣;规则意识淡薄,发现不了别人的违规,自己也会破坏

规则;不在乎游戏结果。

2. 支持要点

教师要为小班幼儿选择规则简单,通过使用实物、玩具和简单的动作来完成的游戏。游戏玩法和规则的讲解力求生动、简单、形象,要注重讲解与示范相结合。注重在游戏中逐步提出游戏规则,并提醒幼儿遵守。注意多让幼儿体验游戏动作的快乐,满足幼儿对游戏过程的兴趣。

(二)中班规则性游戏特点与支持要点

1. 游戏特点

中班幼儿已具有规则意识,能够遵守规则,并开始关注游戏的结果。中班幼儿能理解规则对于比赛结果的重要性,规则意识强且特别重视游戏结果,喜欢竞赛性的规则性游戏。

2. 支持要点

教师需要示范、讲解游戏的玩法与规则,并在游戏中着重检查游戏玩法的掌握情况及游戏规则的执行情况,要鼓励幼儿关心并努力争取好的游戏结果,可开展规则简单的竞赛游戏。

(三)大班规则性游戏特点与支持要点

1. 游戏特点

幼儿能较好地遵守游戏规则,并会关注其他幼儿遵守规则的情况,发现违规者就会提出抗议,要求对违规者加以惩罚,因此游戏过程中的纠纷较多。大班幼儿还喜欢改变游戏情节、游戏规则以增加游戏的新颖性。

2. 支持要点

教师要为幼儿选择需要运用一定策略、在认知上有一定难度的规则性游戏,可开展较为复杂的竞赛游戏。应注意多利用幼儿间的相互影响来提高幼儿的游戏水平,严格遵守游戏规则,争取最好的游戏结果。要引导幼儿能对游戏的结果进行评价,正确对待输赢,不论输赢,只要遵守规则,积极游戏就值得赞扬。

技能训练

项目一:角色游戏的指导

实训目的:

练习运用所学的策略及方法对幼儿角色游戏进行支持。

内容与要求:

每人选一个年龄班,观察幼儿角色游戏,找准时机,有效介入。结束后,对自己的介入与支持的情况进行反思,形成文字稿,与同学和老师交流分享。

项目二：表演技能训练

实训目的：

培养运用语言、表情、动作、歌唱、舞蹈等多种技能合作进行表演的能力。

内容与要求：

1. 分组选材并排练一个儿童剧或歌舞剧。注意所选素材必须具有情节、角色、语言、动作和歌舞等幼儿表演游戏的基本元素。
2. 各组自行设计并制作场景道具。
3. 各组汇报所排剧目，小组之间互评。

项目三：各类材料建构技能训练

实训目的：

1. 通过建构游戏实训，掌握积木、积塑材料的各项基本构造技能。
2. 小组合作完成主题建构，提高综合运用各种建构材料和技能的能力。

内容与要求：

1. 按照图纸或根据想象用不同的材料自由建构单个物体。
2. 分小组合作建构大型主题建筑群，做到先构思、后分工、再合作。

项目四：规则性游戏的指导

实训目的：

培养面向不同年龄段幼儿组织实施规则性游戏的能力

内容与要求：

1. 自选或者小组合作创编一个规则性游戏。
2. 撰写活动方案，模拟组织一个规则性游戏。
3. 要求每个成员都能做助教，随机抽取，其他成员做配合。

真题链接

1.（2018年下半年）小班同一个"娃娃家"中，常常出现许多"妈妈在烧饭，每位幼儿都感到很满足"。这反映小班幼儿游戏行为特点是（   ）。

  A. 喜欢模仿   B. 喜欢合作   C. 协调能力差   D. 角色意识弱

2.（2018年上半年）在角色游戏中，教师观察幼儿能否主动协商处理玩伴关系，主要考察的是（   ）。

  A. 幼儿的情绪表达能力   B. 幼儿的社会交往能力
  C. 幼儿的规则意识   D. 幼儿的思维发展水平

3.（2017年下半年）当教师以"病人"身份进入小班"医院"时，有六位"小医生"同时上来询问病情,每个孩子都积极地为教师看病、打针,忙得不亦乐乎。结果教师一共被打了六针,对小班幼儿这种游戏行为最恰当的理解是(　　)。

  A. 过于重视教师的身份
  B. 角色游戏呈现合作游戏的特点
  C. 在游戏角色的定位中出现混乱
  D. 角色游戏呈现平行游戏的特点

  4.(2020年下半年)材料分析题:中班角色游戏中,有幼儿提出要玩"打仗"游戏。他们在材料柜里翻出好久不玩的玩具吹风机当"手枪",仿真型灯箱当"大炮","哒哒哒"地打起来,玩得不亦乐乎。李老师看见此情境非常着急,连忙阻止:"这是理发店的玩具,不能这么玩。"

  (1)李老师阻止行为是否合适?(2分)请说明理由。(10分)
  (2)如果你是李老师,你会怎么做?(8分)

  5.(2019年下半年)材料分析题:几个幼儿在玩游戏,他们把竹片连接起来,想让乒乓球从一头开始沿竹槽滚动,然后落在一定距离外的竹筒里,游戏过程中,他们遇到了很多困难,如球从竹片间掉落(见图1);竹片连成的桥太陡球怎么也落不到竹筒里(见图2),他们通过不断努力,终于让球滚到竹筒里。

  问题:幼儿可以从这个活动中获得哪些经验?(12分)结合材料说明。(8分)

图1　　　　　　　　图2

  6.(2022年上半年)简答题:简述积木游戏对于幼儿发展的价值。

拓展链接

建构游戏过程中幼儿园教师的指导策略

  1. 通过观察了解幼儿已有的经验和所需要的帮助
  观察是教师干预的基础和基本的指导方法。通过观察幼儿的建构游戏,教师可以对幼儿已有的经验进行评价。通过这种评价,教师能够确定幼儿需要的帮助,计划自己下一步应该采取的策略以扩展幼儿的经验。例如,教师观察到几个男孩子正在用纸盒做一个很宏伟的城堡,但是建构区里为了空间整洁,并没有放置全部的纸盒,一部分堆在阳台。那么这个时候教师就可以预见到材料的缺乏可能会导致孩子们的游戏无法持续开展,作品也不够完整,就要提前做出反应,把更多的纸盒挪到建构区。

2. 帮助幼儿意识到操作的意义

建构游戏中,幼儿往往只是忙于操作而没有意识到自己操作的意义。基于这一特点,教师可以通过对幼儿已经做过的事情的强调来增强幼儿对自己操作的意义的意识和理解。

3. 帮助幼儿注意到问题

建构游戏中,幼儿也容易忽略自己操作中出现的问题。教师可以通过提问的方式帮助幼儿注意到问题所在。

4. 设置问题情景

有时,即使幼儿的操作没有问题,教师也可以为其设置问题,以增加难度,丰富幼儿的建构游戏。比如,一个幼儿给小汽车造了一个车库,但车库和地板之间有一定距离,幼儿需要把车搬到车库里。教师此时可以让幼儿造一个斜坡让车子开进车库。

5. 帮助幼儿反思

教师可以通过让幼儿描述和解释自己如何解决问题来帮助幼儿反思,这不仅能加深幼儿对相关问题或现象的理解,还有助于幼儿语言表达、理解能力的发展。

6. 不要强加自己的猜测给幼儿的作品

幼儿的建构游戏往往是尝试性的而非表征性的,也就是说他们往往只是在探索建构材料,并非要搭建一个有意义的作品。教师不要去猜测幼儿的作品是什么,更不要把自己的主观猜测强加给幼儿。幼儿会服从于成人的权威,因此教师的臆测会阻碍幼儿实现其建构的意图。

拓展阅读

>>>>>> 这群幼儿园有一群"隐形"老师,从来不"帮"孩子
建构游戏真的就是让幼儿玩积木吗?
昆虫怎样过冬——表演游戏的指导

第五章 游戏的观察与评价

本章概要

"没有调查研究,就没有发言权",观察是了解、支持和指导幼儿的第一步。游戏是幼儿园的基本活动,也是幼儿发展的一面镜子,能够反映幼儿身心各方面发展的状况。因此,观察和研究幼儿游戏,可以帮助教师更全面地了解幼儿的发展情况和兴趣特点,以决定何时、以何种方式介入和干预他们的游戏,也为教师科学地指导幼儿游戏提供依据。本章主要讲解幼儿游戏观察的意义、内容、原则,并着重就幼儿游戏观察、记录以及评价的方法进行介绍,以期真正地认识和解读幼儿的游戏行为。

学习目标

1. 了解幼儿游戏观察的意义、内容和原则。
2. 掌握幼儿游戏观察、记录的具体方法。
3. 尝试对幼儿游戏进行观察记录并做出合理分析和评价。

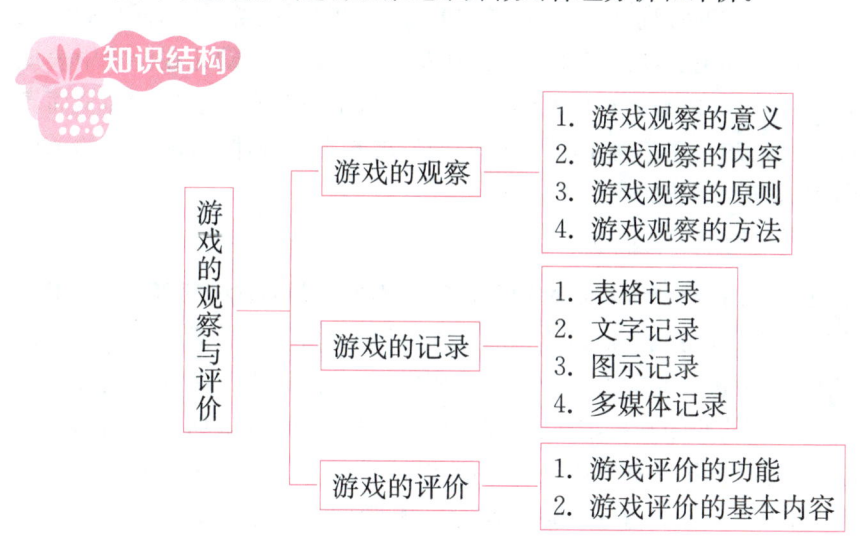

知识结构

游戏的观察与评价
- 游戏的观察
  1. 游戏观察的意义
  2. 游戏观察的内容
  3. 游戏观察的原则
  4. 游戏观察的方法
- 游戏的记录
  1. 表格记录
  2. 文字记录
  3. 图示记录
  4. 多媒体记录
- 游戏的评价
  1. 游戏评价的功能
  2. 游戏评价的基本内容

第一节　游戏的观察

情境导入

前两天,我将一部电话机投放到活动区里。班上的孩子对这个新材料特别喜欢,有的用指头轻敲按键,尝试拨电话号码;有的拿起听筒说道:"喂",然后又放下。不一会儿,那里传来一阵尖叫声。我忙走过去一看,原来是两个小朋友因为都想玩电话而发生了争执。亮亮说:"老师,是我先拿到的。"彤彤说:"他已经玩很久了,我也想玩。"弄清情况后,我答应他们明天增加一部电话机玩具,这才化解了两人的矛盾。

以上是一位幼儿教师的观察记录。可以看出,教师在幼儿游戏过程中的观察较为随意和简单,对于观察什么、为什么观察、怎么观察等还没有明确的意识,所以有必要对此进行详细系统的学习。对此,本章将对游戏观察的意义、内容、方法等进行介绍,以便帮助学生掌握游戏案例撰写的技巧和能力。

一、游戏观察的意义

(一) 游戏观察是理解幼儿的最佳途径

对幼儿游戏进行观察是成人了解幼儿游戏行为的关键。幼儿在自由游戏中是最放松的,行为表现也是最真实的。一个平常在集体活动中看似很不起眼的幼儿,可能会在游戏中展现出外向活跃的本来面目。通过对幼儿游戏的观察,成人可以获取关于幼儿游戏的丰富信息:幼儿喜欢的游戏类型,幼儿喜欢的玩具和游戏设备,幼儿喜欢的游戏空间,幼儿乐于参与的游戏主题,幼儿与同伴、教师互动的方式以及幼儿在游戏中表现出来的认知与社会性等方面发展的有价值的信息。所以,游戏观察可以让教师全面真实地了解幼儿,了解他们的兴趣和需要,了解他们的发展水平和规律,了解他们的个性特点和能力差异,掌握来自幼儿的第一手信息。

(二) 游戏观察是有效指导游戏的前提

《幼儿园工作规程》中指出:"游戏是对幼儿进行全面发展教育的重要形式,应根据幼儿的年龄特点选择和指导游戏。根据幼儿的实际经验和兴趣,在游戏过程中给予适当指导,保护愉快情绪,促进幼儿能力和个性的全面发展。"可见,观察游戏是指导游戏的前提,只有较好地观察幼儿的游戏,才能把握指导的具体时机,知道何时应为幼儿的游戏提供额外的时间、空间、游戏资料或经验准备,以扩展和丰富进行中的游戏情节,进而选择恰当的指导方式和有效的指导策略,真正做到科学地指导幼儿游戏。

(三)游戏观察是正确评价游戏的依据

观察是教师正确、客观评价幼儿游戏的保证。如果教师主观臆断游戏的好坏,或者只是进行一些不切实际的空洞说教,那么,游戏评价就变得毫无价值。游戏评价所涵盖的有关游戏场地、游戏材料、游戏时间、游戏主题、师幼关系等内容都是通过教师的观察而来的,观察得越仔细,获得的信息越全面、翔实,教师对幼儿游戏的评价就越准确、客观。教师可以从幼儿游戏的行为中了解幼儿的发展状况,了解幼儿的情感状态,及时发现幼儿游戏和成长中的问题,给予幼儿积极有效的反馈。因而,幼儿游戏观察不仅可以更有效地评价幼儿游戏及其发展,为评价提供具体详细的资料,还可以促进游戏发展,提高游戏质量与游戏水平。

(四)游戏观察是改进游戏活动的基础

观察后对结果进行分析,教师可以准确地了解幼儿的认知水平、交往能力和生活经验,为制订新的游戏计划、预设游戏环境与材料提供基础和依据。教师在制订游戏计划时,必须考虑幼儿的已有经验和兴趣需要,以幼儿为中心来组织和推进游戏,这样才会取得好的游戏效果,从而促进幼儿的发展。

同时,通过对观察结果的分析,教师还能够了解幼儿游戏所需要的最佳游戏条件和环境,如游戏时间、空间、材料和玩具。游戏时间是开展游戏活动的基本条件,空间的大小、标志、边界等也会影响幼儿游戏的水平。材料和玩具是游戏活动的重要支柱,材料和玩具的多少、种类、性质等都会影响幼儿的游戏行为。因而,游戏观察可以改进游戏活动,为下一次游戏的开展提供借鉴资料和依据,进而处理好游戏与课程、游戏与幼儿年龄特点相适应等问题。

(五)游戏观察是提高教师自身素质的重要途径

观察能力是幼儿教师重要的专业素质之一。教师要学会用"欣赏""宽容"和"研究"的态度去观察幼儿游戏活动,不能单纯以成人的眼光来看待幼儿游戏,要学会等待和包容。同时,更要以专业的学前教育工作者的视角去解读幼儿的游戏,尤其要用研究的态度和专业的理念去观察幼儿游戏的"内心",即解读幼儿在游戏中的各种行为,如幼儿为什么要这样玩,游戏中的玩伴关系反映了什么等。

此外,观察中教师眼、耳、手、脑多通道同时参与,不仅学会了观察和记录的方法,更尝试着对观察的结果做出分析评价。在观察的过程中,教师能够逐步提高观察、研究幼儿的能力,逐步树立起正确的儿童观、教育观、游戏观,并以此指导自己的教育行为,最终提高自身的专业素质。

二、游戏观察的内容

教师对幼儿游戏进行观察的主要内容分为游戏环境、课程与教师、游戏中的幼儿几个方面。

(一)游戏环境

游戏的环境条件是影响游戏开展的直接条件和物质基础,也是教师观察工作的重要内容,具体分为游戏场地、游戏材料和游戏时间三个部分。

表5-1 教师对幼儿游戏环境的观察内容

游戏环境	观察内容
游戏场地	场地安排是否合理,有无浪费或者拥挤的现象
	区域格局是否合理,如区域的搭配、互补和远近等
	区域之间是否留有足够的空间作为安全通道
	区域的标识、路线、边界等是否清晰、合理
游戏材料	投放数量是否合理,有无争抢现象出现
	质量是否达标,幼儿使用是否安全卫生
	是否符合幼儿的年龄层次,有无无人问津现象出现
	辅助性材料的运用是否达到预期效果
游戏时间	开始、进行、结束游戏的时间分配是否合理
	幼儿专注于游戏的时间长短
	一日中幼儿游戏的时间长短

(二)课程与教师

课程方面主要观察游戏的主题是什么,这些主题的情节与内容进展情况,以及是否与幼儿园课程相符;主题经验是否自觉迁移,新主题是怎样产生和发展的;根据课程又可以为幼儿设计哪些他们喜爱玩的游戏等。

教师方面,作为游戏观察工作的主体,除了关注游戏环境和幼儿以外,还要对自身的行为进行关注。如游戏进行中是否应该介入,以何种方式介入才会增强幼儿的游戏兴趣,并能提升幼儿的游戏经验,何时介入会干扰正常的游戏进展;教师的指导方法是否适宜科学,何时退出游戏,介入是否有效果等。

(三)游戏中的幼儿

在游戏过程中对幼儿的观察,主要是根据其游戏行为、游戏水平、游戏中的交往、对材料的选择和运用等,了解幼儿的身体、认知、社会性、情绪情感等身心发展的情况。

1. 观察幼儿的内容要点

(1)幼儿的兴趣点:幼儿喜欢的游戏主题、内容和玩具材料等。

(2)幼儿的行为表现:幼儿在游戏中的所说、所做;遇到了什么困难,是否解决,如何解决的等。

(3)幼儿的互动情况:幼儿通常和谁一起玩,与环境、同伴的互动方式,认知经验和社会性水平等哪些方面有了进步,还存在哪些问题等。

(4) 幼儿的情绪体验。

(5) 幼儿游戏规则的遵守情况。

(6) 影响幼儿游戏行为的因素：给幼儿提供的游戏时空是否适宜，材料的投放是否适宜等。

2. 各年龄班游戏的观察重点

年龄不同，幼儿游戏呈现出不同的特点，因而观察的侧重点也有所差异。

表 5-2　不同年龄班幼儿的观察重点

年龄班	游戏特点	观察重点
小班 (独自游戏和平行游戏阶段)	满足于操纵、反复摆弄物品和材料 喜欢模仿，对物品的需求是"别人有的，我也要有"，对相同物品要求较多 矛盾的焦点主要体现在幼儿与物品之间 缺乏规则意识	幼儿材料使用规则的建立
中班 (联合游戏阶段)	认知能力与生活经验进一步发展和丰富 游戏情节较小班复杂 虽然只能扮演一个角色，但想做多个角色的事情 想与人交往但交往技能尚不成熟	幼儿之间的冲突(交往技能、使用物品上的冲突)
大班 (合作游戏阶段)	游戏独立性、计划性、合作性进一步增强 生活范围进一步扩大，不断产生新的主题 游戏情节丰富，能表现出复杂的人际关系 独立解决问题与分析问题，评价游戏的能力显著提高	新主题与原有经验之间的冲突 交往行为(合作、解决矛盾、评价等)

三、游戏观察的原则

为了获得幼儿游戏行为的准确信息，观察者不论采用何种观察方法，都应遵循以下原则：

第一，明确观察目的。

第二，根据观察内容，选择适当的观察方法。

第三，观察应在确保幼儿有机会展示他们所有游戏能力的情境中进行。这样既保证幼儿有丰富的能引发他们各种游戏行为的材料，又保证幼儿有充分的游戏时间。假如不能满足以上要求，幼儿就有可能出现低水平的游戏行为，而事实上幼儿并非缺乏游戏技能。

第四，室内和室外都是观察的场地。如果可能，应保证对幼儿室内和室外游戏都进行观察。研究表明，有些幼儿在室外游戏比在室内游戏更能表现出较高的社会性和认知水平。

第五，在幼儿对游戏环境和伙伴熟悉后再开始观察。在与熟悉的同伴游戏时，幼儿会展现出较高水准的社会性和认知能力。若开学初就进行观察，可能会低估幼儿真实的游戏能力。

第六，应该多次、持续地进行观察，以确保记录的是幼儿典型的游戏行为。

四、游戏观察的方法

幼儿游戏是非常复杂的，尤其是许多幼儿共同游戏时。为了弄清幼儿在游戏过程中所发生的事件，教师要对幼儿游戏进行系统的观察。游戏观察的方法有很多种，最常见的有扫描观察法、定点观察法与追踪观察法。

（一）扫描观察法

即分时段定人观察法，指对班里的全体幼儿平均分配时间，在相等的时间段里对每个幼儿轮流进行扫描观察。此方法适合于了解全体幼儿的游戏情况，一般在游戏开始或者结束的时候使用较多。如需要了解游戏开展中每个幼儿选择了哪些主题，分别扮演了什么角色，使用了哪些材料，游戏时间的长短等。扫描观察可采用描述式方式进行记录，但通常采用表格来记录观察结果。

具体的观察流程如下：

（1）教师根据需要设计好观察表格，以便随时记下观察内容。

（2）确定观察对象和观察的顺序。

（3）在相等的时间段内（如以1分钟或2分钟为一个观察时间单位），按照一定的顺序轮流观察幼儿，并用统一的方式记录在表格里。

（4）分析观察记录。

表 5-3　幼儿自主游戏角色选择情况观察表

姓名	娃娃家	理发屋	医院	超市	×××
幼儿1			√医生		
幼儿2	√宝宝				
幼儿3				√顾客	
幼儿4		√理发师			
……					

（二）定点观察法

即定点不定人观察法，指教师固定在游戏中的某一地点进行观察，只要是来此点的幼儿都可以作为观察对象，见到什么观察什么。此种方法适合于了解一个主题或一个区域幼儿游戏的情况，一般在游戏过程中使用较多。比如，在建构区里观察哪些孩子爱到这里来玩，什么游戏材料最受青睐，孩子们是独自玩耍还是共同游戏等。通常采用实况描述法记录观察内容。

具体的观察流程如下：

（1）教师事先确定好所要观察的区域或游戏，即进行"定点"。游戏一开始，教师就到固定地点进行观察。需要注意的是，即使暂时没有幼儿来此玩耍或者有幼儿离开也要坚持在该点继续观察，所有来到该点游戏的幼儿都是要观察的对象。

（2）对幼儿的游戏过程进行观察，如幼儿的语言、动作、表情、兴趣、专注程度、交往情况等。

（3）教师也可以在幼儿游戏过程中，边指导边观察，以便及时了解指导的效果与影响。

（4）采用实况描述法记录观察内容。如果在观察现场教师无暇记录，或者时间不允许详细记录的话，教师可以利用照相机、手机等辅助，并在游戏结束后凭记忆和照片、视频再将观察到的内容写下来，最后加以整理与完善。

对点案例

建构游戏中的定点观察与实况描述记录

强强和枫枫是一对好朋友，他们常常在一起做游戏。这天他们在一起玩沙。强强对枫枫说："我们来搭个公园，好吗？"枫枫不语，用铲子不停地往盆里装沙，好一会儿才回答："今天我来做坦克。"强强看看枫枫，他拿起杯子、水壶为枫枫装水，并慢慢地往盆里倒。枫枫则用双手将水和沙搅拌在一起。水倒完了，强强又开始帮枫枫往盆里加沙，还不断问："沙还要吗？沙够了吗？"枫枫终于说话了："不要了，够了。你再去装点水吧！"强强再次拿起容器去装水，这下倒进盆里的水没过沙，他们赶紧把多余的水倒掉，直到水和沙正好齐平，枫枫满意地对强强说："现在，我可以做坦克了。"枫枫从盆中取一把沙，两手将沙捏成一个大圆球放在干沙上。他再抓起一把沙，捏成小圆球，放在大圆球左边，又将手中剩下的沙再捏紧，放在另一边，并不断重复以上动作。强强似乎看明白了什么，他也不断地从盆中抓起沙，捏成一团交给枫枫。几分钟后，枫枫起身满意地看着自己做的坦克，自顾自地洗手去了，强强紧随其后。等他们再次回到坦克边时，发现坦克坏了，枫枫开始修补，他用双手隆起坍塌的坦克，将其拍紧，并用同样的方法做了好几辆坦克。枫枫请来了我，自豪地说："我们的坦克做好了。"强强也很高兴，他把沙盘端起，让我看得更清楚。

分析：在上述案例中，教师事先进行"定点"，确定好所要观察的建构游戏。然后对强强和枫枫在整个游戏的过程中的语言、动作、表情、兴趣、专注程度、交往情况等进行观察，并采用实况描述法记录观察内容。可以看到枫枫已经有了用湿沙进行简单造型的经验，并能根据自己的想象将立体的坦克改为纵向平面的，建构出俯视的想象中的坦克。他们在造型游戏中运用了对称的概念、大小的概念、数的概念，并掌握了水与沙之间的关系。同时，用手捏出沙团，对损坏的坦克进行修补，可见其动作的灵巧。在两个幼儿的合作建构中,可见枫枫是主动一方,构思主题,示范领导着建构过程,强强也很善于配合,两个男孩协调构建主题,很自然地形成了主配角分工,在合作中共同完成自己的作品。

(三) 追踪观察法

即定人不定点观察法,指教师事先确定1~2名幼儿作为观察对象,观察他们在游戏中的活动情况。被观察的幼儿走到哪里,教师就要追随到哪里,固定人而不固定地点。此方法适合于观察了解个别幼儿在游戏全程中的表现,有助于了解某个幼儿游戏发展的水平,或者更详细的信息。比如幼儿参与了何种游戏,扮演了何种角色,选择了哪种游戏材料以及是否能与同伴一起游戏等。通常采用图示法或实况描述法进行记录。

具体的观察流程如下:

(1) 根据需要确定观察对象。

(2) 全程跟随幼儿,记录该幼儿游戏的全部情况。

(3) 采用实况描述法记录观察内容,也可以先用图示法将幼儿游戏的轨迹记录下来,然后再将幼儿游戏的过程分别描述记录,从而避免由于跟随幼儿活动而导致事后回忆不全的现象出现。

对点案例

一位老师对幼儿游戏的追踪记录

游戏时间到了,豆豆端起自己的小椅子到了"娃娃家"。这是他上幼儿园以来,第一次主动地去选择游戏。他在"娃娃家"里摆弄起了餐具,后来又来了一男一女两位小朋友,和他一起摆弄餐具,开始烧饭。小女孩把烧好的饭给豆豆,他假装吃了两口,就放在桌上,然后去"超市"买东西。他在超市停留约5分钟的时间,不时摆弄"超市"里的商品,最后什么也没买就走了。后来,他跑到"图书角",拿了一本书看了很长时间,直到游戏结束。

分析:在上述案例中,教师的目光一直追随豆豆,观察与记录了豆豆在游戏中的一系列行为表现,如他的行动轨迹、语言、动作、表情等。个人追踪记录是教师开展个别教育的有效途径,通过对每个幼儿细致地观察与分析,加深对幼儿的了解,逐渐把握幼儿的个体差异与学习需要,最终才能促进每一个幼儿在原有水平上经验的提升。建议每位教师有计划地开展追踪观察记录,争取在一个学期或者一个学年内把每位幼儿追踪一次。

第二节 游戏的记录

情境导入

某幼儿园要求大家每月上交两篇观察记录。李老师是一位工作两年的新老师,每次孩子们游戏时,她都认为这段游戏时间就是自己难得的放松时间,喝水、聊天、断断续续的观察、制止幼儿游戏中的不恰当行为等。上交记录时,她开始头疼了,要么绞尽脑汁地回忆孩子的游戏片段,要么"借鉴"别人的观察记录,她总感觉观察幼儿是她工作中最差的部分。

上述案例中,该幼儿教师之所以在完成观察记录时会感到吃力,主要原因在于其对游戏记录重要性的认识不足,因而缺乏及时进行观察记录的意识,甚至不知道如何下手进行记录。因此,本部分将结合常见几种观察记录方式的内涵、使用情况、优缺点、使用要求、注意事项等进行详细介绍,以帮助教师根据不同情况,选择合适的记录方式,提高观察的精准性。

"儿童在前,教师在后",在幼儿游戏时,教师不仅要认真、持续地观察,还应该高质量地完成观察记录工作,养成观察游戏并及时记录的习惯。因为游戏记录会影响后面对所观察到的现象与问题的解读和分析,因此应保证观察的客观性、记录的准确性和全面性,从而真实地反映出幼儿游戏行为的实质。

不同的观察内容和方法所采用的记录方式也不一样,使用时要视具体情况而定。最常见的观察记录方式有表格记录、文字记录、图示记录和多媒体记录四种。

一、表格记录

表格记录方式常与扫描观察法搭配使用,它简单易行、清楚直观,而且可以重复使用,方便前后比较。具体分为两种形式:行为检核表、等级量表。

(一)行为检核表

行为检核表主要用来核对幼儿在游戏中重要行为的出现与否,教师预先将准备观察的行为按项目列在表格中,当出现此项目行为时,就在该项上画"√"。运用行为检核表进行的游戏观察比较系统,记录信息更快捷。如表5-4所示:

表 5-4　幼儿游戏的社会性发展水平观察表

社会性水平	无所事事	旁观	独自游戏	平行游戏	联合游戏	合作游戏
幼儿 1						
幼儿 2						
幼儿 3						
幼儿 4						
……						

行为检核可以根据以下两种路径制定行为指标：

1. 根据幼儿行为发展的常模制定检核的行为指标

表 5-5　小班幼儿社会交往行为观察表

行为表现		是	否
喜欢交往	喜欢和小朋友一起游戏		
	喜欢与熟悉的长辈一起活动		
与同伴友好相处	想加入同伴的游戏时,能友好地提出请求		
	在成人指导下,不争抢、不独霸玩具		
	与同伴发生冲突时,能听从成人的劝解		
具有自尊、自信、自主的表现	能根据自己的兴趣选择游戏或其他活动		
	为自己的好行为或活动成果感到高兴		
	自己能做的事情,愿意自己做		
	喜欢承担一些小任务		
关心尊重他人	长辈讲话时能认真听,并能听从长辈的要求		
	身边的人生病或不开心时表示同情		
	在提醒下能做到不打扰别人		

2. 根据工作经验从了解行为发生的前因后果的角度制定行为指标

表 5-6　幼儿退缩行为观察记录表

观察目标:观察幼儿在游戏活动中的退缩行为
观察对象:　　　　　　观察者:　　　　　　观察时间:

行为表现		是	否
1. 游戏活动中,与其他幼儿互动时他在干什么?	(1) 只玩可以独自操作的玩具或材料		
	(2) 跟在教师身边		
	(3) 什么事情都不做,只是站或坐在一边		

(续表)

行为表现		是	否
2. 当其他幼儿发起和他的游戏时,该幼儿有何反应?	(1) 忽略其他幼儿		
	(2) 简短回应		
	(3) 走到别处		
	(4) 显得不自在		
	(5) 显得轻松		
	(6) 变得有攻击性		
	(7) 提供他正在玩的物品与其他幼儿分享		
	(8) 找老师介入		
3. 当幼儿偶尔与其他幼儿产生互动时,这些幼儿是谁?	(1) 班级中首先接近他的任一幼儿		
	(2) 班级中年龄较小或个子较小的幼儿		
	(3) 班级中年龄较大或个子较大的幼儿		
	(4) 男孩		
	(5) 女孩		

(二) 等级量表

等级量表与行为检核表有相似之处,都关注特定的游戏行为,便于记录信息。然而,等级量表不仅简单地记录幼儿出现的行为,还将他们的行为分成等级,用以评价这些游戏行为的质量。

表 5-7 幼儿游戏等级量表

时间:_____ 地点:_____ 游戏主题:_____ 姓名:_____ 年龄:_____

幼儿表现	评分
1. 游戏兴趣是否浓厚	
2. 游戏情绪是否高昂	
3. 能否积极参与游戏活动	
4. 对待同伴的态度	
5. 能否在游戏中积极创新	
6. 是否积极思考,深入探究	
7. 游戏中,能否与同伴有效合作,积极交往	
8. 游戏中,能否对老师和同伴提出的观点予以虚心接受	
9. 游戏中,能否应用已经掌握的知识与技能解决问题	
10. 游戏中,能否反思自己的错误行为,调整游戏策略	
备注:评分分为五个等级(1~5 分别代表由低到高的程度)	

与行为检核表相比,等级量表的优点是可以用于评价那些难以量化的游戏行为及其品质,不足之处在于需要划分等级来评价幼儿的游戏行为,这可能会降低观察内容的可靠性。因为教师的主观性有可能对熟悉和偏爱的幼儿的评价要高于他们实际应获得的等级,从而使记录的结果出现偏差。

表格记录使用时的注意事项:

(1)教师要事先设计好观察表格,如果有无法用表格来体现的内容,应及时采用文字的方式进行记录,予以补充。

(2)熟悉操作性定义,记录标准统一。教师要对表格中的各项指标烂熟于心,并尽量控制主观因素对记录的影响。

二、文字记录

即用语言文字真实记录幼儿游戏或游戏中发生的情况及事件,除了常用的日记记录法以外,一般使用较多的是实况描述记录和轶事记录。实况描述记录是观察者忠实地按照时间顺序,尽可能详细、完整地记录观察对象在某一时间内每一个行为及情境,然后对所搜集的原始资料进行分类,并加以分析的方法,具有开放性、非选择性和持久性的优点。轶事记录则是观察者将感兴趣的,并且认为是有价值的、有意义的行为和反应,以及可表现幼儿个性的行为事件,用叙述性的语言随时记录下来,供日后分析用的一种观察方法。在记录时,可针对幼儿游戏的内容、动作、语言、行为、时间、表情、状态、事件前后顺序等方面进行详细记录,然后据此进行分析判断,并提出调整与支持的策略。

表 5-8 文字记录表

幼儿姓名		年龄		观察时间	
观察地点				记录人	
观察情境					
游戏行为实录			分析		
调整与支持策略					

文字记录常常与定点法和追踪法配合使用,教师既可以在游戏中边观察边记录,也可以在游戏结束之后通过回忆再记录。记录时,一般内容可包括:基本信息、游戏背景、行为实录、分析、调整与支持策略等,也可以根据教师的观察目的,进行新的表格设计。

文字记录时应遵循以下几点要求:

第一,记录内容要客观、全面、翔实。记录的内容应尽可能详细全面,比如幼儿的姓名和性别、记录的日期、游戏背景、事件的客观描述等,都要如实记录下来。同时,教师的记录还要客观,不能带有主观色彩和偏见。在记录中,将幼儿的游戏行为和教师的猜测与评价分开,不要写在一个段落里。

第二,要按游戏情节发展的顺序记录。在游戏情节发展的过程中,可以按照一定的顺序进行记录,比如时间、地点、因果顺序等,这样不仅能够使记录更具有条理性,还便于后面的翻阅者查看。

第三,要有重点地突出游戏的价值点。在观察的过程中,可以采用线索提示的方法,突出游戏的价值点,提高观察记录的有效性。线索提示,就是事先提供几个观察的要点,让观察者在观察游戏时根据提示对照使用,增强观察的目的性。切忌在记录中用流水账的方式,记录一些无关紧要的信息。要突出记录中幼儿的学习与成长,发现幼儿存在的困难或挑战,及时捕捉幼儿成长的"精彩时刻"或者解决问题的有效策略。

第四,要能看到幼儿行为的持续变化。可以采用系列记录与事件记录相结合的方法进行。系列记录是对游戏自发的主题进行持续的记录,内容为游戏发生的背景、主要行为、发展的进程。事件记录是对个别幼儿在游戏中的言语、行为等进行的基本记录。两者的结合有助于帮助教师更详细地记录幼儿游戏的轨迹和行为的持续变化,以便准确地理解幼儿的个体差异、人格特征等,进而有的放矢地进行教育支持。

三、图示记录

即用符号或图形来记录观察内容,是一种融"扫描法""定点法""追踪法",并加入图示记录为一体的观察记录方式。优点是简单、方便、快捷,能够弥补文字记录速度慢、信息不全的缺点。图示记录适用于对游戏"硬件"的观察与记录,如游戏场地的布局是否合理,就可用一个简单的平面图直观地表现出来,省去了文字记录的烦琐。此外,图示记录还可作为文字记录的"助手"。如教师按照地点顺序对幼儿游戏进行记录时,若在文字中附上一幅"游戏区域图",可以极大地充实文字记录的内容。

记录的要求:

(1) 在游戏开始之前,先大致勾勒环境布局,然后再绘制平面图,标上各区域的名称与编号。

(2) 教师可根据观察的不同需要,采取不同的记录方法。若需要对某一区域进行细致的观察时,则用"定点法"加以观察,并根据前面的编号记录相应的游戏行为;若需要对活动中的幼儿加以关注,则可采用"追踪法"来观察,而记录时可用"直线"或"箭头"等方式把幼儿奔跑的路线直接标注在图上。

（3）图示和文字可以结合记录。如果需要获得更为详细的信息，如幼儿之间的对话、教师的介入指导、幼儿对玩具的使用情况、幼儿之间的主要矛盾等，则可在图纸的一旁进行文字记录和补充，以作为分析时的参考，保证信息的准确性和全面性。

对点案例

"综合图示法"在幼儿园游戏观察中的运用[①]

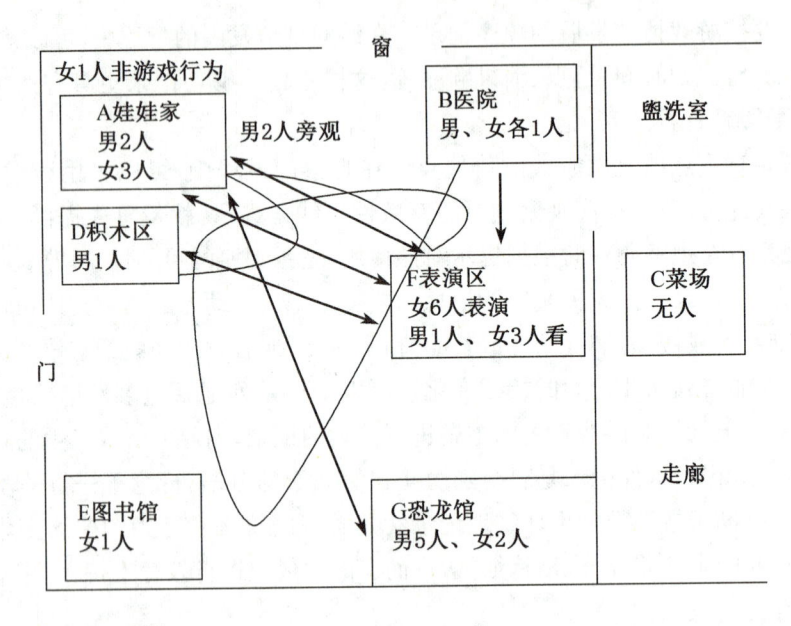

```
                              窗
  女1人非游戏行为
    A娃娃家        男2人旁观      B医院           盥洗室
    男2人                        男、女各1人
    女3人

    D积木区                      F表演区          C菜场
    男1人                        女6人表演         无人
                                男1人、女3人看
门
                                                走廊
    E图书馆                      G恐龙馆
    女1人                        男5人、女2人
```

观察中的更详细的记录：（根据观察者所看到的情节记录）

A：爸爸、妈妈请舅舅和舅妈来给女儿过生日。为了女儿几岁而发生争吵。（这是他们游戏的特征，可引导他们自己想出解决的方法）

E：她一个人把所有的图书都翻了一遍，边看书边不时地瞟着表演区，似乎也想介入其中。（问她，她说不想玩，想当服务员小姐，可是没有餐厅。是否可以考虑提供相应的环境）

F：六个女孩已经能相互协调，不再为服饰而发生纠纷，自己能按材料的功能来装饰、打扮，并且第一次有了四名观众。（这种经验值得分享）

B：两个幼儿各自摆弄"注射器""听诊器"，由于没有人来看病，他们无所事事。（我去看病，他们说我要住院，就再也不管了。下次是否可以让幼儿来谈谈有关经验，或者还有其他什么办法）

[①] 邱学青."综合图示法"在幼儿园游戏观察中的运用[J].早期教育，2003.

四、多媒体记录

即利用数码相机、摄像机、网络摄像头等多媒体手段对幼儿的游戏行为进行观察记录的一种方式。其优势在于它不受时间的限制,同时获得的结果是原始的、真实的,可以很好地补充教师描述性记录的不足。

第一,解决观察者人数不足的问题。将多媒体设备指向某个游戏区域并记录幼儿游戏的过程,而在此期间,教师就无须特别关注甚至还可以观察其他区域。记录下来的材料可以不断回放,便于教师重温游戏情景以及仔细分析幼儿的游戏情况。

第二,能够提供更多的游戏细节。在游戏现场,由于幼儿聚集在一起游戏,噪声比较大,教师可能漏听一些幼儿的语言和对话;同时,游戏中的幼儿在不停地活动,教师有时会因此分散注意力,从而漏看一些幼儿的行为,如材料使用、社交互动等,而多媒体记录则可以弥补这一缺憾。

第三,可以提高教师的观察技能。教师可以观看摄像记录,练习观察、记录游戏的方法,可以不断充实、评价如何参与游戏,从而帮助教师改进和提高自身的观察技能。

此外,在使用多媒体记录方式时,可以和文字记录配合使用,这使得观察更为客观,同时又可以帮助教师整理记录的资料。

对点案例

快乐烙馍游戏

观察时间:2020 年 10 月 17 日　　　　观察地点:附一幼(大班角色区)
游戏类型:角色游戏"烙馍店"　　　　被观察幼儿:牛顿(男)
观察者:郭××

案例描述:

牛顿小朋友来到角色游戏区,他很有目的性地来到烙馍店坐下来,然后拿出一个烙馍放到锅上用擀面杖认真地擀起来了面皮,然后将擀面杖放好,拿出了一块扁扁的竹签,然后用一个竹签在烙馍上戳,戳了数次后用竹签将烙馍翻了个面,继续在锅上烙。最后用竹签将烙馍放到架子的芦苇容器上,接着他又开始做第二个、第三个,做的过程中没有顾客来光顾,他也做得非常专注(牛顿小朋友是喜欢做这个烙馍吗?他为什么没有去吆喝呢?我需要引导他去招揽客人吗?我继续静静地等待。)

牛顿还是在专注地制作烙馍,有三个小朋友陆续走过来,嘴里说着:"去买烙馍喽。"牛顿看看他们,没有去招呼,客人看了看走了,牛顿看了看旁边的区非常热闹,顾客很多。(牛顿看到旁边的区域这么热闹,是不是也想去招呼客人了呢?)

架架小朋友,拿着两张纸币(一张 5 元,一张 10 元)跑到烙馍店:"老板,老板,老板,老板,我有 5 元,有 10 元,我要买烙馍。"牛顿在继续制作烙馍。(牛顿见到客人来了没有热情地上前招待,难道他只对制作感兴趣?)

架架:"老板,我要里面放油条。""没有油条。"牛顿回答。"那你能用橡皮泥给我做一根油条吗?"架架提出要求,牛顿有些爱理不理地回答:"橡皮泥太少了。"架架跑到其他的区域去了。牛顿继续制作着他的烙馍。(难道牛顿真的不想卖烙馍,只是想在这里重复地制作?看来他很喜欢这样的制作。)

架架再次跑来,他在操作台前递上5元钱:"老板,5元钱给你。"牛顿低着头仍在继续专注地制作。架架又说:"老板,给你。"老板仍然在制作。架架绕过货架跑到牛顿跟前:"给你5块钱,给你5块钱,拿着。"牛顿这才抬头:"5块钱要些什么?"架架蹲下来看看货架里的东西:"我要这个,这个,这个,还有那个。"牛顿边听,右手边在数着手指。"给你5块",架架递上钱。"这个只要4块就够了。"说着他把架架递上来的5元还给他。架架拿上5元跑了。(牛顿计算能力比较强,架架和他在说商品的时候他已经靠心算算出了价格,但是这个商店里难道没有找兑的货币吗?还是牛顿喜欢制作不愿意被打扰呢?)

牛顿又继续认真地制作。架架跑回来,拿了一张2元与两张1元递给牛顿:"给你4元。"这时牛顿接过钱,在计算器上算起来。他先是拨了1颗,接着拨了2颗,最后又拨了1颗。牛顿接着为顾客制作。"你要不要免费的酱?"牛顿热情招待客人。"我要番茄酱,番茄酱。""我们这里最好的酱料是牛肉酱。""我就要番茄酱。"牛顿拿出酱料涂抹。

这时后边排队的小顾客将烙馍递给架架,架架拿着买到的烙馍吃得很香地跑开了。

分析:

1. 从这个案例中可以看出来烙馍店的老板牛顿是一个生活经验比较丰富的小朋友,他对徐州的传统美食烙馍的制作过程非常熟悉,并且很喜欢制作。

2. 牛顿小朋友有耐心、专注的学习品质,在活动中他始终非常的专注,一直在重复地制作烙馍。

3. 大班上学期的孩子对抽象的数概念还不是特别清楚,牛顿小朋友对数的理解还是比较好的,他在卖烙馍的过程中会运用手指和计算器来进行简单的连加的计算。

4. 牛顿小朋友在烙馍店当老板的过程中一直专注地制作烙馍,而没有去招呼客人,当客人主动来买烙馍时他也没有热情接待,可以看出来他对老板的这个角色应该做什么理解得还不够。

启示:

该案例中,教师利用多媒体手段对幼儿的游戏行为及游戏细节进行了原始的、真实的记录。观察结束后,通过观看、整理多媒体资料,并结合文字进行了详细的记录和分析,有助于提高教师自身的观察能力,进而提高游戏的指导能力。

第三节 游戏的评价

情境导入

李老师是一位做事十分细致的老师。每次的观察记录,她都用白描的手法细致地记录下孩子们游戏的全过程。可是,到了分析评价的时候她就开始迷茫了,记录时只要记录孩子的游戏过程即可,可是怎么分析,怎么评价幼儿的游戏行为呢?她询问同事,同事告诉她用《指南》,她试着把《指南》上的话"抄"一些放到评价之中,但是几次之后,她发现好像并没有那么简单。

观察、记录是方法,而真正对幼儿教师自身专业发展有促进意义的是记录之后系统性地对幼儿游戏的内容和行为进行详细分析和评价,这样才能准确把握幼儿的发展和需求情况,进而有针对性地提供支持,真正走进幼儿、了解幼儿。如何使评价到位、准确、有针对性、更有指导价值呢?这将是此部分主要探讨的问题。

《幼儿园教育指导纲要(试行)》明确指出:"教育评价是幼儿园教育工作的主要组成部分,是了解教育的适宜性、有效性,调整和改进工作,促进每一个幼儿发展,提高教育质量的必要手段。"幼儿园以游戏为基本教育活动,游戏是教师开展教育教学的重要手段和幼儿学习的主要方式,因而,幼儿园游戏的评价就显得非常重要了。

一、游戏评价的功能

游戏评价是按照一定的教育目标和游戏观,在充分观察幼儿游戏活动的基础上,对游戏活动中的各个要素进行分析、判断和评价的过程。这不仅可以更好地了解幼儿、了解教师,还能促进学前教育改革和游戏的研究,真正提升幼儿园教育教学的质量。

(一)能够判断和了解幼儿的发展状况

游戏活动常常被看作是反映幼儿身心发展的一面镜子。通过对幼儿游戏进行观察和评价,教师可以真实地了解到幼儿目前的身体素质、心智水平、情感状况以及社会适应性等多方面,进而把握幼儿各方面尤其是游戏的发展水平,为教师科学地指导幼儿游戏,提高幼儿游戏水平提供客观依据。

(二)能够提高教师的游戏组织和实施能力

目前在幼儿园中,还存在着许多重上课轻游戏、教师介入时机不当等问题,也经常出现在游戏指导时要么"干预过度",要么"放任自流"的不良现象。通过确定科学的幼儿游戏评价标准，对儿童、游戏和教师本身进行客观的评价，才能够帮助教师了解幼儿游戏中环境的创设、游戏材料的准备、游戏主题的确定、游戏过程的指导等方面是否具有适宜性和科学性，是否符合幼儿的身心特点和成长需要，进而调整、改进游戏指导工作，提高教师的游戏组织和实施能力。

（三）促进幼儿园教育改革与科学研究

通过评价，教师不断反思，发现游戏开展过程中出现的问题，进而改进游戏指导方法，改善游戏气氛，改革游戏活动。同时，对幼儿游戏的评价，离不开一个具有适宜性、科学性和有效性的工具。那么，建立一套科学、完整、合理的评价体系与评价标准就需要教育工作者们在游戏实践中不断摸索与探究，进而促进对游戏领域相关问题的科学研究。

二、游戏评价的基本内容

评价是建立在观察基础上的，但评价包含的标准要远远多于且高于观察指标。一般来说，游戏活动的评价内容具体可以分为三项，即对幼儿游戏水平的评价、对教师指导行为的评价以及对游戏环境的评价。

（一）对幼儿游戏水平的评价

幼儿游戏发展水平受多种因素的影响，如幼儿的身心发展水平、游戏的材料、成人对游戏的态度等。由于上述因素的多层次性，幼儿游戏的发展水平也就具有了个体差异性。此外，各种类型游戏的活动方式不同，评价标准也应该不一样。因而，在对幼儿游戏水平进行分析评价时，可结合以下角度进行思考：行为表现——在干什么；行为涉及什么经验——核心经验和相关经验；行为涉及的经验水平；推进发展的可能性等。同时，要依据学科或五大领域的核心经验、幼儿游戏发展的行为水平、各类型游戏的核心要素等进行有效分析。

1. 结合幼儿游戏的一般性发展水平进行评价

综合幼儿各种游戏的活动状况，可以对幼儿游戏的一般性发展水平做出评价。一般性发展评价是在对幼儿游戏全过程观察的基础上，对其游戏中心智水平（如主动性、注意力、情绪情感）、游戏能力（如游戏内容、角色意识、材料使用、动作技能）、社会性发展情况（如游戏交往、与人关系）、活动持续性、游戏规则等进行的评价。这可以帮助教师了解本班幼儿现有的游戏能力水平和身心整体发展的一般情况，尤其是了解幼儿个性和社会性的发展特点，还可以为科学地指导幼儿游戏提供资料，进而促进幼儿游戏水平不断提高。

表 5-9　幼儿游戏发展水平评价表[①]

项目	评价标准	评分
自选情况	不能自选	1
	自选游戏玩具	3
	自选活动及玩具	5
主题目的性	无意识行为	1
	主题不确定,容易受他人影响而变换	3
	自定主题,很快进入游戏情景	5
	共商确定主题,主题稳定	10
材料使用	不会用或简单重复	1
	正确使用常规玩法	3
	材料运用充分,玩法多样复杂	5
常规	行为有序,基本遵守规则	3
	行为混乱,不守规则	1
	轻拿轻放,爱护玩具	5
	基本爱护	3
	不爱护	1
	及时收放,认真整理	5
	部分做到	3
	不能整理	1
社会参与性	独自玩	1
	平行活动	2
	联合游戏	3
	协作游戏	5
伙伴交往	积极交往——互助谦让、轮流合作、协商解决问题	5
	一般交往——交谈逗趣、请求询问、追随模仿	3
	消极交往——独占排斥、干扰破坏、攻击对抗	1
持续情况	交换频繁	1
	有一定坚持性,做完一项再换下一项	3
	始终持续一项活动	5

---

① 丁海东.学前游戏论[M].济南:山东人民出版社,2001.

(续表)

项目	评价标准	评分
其他	是否参与环境创设、与教师交往情况	0～3
	能否正确评价游戏	0～3
总体印象		

总体而言，幼儿如果表现出能够按照自己的意愿选择游戏主题，自主开展游戏，游戏内容丰富，能遵守游戏规则，创造性地使用玩具，游戏过程中对同伴友爱、谦让，能与同伴合作，并不妨碍他人游戏，那么幼儿的游戏发展水平就较高。

对点案例

幼儿游戏行为观察与评价的一般角度大致有以下方面：

- 幼儿游戏的社会性交往情况：
  幼儿是主动交往还是被动交往？
  幼儿在游戏中是成功交往还是失败交往？（原因是什么？）
  游戏中更多的是接纳别人还是排斥别人？
  游戏中能将别人的行为整合到自己的行为中吗？
  幼儿以什么技巧与他人合作？
- 幼儿游戏时的情绪状况：
  游戏情绪是积极的还是消极的？
  对情绪是过分控制、适当控制还是不易控制？
- 幼儿游戏时的兴趣偏好：
  幼儿是否能够根据需要以物代物？
  幼儿是否有稳定的兴趣？
  此时的兴趣是什么？
- 幼儿游戏时的行为表现：
  幼儿是否按规则行事？
  幼儿此刻进行的是什么类型的行为？（装扮、建构、交往……）能坚持多久？
  幼儿对这个行为有哪些经验？还能扩展什么？
  幼儿这个行为的目的性如何？
  有哪些因素会影响这个行为的延伸？

2. 结合领域或幼儿学习与发展中的核心经验进行评价

对于幼儿来说，核心经验是幼儿发展中最重要的、最具有价值的一些经验。在幼儿发展过程中，每个领域都有核心经验需要幼儿最先掌握。在观察与评价幼儿时可参考各个领域的核心经验对幼儿进行评价。在我国,对于幼儿核心经验的把握主要基于两个文件:《幼儿园教育指导纲要(试行)》和《3—6岁儿童学习与发展指南》,尤其是后者,可以作为教师评价幼儿行为的重要依据。但切记,评价时要结合游戏中的具体行为,分析幼儿学习与发展的关键点,切勿仅仅套用文件中的话语,笼统评价。

对点案例

某幼儿教师的游戏观察记录与分析评价

日期	2017.9.23	时间	起始时间:10:00 结束时间:11:00	观察者	李老师
幼儿姓名	思思		幼儿年龄		5岁半
环 境	班级美工区,有各种美工材料。幼儿可以自由选择材料,附近有一位教师,可在幼儿需要时提供建议。				
观察目的	通过观察美工活动,了解目标对象操作美工材料的水平。				

观察记录:
　　思思今天要在美工区给鹅卵石涂色。
　　我:"你要涂成什么样子?"
　　思思:"我要画一朵小花。"
　　她从材料柜中拿出垫板、水杯、一只排笔、调色盘。然后再拿出颜料盒,打开颜料盒,用毛笔挑一些颜料到调色盘中,然后将排笔在调色盘上舔一舔,再在水杯中涮笔。再拿出另外一种颜料盒,以此类推。前后分别取了黄色、蓝色、紫色、红色。
　　取完黄色颜料,思思用排笔蘸了红色颜料,左手扶着鹅卵石,右手拿着排笔在鹅卵石上涂色。刷子在鹅卵石上来回推拉。
　　我:"你想干吗?"
　　思思:"我想把它涂匀。"
　　我:"那你可以试着往一个方向涂色,这样颜色就会比较均匀。"我拿过笔给她示范一下。
　　思思认真观察,接过笔,尝试往一个方向涂色。
　　思思:"它得晾一会儿。"
　　思思开始跟我聊天:"你知道吗?我们(在外面)画画的地方用了很多黑色,就是那种全是黑色的画。"
　　我:"那种画叫什么?"
　　思思:"我也不知道,就是用了很多黑色的那种。"
　　思思用左手一根手指摸了一下石头,看看手指,说:"颜料干了。"
　　她把笔,在水里涮了涮,蘸黄色颜料,在红色颜料上开始来回涂抹。
　　思思:"我要画一朵花,我得把它涂成一个圆形。"来回涂了几次说:"黄色怎么变了? 变得有点红了。"
　　我:"会不会是下面的红色泛上来了? 会不会是刚才你的笔上有水,黄色涂的时间也太长了?"
　　思思:"可是,我得把它涂成一个圆形。"想了一会儿:"没事,我一会儿还得在这上面涂上黑色。"
　　我:"为什么?"
　　思思想了一下说:"黑色的是葵花籽,我画的是一朵葵花。"
　　接着说:"我后面弄成橘色,上面有蓝色的蝴蝶。"
　　我:"这里有块布,它或许能帮助你把笔擦干。"

153

（续表）

涂完黄色，她放下笔，等待颜料干的时间，她观察王韬杰，并说："你得等它晾干才能弄，你看都混在一起了。"

"你多弄一点，我一会儿还得用绿色哟。"

思思用手点了一下黄色，确定干了之后，把笔在水中涮了涮，然后在布上按了按，蘸了黑色颜料在黄色上面画点。

分析与思考：
1. 思思从选颜色、换颜色，到给石头涂颜色都完成得很好，说明其很清楚颜料选取的程序和规则。
2. 思思明白得等一种颜料干了才能刷另外一种颜色，说明她熟悉颜料的属性。
3. 思思每次都耐心等待，等颜料干了再涂，等待的过程中能主动找老师聊天或者观察同伴的活动，说明思思做事情具有足够的耐心。
4. 思思在操作过程中能一边做自己的，一边兼顾同伴的活动，并积极给予指导，说明她能够关心同伴。
5. 思思在涂色之前，具有明确的目的性"我要涂什么"，说明她做事具有一定的计划性。
6. 面对两种颜色混在一起的问题，她能另辟蹊径画一朵向日葵来解决混色与反复涂抹黄色的矛盾，说明她思维的灵活性和发散性。
7. 从忽视毛巾，到涮完笔之后在毛巾上按一按，吸掉水分，说明她能听取他人意见和建议。

建议：
1. 投放更多种类、大小的笔，使孩子能自由选择涂色工具。
2. 投放拓印、版画等美术创作形式的材料，丰富孩子的美术活动。

上述案例中，教师在分析思思的游戏行为时既考虑了思思的一般性发展，如思维、主动性、专注性和社会性等，也结合了美术领域幼儿发展的核心经验，如涂色工具的选取、对美术材料属性的认知等。在后续的支持建议上，也是细致地从美术领域的具体做法提出，整个分析针对性强，具体明确。

3. 结合各类游戏的核心要素进行评价

不同类型游戏的观察与评价的重点各不相同，如角色游戏的核心要素主要关乎游戏主题、角色扮演、假想、内在规则，因而可以从游戏中幼儿的主题和情节、角色意识、替代物的使用、幼儿遵守内在规则的情况、社会交往等角度进行评价分析；而建构游戏的核心要素在于游戏的目的性与坚持性，及建构材料、建构技能、表征和想象等，因此可以结合建构游戏中幼儿的构造意图、坚持性与计划性、材料的选择与使用情况、建构技能的体现、作品的表征水平（与原型的一致性、细致性、概括性）、搭建过程中体现的数理逻辑经验、遇到问题和困难时的解决方法等方面进行评价分析。

> 对点案例

建构游戏分析角度

1. 图1分析

图1

- 建构材料：

单位积木（各种尺寸的平板、圆柱体、1/2歌德形、大弯曲）。

- 建构技能：

平铺、垒高、架空、对称等。

- 具体描述：

使用的材料首尾相连，整体看上去形成一个闭合着的"立交桥"的样子。一定距离的平铺与架空的造型间隔分布。平铺和架空造型的连接处用平板斜放进行连接。

将很长的平板在立起来的圆柱体上进行架空，圆柱体之间有一定的距离。

- 具体分析：

1. 材料选择较为常见的圆柱体、大弯曲、平板，能够充分利用基本图形的摆放方式。
2. 空间感、层次感丰富，设置不同高度的桥梁摆放。
3. 幼儿手眼协调能力强，能够进行空中桥梁的架构。
4. 平衡感强，在拱门、转弯处、斜坡处的搭建上注意了底层稳固的建构。
5. 体现了幼儿的表征能力。幼儿将其生活中已有的经验通过建构体现。

2. 图2分析

- 建构材料：

单位积木（各种尺寸的平板、圆柱体、小三角、大三角、大半圆、1/4圆、大弯曲、1/2歌德形、Y形转接块等）。

- 建构技能：

平铺、垒高、架空、对称、围合等。

• 具体描述：

整体以架空、平铺技能为主，共搭出了7层中空的结构。结构稳固，竖直向上。几乎每层都用小块结构的积木进行装饰。

用平板平铺，圆柱树立于上作为架空连接，每一层留有空间，整体的底部外围用平板进行围合。

将两块平板斜放在从下向上数第二层的边缘，与外围的结构进行连接。

顶部用了歌德形、Y形连接以对称的方式用于盖顶装饰。

• 具体分析：

1. 对平板与圆柱的应用熟练，能够进行难度较高的七层垒高。

2. 能够保证建构物的平衡，底层采用多个圆柱体加固，便于垒高。

3. 想象力丰富，在下数二层设置斜板，与地面连接，空间组合能力强。

4. 建构中有情境，在各层中放有不同类型的装饰积木，加强情境感与美感。

图 2

3. 图3分析

图 3

• 建构材料：

单位积木（各种尺寸的平板、圆柱体、1/4圆、歌德门）。

• 建构技能：

平铺、架空、垒高、围合等。

• 具体描述：

整体简单明了，层次分明，是一个"楼房"加上"院子"的造型。

使用平板平铺于底部，圆柱用于架空连接，形成两层建筑物，并进行了盖顶，顶部又用较细圆柱体架空形成较小的一层，用平板盖顶，底部的外围用平板围合成一个四边形，中间用圆柱形积木连接装饰。

"楼房"运用了架空、平铺、盖顶的技能，盖了三层结构的"楼房"，最上面一层的大小约为底下两层的1/4。

"院子"由三块平板接在"楼房"的边缘围合而成，里面有大小圆柱堆叠而成的"树"状结构。院子周围的"楼梯状"的结构由五块1/4圆以直角边为底并列摆放而成。

其他的结构里随意地摆放着平板、歌德门、圆柱体进行装饰。

- 具体分析：

1. 建构简洁明了，形象突出，有层次感。
2. 楼房庭院造型突出，表征能力强。
3. 架构中注重细节摆放，如庭院中的造型树、院门口的1/4圆和三层小房间的屋内摆设。
4. 幼儿小肌肉发展水平较好，积木摆放相对整齐平稳。

（二）对教师指导行为的评价

在幼儿游戏的实施管理工作中，还需要对教师游戏指导行为进行评价。科学地评价教师的指导行为，可以促使幼儿教师树立科学的游戏观，强化游戏指导意识，改进游戏指导策略，增强指导的目的性和针对性，提高教师的专业化水平。评价工作可以以自评和他评相结合的方式进行。

在对教师游戏指导行为进行评价前，必须先明确游戏与非游戏的区别，还要意识到教师高控的活动与幼儿完全自发任意的行为都不能促进幼儿的发展，也不是最佳的指导方式。教师指导的关键是要激发幼儿游戏的自主性，同时教师又需通过直接的指导和影响，发挥游戏对培养幼儿自主性的作用。所以，评价教师在游戏过程中的指导，既要注重教师作为教育者的主导作用发挥程度，又要强调教师对幼儿游戏主体地位的尊重，做到评价的科学、全面、合理。

对幼儿教师在游戏过程中指导行为的评价内容可以参考以下几方面：

1. 引导游戏的进程

引导幼儿自主选择活动开始游戏，如教师可以先介绍游戏材料、商量游戏规则、建议活动方式等启发幼儿自主选择活动；参与幼儿的游戏过程，启发激励幼儿操作实践及交往，促进幼儿与周围环境材料和同伴相互作用；根据幼儿的不同需要给予适当的帮助；在游戏结束时引导幼儿简单评价游戏。

2. 教师与幼儿的互动

教师在游戏中与幼儿交往时，应注意多运用积极肯定的态度，尽量减少否定性交往与评价。注意以自身积极饱满的情绪参与游戏，并影响和感染幼儿。如教师可通过惊讶、好奇表现出对游戏活动的浓厚兴趣,用口头语言或肢体语言表现出对幼儿游戏行为的鼓励、赞许和肯定,尽量避免强行介入、控制、禁止、批评等消极手段。

3. 教师指导的对象和范围

应注意集体与个体、重点与一般相结合,避免单一性的集体指导和整齐划一的要求。在照顾全体的同时,要特别注重对幼儿个体的指导,针对幼儿的不同特点,给予具体帮助;同时还要注意对幼儿游戏小组的指导,从而激发小组内幼儿之间的相互作用和影响,尤其是合作产生的积极影响。

4. 教师指导游戏的方式方法

教师在教育实践中,应注意探索多样化的游戏指导方法,如呈现适宜的游戏材料,启发和丰富幼儿的知识经验,提供范例、共同参与、行为示范,教授或指导具体技能,利用幼儿之间相互影响互教互学等,从而促进游戏的不断深入。教师要根据具体情况,采用适当的指导方法,并注意综合运用多种方法指导游戏,才能发挥指导的良好效果。

5. 教师观察记录幼儿游戏的方式

教师在指导幼儿游戏的过程中,应养成观察、记录的习惯。在评价教师的游戏观察时,要看教师是否具有观察的意识,观察的方法是否适宜等。在记录时,可以有重点地进行指导,也可选择一些观察和记录的方式。

6. 教师创设的游戏心理氛围

在游戏指导过程中,教师应该在尊重幼儿的基础上,运用启发激励式的指导方式,创设一种民主平等、融洽和谐的心理环境和气氛,激励和鼓励幼儿的积极探索和创造,如设置问题情境,提供机会并鼓励幼儿自己克服困难解决问题等,从而培养和增强幼儿自主精神。此外,教师还应注意发挥游戏常规的约束作用,帮助幼儿逐渐形成行为自律和自我管理的能力。

表 5-10 对教师游戏过程指导情况的评价表[①]

项 目	内 容	评分
引导游戏进程	依游戏计划引导游戏的整个过程(开始、中间、结束),使游戏顺利开展	0～5
教师与幼儿相互作用	教师积极参与游戏,增加与幼儿的接触交往,多运用肯定互动	0～5
指导的对象与范围	重点与一般结合,有个别指导和小组指导	0～5
指导方法的运用	结合幼儿年龄和各类游戏特点,选择适宜的指导方式,并注意综合且多样化,间接指导为主(提供材料、建议、提问、参与角色、行为示范等)	0～10
指导环境氛围	激励式,注意引导幼儿发现和学习	0～5

---

① 翟理红,侯娟珍. 幼儿游戏[M]. 北京:北京师范大学出版社,2012.

(续表)

项目	内 容	评分
游戏常规的建立	依不同年龄,引导幼儿在活动中建立必要的游戏常规;引导和督促幼儿执行常规,逐渐形成自律	0～10
观察记录方式	观察方法合理,记录方式多样	0～10

(三)对游戏环境的评价

评价游戏环境,主要是对游戏时间、空间(场地)以及游戏材料或玩具投入等方面进行评估。既要对室内游戏环境进行评价,也要对室外游戏环境进行评价。如游戏场地安排是否合理,有无浪费或过于拥挤的区域,区域布局是否合理;游戏时间是否充足,开始、进行、结束的时间分别有多久;游戏材料的数量、种类是否符合幼儿的需要,有无替代物,是否有争抢玩具的现象发生;幼儿是利用玩具进行操作还是进行交往,对新出现材料有什么反应等。

对游戏环境进行评价,能够促使教师和幼儿园增强游戏环境创设的目的性和针对性,进而提高"环境育人"的意识和相关技能水平。

表 5-11 对游戏环境的评价指标

项目		指标
游戏场地	户外场地	是否具备宽敞、平坦的空地
		是否具有组合型运动器械
		是否具有可移动的游戏活动设施
	室内场地	是否具有开放与间隔的空间搭配
		活动区角布局是否合理
游戏材料		摆放是否方便幼儿拿取
		种类是否丰富
		搭配是否合理
		是否符合幼儿的年龄特点
		对幼儿是否具有多种潜在的发展帮助
游戏时间		是否有足够的自由游戏时间
		是否有多种类型游戏的时间安排
		是否有多种时段的安排
		室内、室外活动时间的搭配是否合理

总之,教师在实际教育过程中对游戏开展评价,既可按照上述内容分别对幼儿游戏水平、教师指导行为以及游戏环境等进行整体性评价,也可根据需要有侧重地针对某个单项进行评价。

技能训练

项目一：观察记录幼儿游戏

实训目的：

训练学生能够根据目的的不同，选择合适的观察与记录方法，并尝试开展实际的观察和记录。同时能根据记录的信息和内容，对幼儿游戏的情况进行分析，初步学会撰写观察报告。

内容与要求：

选择一种观察方法对幼儿园某个班级中的幼儿游戏进行观察，采用适宜的方法进行记录，对记录结果进行分析，并撰写成详细的观察报告。

项目二：幼儿游戏评价训练

实训目的：

加强对幼儿游戏的观察技能训练，学会利用相关评价标准对幼儿园游戏的实际开展情况进行评价。

内容与要求：

将全班同学分为若干个小组，分别前往实训基地幼儿园，任选幼儿游戏行为、教师游戏指导、游戏环境三方面内容中的一项或者选择一个游戏片段，进行观摩，现场记录，并尝试进行分析与评价。

案例分析

自由游戏时间，某班老师来到建构区，看到几个孩子正拿着乐高玩具开始搭建。她观察了一会儿，发现班上幼儿对于乐高玩具的搭法只是局限于将乐高玩具一层层地垒高。于是，老师找来几本关于建构类的图书放在旁边，并告诉幼儿可以模仿书里面的图案搭建。逐渐地，幼儿搭建的图形越来越丰富，还创造性地搭建出许多新的造型。

该老师的做法合适吗？说说你的理由。

分析： 该案例中教师通过对幼儿游戏过程的观察，了解到幼儿游戏的水平和现状，进而把握住时机，为幼儿的游戏提供相关游戏材料、资料，丰富了游戏经验和游戏情节，对游戏活动的改进提供了有效的指导。

真题链接

1. (2013年下半年)为了解幼儿同伴交往特点,研究者深入幼儿所在的班级,详细记录其交往过程的语言和动作等。这一研究方法属于( )。
   A. 访谈法　　　B. 实验法　　　C. 观察法　　　D. 作品分析法
2. (2015年上半年)简述角色游戏活动中教师的观察要点及其目的。
3. (2017年上半年)简述教师观察幼儿行为的意义。

拓展链接

幼儿园常用量表:帕顿/皮亚杰量表

20世纪70年代中期,鲁宾(Rubin)等把帕顿的社会性分类和斯米兰斯基在皮亚杰认知分类的基础上提出的游戏分类进行整合,形成了帕顿/皮亚杰量表。其特点是将帕顿的协同游戏和合作游戏合并为集体游戏。其中,游戏的认知分类包括基础游戏、结构游戏、角色游戏和规则游戏,社会性分类包括独自游戏、平行游戏和集体游戏。两个维度结合形成12种游戏行为类型,此外还有无所事事、旁观等非游戏行为,这使得观察幼儿游戏的信息更为全面。

表5-12　认知—社会二维联列的12种游戏行为类型

社会性＼认知	基础游戏	结构游戏	角色游戏	规则游戏
独自游戏				
平行游戏				
集体游戏				

两项非游戏行为:无所事事,旁观

一、帕顿/皮亚杰量表的操作性定义

1. 认知水平

基础游戏:由简单的、重复的肌肉运动所组成。例如:跑和跳、伸和缩、操纵玩具或材料等。

结构游戏:使用玩具(积木、积塑小玩具等)或材料(沙子、橡皮泥、颜料等)构造物体形象。

角色游戏:角色扮演(假装一个超人或救火队员)与假扮转换(假装开汽车或用铅笔

打针)。

规则游戏:承认、接受并遵守确立的规则,如棋类、踢球等。

2. 社会性水平

独自游戏:独自地玩,与周围的孩子使用不同的材料。只专注于自己的活动,不管别人在做什么,也没有做出接近其他儿童的尝试。

平行游戏:参加周围其他孩子类似的活动,或玩与他们相同或相似的玩具,各玩各的,不和其他孩子交谈。

集体游戏:跟其他孩子一起玩;甚至出现合作、分工的方式,角色也可能出现互补。

3. 非游戏行为与非游戏活动行为

非游戏行为:无所事事行为、旁观行为、不断变换游戏活动的行为。

非游戏活动行为:事先由老师或自己选定的任务或学习活动,如涂色、计算等。

二、帕顿/皮亚杰量表的观察记录例表

表 5-13　帕顿/皮亚杰量表的观察记录例表

		认知水平			
		基础	结构	角色	规则
社会性水平	独自				
	平行				
	集体				
		行为			
非游戏	无所事事	旁观	频繁换场	活动	

三、帕顿/皮亚杰量表的注意事项

(1) 研究者必须在运用量表之前熟悉各项操作定义,以便准确无误地进行观察。

(2) 在观察中,应该坚持一个幼儿使用一张观察表。

(3) 多次扫描—时间取样法较适合本量表。即观察者按顺序将观察对象的表格排列好。每次观察一个孩子15秒钟,按顺序换人。在全部观察完一遍后,重新开始一轮各15秒钟的观察。

(4) 资料的分析与解释。在对每一个幼儿进行了20~30次的观察后,对所收集到的资料做简单的统计,分析其表现出来的游戏水平是否与其年龄应有的发展水平相吻合。

第六章 非游戏活动游戏化

本章概要

幼儿园应以游戏为基本活动。除游戏以外,在幼儿园的一日生活中,还有生活活动和教学活动等"非游戏活动",为了使这些活动生动有趣,教师往往会利用幼儿喜欢游戏的心理,把游戏因素以手段或内容的形式渗入这些"非游戏活动"中去,使这些"非游戏活动"游戏化。本章重点介绍"非游戏活动"游戏化的基本方法,详细论述了教学活动游戏化的性质、编制的步骤、实施的方法等,阐述了过渡环节的组织方法以及适用于过渡环节游戏的种类与选择方法。

学习目标

1. 了解教学游戏的含义与特点,能合理运用游戏因素使教学活动游戏化。
2. 掌握过渡环节常用游戏的种类,能合理选择与组织过渡环节的游戏活动。
3. 了解生活活动游戏化的方法,在组织生活活动时能有意识地渗透游戏精神。

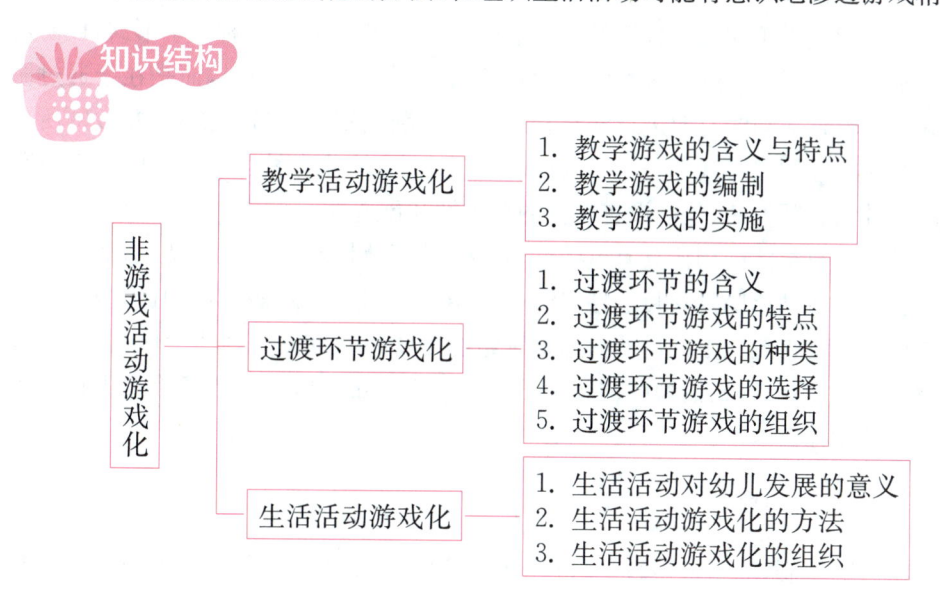

知识结构

非游戏活动游戏化
- 教学活动游戏化
  1. 教学游戏的含义与特点
  2. 教学游戏的编制
  3. 教学游戏的实施
- 过渡环节游戏化
  1. 过渡环节的含义
  2. 过渡环节游戏的特点
  3. 过渡环节游戏的种类
  4. 过渡环节游戏的选择
  5. 过渡环节游戏的组织
- 生活活动游戏化
  1. 生活活动对幼儿发展的意义
  2. 生活活动游戏化的方法
  3. 生活活动游戏化的组织

第一节　教学活动游戏化

情境导入

"老师请小朋友做个游戏,请你给图形宝宝找朋友,把相同的图形放在同一个框子里……"这类行为经常在幼儿园集体教学中发生,老师为了激发幼儿的学习兴趣,会创设类似游戏的场景,目的是让幼儿在玩中学。

教师如何创设游戏情景,编制游戏,调动幼儿的学习兴趣、积极性、主动性,是本节要解决的重点问题。

教学活动是教师组织幼儿进行有目的、有计划的学习活动。它能够在最短的时间内使儿童获得某些知识和能力;在有限的空间和时间里,利用有限的教育资源,尽可能促进所有孩子在原有水平上共同发展,对幼儿的学习和发展引领性强。也正因为如此,教学活动的过程往往"启发引导"不足,"灌输控制"有余,幼儿多处于被动学习状态,教学效果差强人意。为了激发幼儿的学习兴趣,取得较好的活动效果,在教学活动中渗入游戏的因素或以游戏的形式开展活动,是提高教学有效性的最好方法。

一、教学游戏的含义与特点

教学游戏是教师为完成一定的教学任务,借助游戏的形式而设计的有教育目标的活动。它突出游戏对于幼儿园教育教学的手段价值,把游戏作为一种活动形式,以游戏的方式达到教育教学的目的。这类活动的直接目的不在于游戏本身,而是在于通过游戏的形式促进教育活动的有效进行和教育目标的顺利实现。在教学游戏中,教师所要达到的教学目标往往以游戏任务的形式向幼儿提出来,幼儿在教学游戏中的活动过程也是被教师计划和预设的,他们没有充分的自主性和创造性。

教学游戏与教学活动相比具有灵活性、趣味性、开放性和多样性等特点,而与真正的幼儿自主游戏活动相比具有目的性、计划性、结构性、指导性等特点,因此,教学游戏通常不被认为是真正意义上的游戏。但这种组织方式可以使幼儿产生一定的"游戏性体验",有助于幼儿在轻松、愉悦的体验中学习到相关的知识和经验,是避免幼儿园教学小学化的重要途径。

二、教学游戏的编制

教学游戏的编制,应当根据教学内容来确定形式。如果新的教学经验可以通过材料操作的形式获得,就可以采用以材料操作为基础的定向探索性游戏的方式来编制教学游戏,如让幼儿运用不同材料测量物体的长度等;如果教学的内容是幼儿无法探索出来的(常见于一些"陈述性的知识",如物品的名称、某节日的由来等),则适宜采用规则游戏的形式编制教学游戏,例如幼儿必须说出物品的名称才能从超市里把该物品买走。

教学游戏的结构包括游戏的目标、游戏的准备、游戏的过程、游戏的结果这几个部分。根据教学游戏的结构,教学游戏的编制可以分为以下几个步骤:

(一)制定教学游戏的目标

教学游戏的目标是根据幼儿身心特点以及教学内容制定的,并通过教学游戏过程的完成达到的教学任务。确定教学游戏目标应注意两个方面:第一,要具体、明确,便于操作;第二,要与幼儿的能力相匹配,即在幼儿的"最近发展区"内。例如,同样是"画国旗"的教学游戏目标,"知道我们国家的国旗是五星红旗"适合小班幼儿,而"理解国旗的含义,爱国旗"则较适合于大班幼儿。

(二)明确教学游戏的准备

教学游戏的准备主要包括游戏空间的规划和游戏材料的准备,这是教学游戏的物质基础,充分的游戏准备是教学游戏顺利开展的重要保障。

教学游戏的空间位置及大小可以根据教学内容而定。一般来说,语言类、音乐类、益智类等游戏倾向于在室内进行,游戏空间的选择可以是教室内儿童桌椅的隔断,或是自由游戏区中某个成熟的区角,也可以是即时创设的区角,大小以够用、宽松不拥挤为度;体育类游戏更适合在户外开展,但不是越宽敞越好,如果不限制一定的范围,可能会造成出乎意料的行为,以及漫无目的、无所事事的行为。

教学游戏材料的提供要根据教学游戏的内容来确定,同时还要考虑参与游戏的人数。种类上要与教学内容相一致,以便于幼儿根据教学要求进行操作。一次投放的材料可丰富些,这样可以激发幼儿运用不同的探究方法,获得较多的经验。比如在玩磁铁的教学游戏中,可以给幼儿提供大小不一、颜色各异、质量不同、可被吸附和不可被吸附的材料。材料的数量要考虑教学游戏组织的形式,是集体、小组还是个别活动,材料过少阻碍游戏的开展,过多则浪费且容易干扰幼儿的活动。

(三)设计教学游戏的过程

设计教学游戏的过程就是教师对教学游戏活动开展的步骤和具体组织方法的整体规划。游戏的因素可以渗透在教学活动之前,例如教师说出一个谜底是牙齿的谜语,引出保护牙齿的教学内容。也可以渗透在活动之中,例如学习儿歌《山羊公公过桥》,在幼儿对儿歌描述的情景有所了解的基础上,进行表演游戏,帮助幼儿理解和记忆,然后再回到儿歌中去。游戏因素也可以体现在活动之后,例如在"人面泥塑"这个手工活动之后,幼儿在幽默诙谐的歌曲《泥娃娃》中,即兴模仿泥人的动作和神态,相互点头、握手问好。有时整个教学活动是在一个完整的游戏中进行的,例如,体育活动"小老鼠运粮食",教师讲解游戏规则之后,幼儿分组抬布袋将"粮食"运到"老鼠洞",最后教师总结游戏结果。

设计教学游戏的过程，重在对游戏玩法的设计和对游戏规则的制定。

1. 游戏玩法的设计

游戏玩法的设计主要有两种方法：一是改编，即根据新的教学内容的需要对已有游戏的模仿或改编。例如，为了锻炼幼儿双脚跳的能力，可以设计"小兔子运萝卜"的游戏，请幼儿模仿小兔子竖着两只耳朵的形态和蹦蹦跳跳的活动方式；再如，学习诗歌《风》，为了使幼儿对风的形象有更深入的了解，可以请一部分幼儿模仿大树，一部分幼儿扮演"风婆婆"，玩风吹大树的游戏。二是新编，可以是教师或教师和幼儿一起制作玩教具，自创玩法，或依据教学内容自编游戏情节。例如，幼儿对水的流动比较感兴趣，教师就设计一个烙有小孔的瓶子，请幼儿观察不同高低位置的小孔内喷出水的远近，探究出水位高低与喷水远近之间的关系；再如，为了加强幼儿合作的意识，教师设计一个分组摘果子的游戏，每组幼儿的身高有一定差距，必须高个子的幼儿负责摘，矮个子的幼儿负责运，才能摘得又快又多。

游戏玩法的设计要注意以下几个问题：

第一，游戏动作要与教学内容及目标相一致。游戏动作可分为自由游戏动作和规定性游戏动作。自由游戏动作是幼儿的动作不受教师预先设计的限制，可以自由发挥的。如在音乐游戏"小老鼠上楼梯"中，幼儿的动作是用身体律动表示音乐形象，动作是自由的。规定性动作是教师限定好，不可以随意变动的。例如，在体育游戏"我是小小解放军"中，幼儿做的匍匐前进的动作。

自由游戏动作比较多地运用在表现性的教学目标中，而规定性游戏动作更多运用在行为性目标中，两者没有好与坏之分，都是为了达到教学目标所借用的手段。在以操作为主的游戏中，幼儿对材料的操作就是游戏动作，也可根据具体情况控制幼儿自由操作的程度。如在"探究静电"的科学实验中，幼儿对物体进行摩擦的动作是比较限定性的，而在"如何使石头浮起来"这个实验中，幼儿的动作就自由些。

第二，要考虑幼儿的年龄特点。只有游戏的玩法符合幼儿的年龄特点，才能起到预期的效果。小班幼儿爱模仿，控制力差，对角色和动作本身感兴趣，对结果不感兴趣。因此，小班幼儿游戏的组织尽量以平行游戏为主，不必进行小组之间的竞赛，应多加入一些模仿动物形态或大自然景象的游戏动作，且动作不宜过于复杂或过于限制。大班幼儿合作能力和竞争意识增强，可以经常分组进行活动以增加活动的难度，并加入竞赛等因素来提高活动的趣味性。

第三，为尽量多的幼儿提供参与游戏的机会。教学游戏和自由游戏一个很大的区别是游戏中幼儿的参与度。在自由游戏中，游戏既是幼儿学习的手段，又是学习的内容，幼儿的工作就是游戏，班级中所有的幼儿在游戏的时间段内都参与自主选择的游戏中；而在教学游戏中，游戏只是教学组织的一种形式，是帮助幼儿理解教师所授知识或经验的手段，囿于时间和师生比的限制，往往是个别幼儿参与游戏，其他幼儿处于静坐旁观或消极等待的状态。例如，为了让幼儿练习"你好""谢谢"等礼貌用语，教师组织了

"超市"的游戏,教师当"营业员",幼儿当"顾客",幼儿进"超市"要说"你好,我要买××",离开时要说"谢谢"。如果让所有幼儿逐一玩一遍这个练习性的游戏,时间上不允许;如果只请个别幼儿玩,其他幼儿就失去了练习的机会。为了避免这个情况的发生,可以采用小组游戏的方法,尽量让更多的幼儿参与游戏。

2. 游戏规则的拟定

游戏规则限定幼儿在游戏中的活动方式,确保教学任务的顺利开展。规则在游戏中起到组织幼儿参与活动和充当评价游戏行为标准的作用。游戏规则在拟定时应注意以下几点:

一是游戏规则必须简单明确。游戏规则要简单,便于幼儿遵守,复杂的游戏规则容易使幼儿产生混乱,反而不利于规则的执行,一般2~3条为宜;游戏规则一定要明确,如果规则模棱两可,就会引起争议。例如,"套圈"游戏中,是圈落在物体的任何部位就算套中了,还在必须完全套住物体才算套中。

二是游戏规则要符合幼儿身心发展的水平。如果规则过于简单,不仅不能引起幼儿的兴趣,还会导致教学的低效;规则难度过大,超过幼儿的身心发展水平可能出现幼儿屡屡犯规的现象。

对点案例

蜈蚣竞走(大班)

大班体育游戏活动"蜈蚣竞走"中,幼儿根据口号,做出向左或向右走的动作。部分幼儿分不太清楚左右方向,因而在游戏中只能跟随个别做的正确的幼儿做动作,当老师口号的节奏加快后,更多的幼儿跟不上,往左的动作还没做完,往右的口号又开始了。游戏现场显得相当混乱。老师认为都已经是大班幼儿了,还不遵守游戏规则,因此很生气。

分析:游戏规则是需要跟随左右口号做出向左或向右的动作,大班幼儿显然还不太能清楚、快速地区分左右,这说明游戏规则的要求高于大部分幼儿的发展水平,所以出现了违反游戏规则的行为。

三是引导幼儿自定规则。要让孩子真正成为规则的主体,自我体验规则。例如,五子棋区只能供四个小朋友玩,有更多的孩子要玩怎么办?孩子们会自己想办法制定出规则:轮流玩或互相谦让。

(四)教学游戏计划的制定

游戏计划的制定虽然是一个比较缜密的过程,但在幼儿游戏中,难免会出现一些预计之外的问题,比如材料的变化或玩法的创新。为了便于游戏的理解和灵活运用,在组织幼儿游戏之前,一般教师要先写教学游戏的计划,一般包括游戏名称、游戏目标、游戏准备、游戏玩法、游戏规则及游戏建议等几个部分。

1. 游戏名称

在制订游戏计划时,首先要明确游戏的内容,并基于游戏内容和特点为游戏设计一个贴切的名字,名称应简洁明了,以便吸引幼儿并方便幼儿记忆。

2. 游戏目的

游戏目的是指通过游戏能够实现的教学目的。游戏目的不仅对本次游戏具有指导的作用,经过教师的反思,还能为下一次游戏计划的制订提供客观依据。在制定游戏目的时要注意两点:一是确定游戏目的时要考虑幼儿年龄特点;二是目的要有侧重点和针对性,切不可面面俱到或泛泛而谈。

3. 游戏准备

游戏准备包括经验准备和物质准备。经验准备指幼儿完成该游戏应具备的知识或技能;游戏的物质准备包括对游戏环境的设置、游戏空间的布局以及游戏材料的提供等。这些都要根据游戏目标和内容来安排,环境设置要舒适,空间布局要合理,游戏材料要不断更新。小班一般以教师为主准备,中班由教师引导幼儿进行部分准备,大班则由教师和幼儿共同准备。

4. 游戏玩法

游戏玩法是对游戏内容、过程和操作要求的阐释,它规定了幼儿进行游戏的程序和做法。游戏玩法设计的方法和注意要点上述已经阐明,此处不再赘述。

5. 游戏规则

游戏规则是指导和要求幼儿如何玩游戏的说明。游戏规则拟定除了要简单明确,符合幼儿发展水平外,还要尽量避免制约幼儿行为的纪律性规则以及物质奖励或惩罚性的规则。

6. 游戏建议

如果考虑到游戏过程中可能出现某些问题,可以在游戏建议中提出。一般情况下,游戏建议涉及环境创设、游戏玩法或安全方面的注意事项等。

对点案例

小猫司令[①]

一、游戏目的

1. 提高快速听说能力。

[①] 袁爱玲.学前全语言创造教育活动设计(中班)[M].北京:教育科学出版社,2001.

2. 锻炼思维的敏捷性和流畅性。

二、游戏准备

1. 幼儿已学会猜拳。
2. 与幼儿人数相等数量的小猫头饰。

三、游戏玩法

幼儿自由结对,两名幼儿先猜拳决定发令人。发令人边念儿歌边做相应动作,另一幼儿的每一个动作都必须和发令人不同。

如:A 幼儿说"小猫喵喵",并做相应动作,B 幼儿就必须做跑(或抓、咬)的动作。

四、游戏规则

动作做错就罚停发令权一次。

五、游戏建议

幼儿熟悉儿歌后,可加快读儿歌、做动作的速度,并打乱儿歌顺序。

三、教学游戏的实施

教学游戏计划的制订只是为成功的教学活动提供必要的基础。教学游戏运用的成功与否还取决于教师对教学游戏的实施。

(一)教学游戏实施的原则

在教学游戏实施的过程中,我们需要遵循以下几点原则:

1. 隐藏教学游戏的目标

纯粹的游戏活动具有内隐性、长期性的发展目标,但教学游戏有着明确的、外显的、即时的目标。当我们开展教学游戏时,外显的目标应该隐藏起来,即目标对幼儿来说是隐含的,但对教师来说是明确的。

2. 关注幼儿的游戏体验

教学游戏虽然是为完成一定的教学任务而设计的,但是教师在运用教学游戏时不能操之过急,同样要关注幼儿的愉悦性、自主性、成功感等游戏体验。

(二)教学游戏实施的注意事项

教学游戏实施的效果决定教学活动的成败,为了使幼儿能体验游戏的乐趣,又能保障教师顺利地开展教学,教师在运用教学游戏的过程中要注意:

第一,创设游戏环境,营造游戏氛围。幼儿的思维以具体形象思维为主,创设逼真的游戏环境,提供形象的游戏材料,能够激发幼儿的游戏动机,使他们能快速有效地进入游戏情景中。同时教师也会被游戏的氛围感染,自然地转变角色,和幼儿一起参与游戏,而不仅仅作为一个游戏的旁观者或裁判。

第二,讲明游戏规则,减少不必要的纷争。在开始新游戏之前,教师一定要向全体幼儿讲清楚游戏规则,讲解时语言要简练、生动,做适当的示范与引导,要用自己的热情和兴趣去感染幼儿,帮助幼儿掌握游戏规则。

第三,注重游戏体验,减少不必要的干预。幼儿在教学游戏过程中,难免会比在安静的集体教学中兴奋,这也恰好说明幼儿对游戏活动的热情,教师要尽量避免对幼儿游戏活动的直接干预,再三用"保持安静""不许在教室内乱跑"等纪律性规则来限制幼儿的行为会削弱幼儿的游戏性体验,导致幼儿对游戏丧失兴趣。

第四,重视游戏观察,对游戏结果进行反馈。在游戏中观察幼儿的行为,能更全面地了解所设计的游戏是否符合幼儿的发展水平,对幼儿经验的提升是否有所帮助。在游戏结束之后,教师要带领幼儿回到教学任务中去,总结、评价游戏的结果。如果说自由游戏较注重幼儿的游戏体验,那么教学游戏则侧重于游戏的结果。否则,游戏场面看起来热热闹闹,但教学效果不尽如人意。

游戏是幼儿的基本活动,是幼儿的生活和学习方式,教学是教师有计划、有目的的专业行动,作为专业的学前教育工作者,要积极畅行"自由、自主、愉悦、创造"的游戏精神,将其有机融入教学活动之中,提高教学的适应性和有效性,做好幼儿健康成长的启蒙者和引路人。

对点案例

漂亮的鹅小姐

这是一个中班社会活动,活动的目标是让幼儿知道穿衣服要先穿裤子再穿鞋,先穿上衣再戴帽子等穿衣服的顺序。活动以一个故事为开端,讲述了一只爱漂亮的鹅,要出席一个舞会就去买了很多好看的衣服和首饰的事情。故事讲完之后,教师就请幼儿分组,每组选出一名幼儿当"鹅小姐",其他幼儿给这只"鹅小姐"打扮,哪一组的"鹅小姐"先打扮好,就有资格参加舞会。因为教师给幼儿提供了很多漂亮的服装,有些还是成人的衣服、帽子、围巾、腰带、包、高跟鞋等,所以,幼儿特别兴奋。每个幼儿都激动地要把自己认为好看的衣服、配饰往"鹅小姐"身上堆砌,就出现包背在了身上,上衣还没穿,结果不得不把包拿下来,重新穿衣服、背包。但最终有一组胜出,受到教师的表扬。

分析: 这个游戏大大吸引了幼儿的兴趣,每个幼儿都特别忙碌,游戏场面热闹非凡,幼儿在游戏中的体验非常愉悦,看似很成功。但仔细分析,不难看出,这个教学游戏没有达到教学的效果。活动中因为教师给幼儿提供的一些成人的服装和配饰,使得幼儿异常兴奋,他们已经把故事中的道理抛到脑后,完全沉浸在"打扮"这个游戏本身,而忘了游戏的目的。在活动结束之后,教师也没有做应有的总结和评价,导致这次教学活动的目标没有达成,活动流于表面。

第二节 过渡环节游戏化

情境导入

一次集体教学活动结束后,小朋友们有的上厕所,有的喝水,还有的在打闹,而忙碌了一上午的老师终于能放松一下了,赶紧拿出手机看看新闻、刷刷朋友圈,一刻钟过去了,教室里乱成了一锅粥,老师依然面对手机保持微笑。

对过渡环节的关注与利用不够是幼儿园普遍存在的问题,如何通过游戏的手段使过渡环节有趣并高效,这是本节要讨论的主要问题。

为了帮助幼儿顺利地从一个活动转向另一个活动,需要一定的时间作为过渡。过渡环节表面上看起来是不值得一提的非正规问题,但是这个问题十分重要。这不仅仅在于它的过渡作用,还在于它本身可以独立地发挥积极的教育价值,更在于它可以同幼儿园一日生活中其他的组织形式之间建立起积极的联络互动。

一、过渡环节的含义

幼儿园一日生活主要有游戏活动、生活活动和集体教学活动,具体包括幼儿的入园、晨间锻炼、如厕、教学、盥洗、进餐、午睡、游戏、离园等多种活动。在一日生活中的每个活动之间都有一个转换的环节,被称为过渡环节。[1]

二、过渡环节游戏的特点

过渡环节是一日生活中的"驿站",是中转、衔接,也是教师和幼儿休息调整的时间段,时间相对较短,教师和幼儿精神状态上也比较放松。所以,适合过渡环节的游戏具备一些共同的特点:

1. 短小精悍

由于过渡环节的时间有限,过长的游戏在过渡环节不能充分展开,短小精悍的游戏具有紧凑性,且节奏明快,幼儿能在有限的时间内完成,同时还不失愉悦的游戏体验。

2. 便于操作

过渡环节的游戏一般不需要太多的游戏材料,幼儿的肢体动作、小件的手偶、成套

---

[1] 张凯波. 幼儿园一日活动过渡环节的研究[J]. 学前课程研究,2009(3):55-57.

的插塑材料等适合用于过渡环节的游戏中。游戏动作也相对简单,幅度较小,程序较少,便于操作。

3. 安静有序

过渡环节存在的必要性之一是为下一个环节做准备,不管下一个环节的活动是安静的抑或喧闹的,幼儿都需要以专注的精神状态投入其中。安静有序的过渡环节游戏有利于幼儿适度地控制自我,顺利进入下一环节的活动中。

三、过渡环节游戏的种类

过渡环节时间较短,所以,适合在过渡环节做的游戏应简短易学,如果需借助游戏材料,则材料应便于取放。适合过渡环节的游戏主要有手部动作游戏、语言游戏、表演游戏和建构游戏等。

(一) 手部动作游戏

手部动作游戏不受材料和空间的限制,随时随地都能开展。而且大多手部动作游戏都伴随着节奏明快的儿歌或歌谣,深受幼儿的喜爱。

1. 拍手游戏

拍手游戏即一边拍手一边唱儿歌的游戏。拍手游戏相对比较简单,因为它是手掌的整体动作,不需要幼儿手指间的协调。

拍手游戏举例:"小手小手拍一拍"(适合小班)。

小手小手拍一拍,

小手小手摇一摇,

小手小手敲一敲,

小手小手爬一爬,

小手小手不见了!

2. 手指游戏

手指游戏主要是用手指配上歌谣做的游戏。手指游戏对手指的灵活性、协调性要求较高。

手指游戏举例:"猴子荡秋千"(适合中、大班)。

五只小猴荡秋千(两手左右摇摆),嘲笑鳄鱼被水淹(两大拇指顶住两腮,其他四指弯曲并煽动),鳄鱼来了鳄鱼来了(一只手伸开不动,一只手四指合拢做鳄鱼嘴巴状去咬另一只手),啊呜啊呜(一只手五指并拢包住另外一只手)。

四只小猴荡秋千(两手四指左右摇摆),嘲笑鳄鱼被水淹(两大拇指顶住两腮,其他四指弯曲并煽动),鳄鱼来了鳄鱼来了(一只手伸开不动,一只手四指合拢做鳄鱼嘴巴状去咬另一只手),啊呜啊呜(一只手五指并拢包住另外一只手)。

三只小猴荡秋千(两手三指左右摇摆),嘲笑鳄鱼被水淹(两大拇指顶住两腮,其他四指弯曲并煽动),鳄鱼来了鳄鱼来了(一只手伸开不动,一只手四指合拢做鳄鱼嘴巴状去咬另一只手),啊呜啊呜(一只手五指并拢包住另外一只手)。

两只小猴荡秋千(两手二指左右摇摆),嘲笑鳄鱼被水淹(两大拇指顶住两腮,其他四指弯曲并煽动),鳄鱼来了鳄鱼来了(一只手伸开不动,一只手四指合拢做鳄鱼嘴巴状去咬另一只手),啊呜啊呜(一只手五指并拢包住另外一只手)。

一只小猴荡秋千(两手一指左右摇摆),嘲笑鳄鱼被水淹(两大拇指顶住两腮,其他四指弯曲并煽动),鳄鱼来了鳄鱼来了(一只手伸开不动,一只手四指合拢做鳄鱼嘴巴状去咬另一只手),啊呜啊呜(一只手五指并拢包住另外一只手)。

(二)语言游戏

幼儿语言能力是在运用中获得提高的,且学前期是幼儿语言快速发展的时期。在午餐前、离园前等过渡环节都可以让幼儿玩语言游戏。过渡环节的语言游戏包括听说游戏、口令游戏、猜谜游戏等。

1. 听说游戏

听说游戏一般是由教师和幼儿或幼儿之间采用问答形式互动进行的。
听说游戏举例:"动物的叫声"(适合小班)。
教师:"小猫咪。"
幼儿:"喵喵喵。"
教师:"小鸭子。"
幼儿:"嘎嘎嘎。"
教师:"小小鸡。"
幼儿:"唧唧唧。"
教师:"小黄狗。"
幼儿:"汪汪汪。"
……

2. 口令游戏

口令游戏是根据听到的口令做出适当的动作,这类游戏可以锻炼幼儿反应的灵敏性。口令游戏的玩法可以是根据口令做正确的动作,也可以根据口令做相反的动作,难度稍大一点的形式有传口令做动作和换姓名做动作。
口令游戏举例:"我不是我"(适合大班)。
把参与游戏幼儿的姓名互换(比如,张三现在叫李四,李四现在叫王五,王五现在叫张三),其余幼儿点一个名字让他做动作,比如"张三唱一首歌",如果王五唱歌就对了,如果王五没有唱歌或张三唱歌了,两个人都算输。

3. 猜谜游戏

猜谜游戏有益于幼儿智力的发展。教师选择的谜语应贴近幼儿的生活经验。可由教师出谜面,也可由幼儿出谜面,教师和幼儿一起猜。猜谜游戏适合餐前、午睡前、户外活动等过渡环节。

猜谜游戏举例:"猜水果"。

"什么弯弯像小船?"(香蕉)

"什么个大圆又圆?"(西瓜)

"什么脸庞红彤彤?"(苹果)

"什么粒粒酸又甜?"(石榴)

(三)表演游戏

适合过渡环节的表演游戏不可太复杂,因为时间有限,情节复杂的表演游戏不能够充分展开,材料简单、参与人数较少的表演游戏比较适合在过渡环节进行。这样的表演游戏主要有桌面表演和木偶表演两种类型。

1. 桌面表演

幼儿在桌面上,运用玩具或游戏材料来代替文艺作品中的角色,用幼儿的口头语言(独白、对白)和对玩具的操纵来再现文艺作品内容的一种表演形式。此时幼儿以个人游戏为主。有研究表明:3~4岁幼儿的桌面表演游戏占个人游戏的15%,5~6岁时则上升为80%。[1]

2. 木偶表演

木偶表演的原始材料是用木头制作的玩偶,在幼儿园里主要是布袋木偶和手指木偶。木偶夸张的形象、鲜艳的颜色能引起幼儿的游戏兴趣,发展他们的思维力、想象力和语言表达能力,培养他们对艺术的爱好,还可以锻炼他们手指的灵活性、协调性。幼儿操纵木偶,或自言自语,或三两嬉戏,这简短的、相对平和的游戏形式很适合在过渡环节开展。

(四)建构游戏

建构游戏根据材料的不同可分为插塑类建构、自然材料类建构和单元积木类建构。因为插塑类的材料体积相对较小,取放较方便,而且通常都在桌面上进行,不需要较大的空间,所以插塑类建构游戏比较适合运用在入园、离园、就餐前等过渡环节。

四、过渡环节游戏的选择[2]

幼儿园一日活动中,过渡环节很多,每个过渡环节的性质不同。有的是由静到动,有的是由动到静。教师应根据过渡环节的时间、性质选择适宜的游戏,使幼儿在园的一日生活张弛有度,充满活动。

(一)由动到静过渡环节游戏的选择

在幼儿园一日生活中,由动到静的过渡环节主要包括集体教学活动开始阶段、由户外转向户内活动、就餐前等。

---

[1] 邱学青.学前儿童游戏[M].南京:江苏教育出版社,2008.
[2] 刘琰.幼儿园游戏指导[M].北京:高等教育出版社,2002,有改动.

1. 集体教学活动开始阶段

集体教学活动要求幼儿集中注意力,安静听讲,专心参加活动。在集体教学活动开始阶段,教师可以利用适当的游戏集中幼儿的注意力。例如,所有幼儿听口令做"请你跟我这样做"。

2. 由户外转向户内活动

由运动量较大的户外活动转向相对较安静的户内活动,幼儿在身体状态和情绪方面的变化较大。教师可以通过组织适当的过渡环节活动对其进行调节,使幼儿从比较兴奋的身体活动和情绪状态中逐渐平静下来。例如,在回教室的路上,教师可以组织幼儿开展相对安静的游戏活动。如一边走一边说唱歌谣;回到教室后,开展手指游戏或给幼儿讲故事。

3. 就餐前

过度兴奋不利于幼儿的食欲和消化吸收,应当让幼儿情绪平静地就餐。因此就餐前的半个小时应结束比较兴奋的活动,让幼儿收拾玩具、如厕、洗手。洗手后在等待食物时应注意让幼儿保持手的清洁,可以让幼儿做一些手指游戏。

(二) 由静到动过渡环节游戏的选择

在幼儿园一日生活中,由静到动的过渡环节主要包括由户内转向户外活动、教学活动后的转换环节等。下面以由户内转向户外活动这个环节为例介绍由静到动过渡环节活动的组织和游戏的选择。

由户内转向户外活动,往往成为一个令教师"手忙脚乱"的环节。教师一方面要提醒幼儿喝水、如厕,检查幼儿的衣服、鞋子的适宜性;另一方面还要照看已经做完这些事情在教室门口排队等待的幼儿。排队造成教室门口有限的空间内社会性密度瞬间加大,导致幼儿推推搡搡、身体接触和攻击性行为发生的可能性陡然增加。在教师人数有限,注意力无法关注到每一个幼儿的情况下,就很容易导致伤害性事故的发生。

由户内转向户外活动,需要一个时间相对较长的过渡环节为户外活动做好准备,让幼儿等待是无法避免的。如果教师能够事先计划,准备好适宜的游戏活动,有些意外可以避免。在幼儿排队时,可以组织幼儿做一些有歌谣配合的手指游戏;当幼儿来到户外时,可以玩一些简单的民间游戏,让幼儿"少等待、多活动"。

对点案例

有趣的过渡环节

在幼儿喝完水,穿上棉背心准备去户外活动时,有的幼儿动作快,有的动作慢。老师让先到户外的幼儿两人玩"翻饼烙饼",三人玩"套花瓶"。幼儿很感兴趣。最后,教师问幼儿,还能玩什么,怎么玩,让幼儿回家去学游戏。

一周之后,幼儿带来了新游戏:有的从奶奶那儿学来了"说哪里指哪里",有的从爸爸那儿学来了"打手游戏",还有的从姐姐那儿学来了"拍手游戏"……

每天午饭前,老师让幼儿互教互学。以后,在老师的鼓励下,幼儿从玩现成的游戏到玩自编的游戏,从编两人、三人玩的安静的游戏发展到编户外的活动性游戏。

分析:在过渡环节让幼儿消极等待是不合理的。当等待无法避免时,就应该想办法。在这个案例中,教师不仅利用民间游戏来组织过渡环节,而且充分发挥游戏学习的主动性和创造性,以及利用家庭和社区资源,让幼儿回家向成人学游戏。以后又鼓励幼儿自编游戏,把过渡环节变成非常有趣的活动环节,做到了"寓教育于一日生活中"。

第三节　生活活动游戏化

情境导入

小班午餐期间,亮亮进餐缓慢,李老师担心饭菜凉了,不得不帮助亮亮,只见李老师端起碗,舀起一勺饭,在亮亮面前绕了一圈,同时嘴巴里发出"呜呜——"开飞机的声音,趁着亮亮开心,李老师一下子把饭送到了亮亮嘴里,不一会,亮亮就把一碗饭吃完了。李老师利用亮亮喜欢玩开飞机游戏的心理,巧妙地将他的喜好运用在午餐环节,让亮亮开心地用餐。

生活活动游戏化的方法有哪些?分别可以运用在哪些具体的生活环节中?这是本节要讨论的问题。

通常教师在组织生活活动时,习惯用命令的口吻"不要讲话,安静睡觉""搓点肥皂,把手洗干净"等来反复提醒幼儿该如何做好某件事,这样的语言指令显得呆板、啰唆,时间一长,会降低幼儿对指令的敏感度。以游戏的方式组织生活活动,可以增加生活活动的趣味性。

一、生活活动对幼儿发展的意义

生活活动包括来园、盥洗、喝水、进餐、如厕、午睡、离园等常规性活动。这些活动在时间、内容、组织方式等方面每天的变化不大,因其琐碎性和重复性而被许多教师轻视。生活活动贯穿在一日生活始终,它对幼儿的身心发展起着重要作用。

(一) 培养幼儿良好的生活卫生习惯

儿童时期是形成各种习惯的关键时期,幼儿的可塑性大,动力定型相对容易。生活活动是培养幼儿良好的生活习惯的有效途径,良好的生活卫生习惯将使他一生受用无穷,尤其是对幼儿的个性形成,有着多方面的深远影响。如:按时起居、按时进餐等,幼儿在养成遵守作息制度的良好习惯的过程中,会逐渐形成遵守一切制度、纪律的倾向,幼儿在形成良好生活习惯的过程中,性格也随之形成和发展,这对孩子的成长非常重要。

(二) 培养幼儿的独立生活能力和劳动观念

目前我国家庭教育存在的弊病之一是家长对孩子在生活方面包办代替太多,以致幼儿生活技能水平低,劳动观念差。而今天的幼儿是未来的建设者、劳动者,他必须是全面发展的人,有开拓创新和顽强劳动精神的人。因此,从小培养幼儿生活自理能力和劳动习惯具有重要意义。

幼儿园的劳动教育包括自我服务和为他人服务两大方面。通过幼儿园的生活教育,可以培养幼儿自己的事情自己做。如:通过独立吃饭、如厕、穿脱衣服等能力的培养来提高幼儿的生活自理能力。又如:通过料理自然角、整理图书、收拾玩具架等活动来培养幼儿的劳动观念,增强幼儿动手做事、克服困难的能力和信心。幼儿在为他人服务的劳动中,养成为别人做事、为大家做事的良好意识。

(三) 培养幼儿良好的心理素质

我们注重生活活动的教育,切不可把生活教育仅仅看作是保育工作,从而忽视幼儿的心理卫生。一个儿童只是体格健壮、肌肉发达而情绪紧张、性格怪僻或缺乏社会适应能力,也不是一个健康的儿童。生活活动给幼儿提供人际交往的机会。教师如果能给孩子创设自由、民主、和谐、愉快的生活环境,让幼儿想说、敢做、愿意交往、喜欢探究、追求和谐,那么生活活动就能为培养幼儿良好的心理素质打好基础。

可见,幼儿园生活活动渗透着大量的教育因素,教师在充分利用生活活动培养幼儿能力的同时,如果能采取有趣的方式,帮助幼儿顺利、愉快地开展生活活动,教育效果将事半功倍。

二、生活活动游戏化的方法

1. 儿歌法

儿歌具有内容简单、篇幅短小、节奏感强、易诵易唱等特点,特别容易被幼儿接受。同时儿歌中又蕴含了简单明了的道理,对幼儿有一定的教育作用。比如,为了让幼儿愿意刷牙,可以教给幼儿《小牙刷》这首儿歌:"小牙刷,手中拿,张开我的大嘴巴。脏东西,都刷掉,满嘴小牙白花花。"幼儿为了能够拥有"白花花"的牙齿,会逐渐喜欢刷牙。

2. 竞赛法

幼儿都有好胜的心理,特别是中大班幼儿,凡事都想领先于别人。教师可以利用幼儿这个心理,采用比赛的方法让幼儿愉快地完成生活活动。比如,午睡起床时,教师可以说:"小朋友,我们来穿鞋比赛吧,看谁穿得快。"幼儿如果赢了会很有成就感,还会再跟教师比;输了总想赢一次,而要求重来。不管是输是赢,幼儿总是在重复练习穿鞋子的动作。

3. 拟人法

皮亚杰在研究儿童思维的过程中发现,儿童在心理发展的某些阶段存在着泛灵论的特征。基于此,我们可以运用拟人的方法把所要说明的事情用游戏的口吻表达出来。比如,培养幼儿整理收拾玩具的同时,我们可以提醒幼儿:"现在玩具宝宝累了,我们一起送它们回家吧。"

三、生活活动游戏化的组织

幼儿期是生活习惯养成和生活技能初步发展的时期。如果单纯依靠说教或反复练习的形式,往往不能收到良好的效果。把游戏精神渗入生活活动中,能够帮助幼儿在快乐的游戏体验中养成良好的习惯,获得基本的生活技能。

(一) 生活习惯养成游戏化

《3—6岁儿童学习与发展指南》中提到,幼儿应该养成良好的作息习惯、饮食习惯、卫生习惯及锻炼习惯。

有些幼儿因为贪玩或在家没有养成午睡的习惯,所以中午在幼儿园不太容易入睡,这种情况下,教师可以以温柔的口吻说:"小宝宝,睡午觉,小花被,要盖好。睡着了,做个梦,梦见妈妈对我笑。"

偏食挑食的行为在幼儿中很常见,长此以往,对幼儿的健康不利,教师有义务帮助幼儿改正这个坏习惯。很多教师会"引诱"幼儿吃他们不爱吃的东西,比如,对女孩说"吃了这个可以让你变得更漂亮",对男孩子说"吃了可以让你变得非常强壮,个子长得更高"。

如果没有老师的监督,不少幼儿会把漱口这个环节省略掉或者敷衍了事,有些教师就让幼儿跟着儿歌漱口,儿歌唱完,漱口才能结束。歌词是:"喝一口水,咕噜咕噜,低头吐在池子里。再喝一口,咕噜咕噜,低头吐在池子里(可以配上《新年好》的旋律)。"

(二) 生活技能培养游戏化

针对有些小班幼儿进餐缓慢、不会咀嚼等情况,教师可用游戏化的口吻鼓励:"嘴巴张开,小船开来,咔嚓先磨碎,咕嘟咽下去。"

午睡起床后,指导小朋友穿外套的时候,教师可以利用他们崇拜超人的心理,示范穿的方法:"两只手拿起领子,一二三甩过头顶,找到山洞出拳,嗨!哈!拳头伸出去,打败怪兽。"

因为孩子喜爱玩水,所以孩子都愿意洗手,但是很多幼儿洗手时会玩水,把衣服弄得湿漉漉的。于是教师会告诉幼儿,洗手前先把袖子拉高一点,水龙头开小一点,先搓手心,再搓手背,并配有儿歌:"小肥皂,搓搓手,手心手背都搓到。自来水,冲冲手,手心手背都冲到;小毛巾,擦擦手,小手干净香又香。"

总之,生活游戏化是适合幼儿年龄特点,最容易被幼儿接受的教育方式,它减少了枯燥的机械训练,让幼儿在轻松、愉悦的氛围中自然地养成了良好的生活卫生习惯,习得了基本的生活技能。

技能训练

项目一:任选年龄段,编制一个教学游戏,尝试在幼儿园中实施,并和其他同学分享自己的经验

实训目的:

练习教学游戏编制的流程,提高教学游戏设计的有效性;分析活动效果,逐步养成反思性学习的习惯。

内容与要求:

1. 写出所编制的教学游戏的方案,写明游戏的名称、目的、过程、玩法、规则和实施建议。若与特定的教学内容相匹配,请先交代教学内容。

2. 实施后根据同学和老师提出的建议加以修改和完善。

项目二:收集10个小游戏,说明它们适合在哪个年龄班和哪个过渡环节使用

实训目的:

积累教育教学资源,提升教学能力。

内容和要求:

1. 鼓励自编游戏。

2. 小组内展示游戏玩法,体验游戏的快乐。

案例分析

某大班个别男孩子特别调皮,小便时在一起比赛谁尿得远,所以经常尿在便池外边或其他幼儿的身上。于是老师就在便池内侧的瓷砖上画上"火焰"的图案,小便时请幼儿来当消防员,对准一个目标,努力扑灭它。

请分析这个案例中游戏化手段运用的合理性。

分析: 男孩子调皮的天性在任何时候都能发挥得淋漓尽致,他们当然不会放过展现男子汉气概的小便的机会。老师如果生硬地制止,在有老师监督的情况下,幼儿会有所收敛,但不能达到最终的目的。案例中老师巧妙地运用幼儿爱玩的心理,在便池内侧的瓷砖上画上"火焰"的图案,让他们当消防员,既满足了幼儿玩耍的需求,又能消除玩耍时带来的麻烦,一举两得。

拓展链接

幼儿园典型过渡游戏举例

一、手指游戏

1. 包饺子(适合小班)

和和面,(双手握拳,做和面动作)

切切菜,(双手展开,一只手掌垂直在另一只手掌上做切菜状)

擀擀皮,(双手展开,并排在空中做擀面状)

捏捏饺子,(一只手五指并拢,呈空拳状,另一只手拇指和食指同时逐一捏它的五个手指头)

捣捣蒜,(一只手手掌向内弯曲呈碗状,另一只手五指并拢捣向"碗"内)

香喷喷的饺子给谁吃。(一只手把另一只手的手指包起来,盖住,然后幼儿说给谁给就送到谁的面前)

2. 会变的小手(适合中、大班)

我有一双小小手,(伸出两只小手拍两下)

变成星星闪呀闪,(手握拳头打开合上两下)

变成风车转呀转。(手指相交在一起,手腕转动,从左移到右)

变成蝴蝶飞呀飞,(大拇指重叠,四指并拢,手背向前做蝴蝶翅膀弯曲两下)

我有十个手指头,(双手手背向前伸开转向手心向前)

变成小鼓咚咚咚。(伸出食指上下敲击,其余手指弯曲)

变成小鸡叽叽叽。(食指拇指相碰呈三角形做小鸡啄米状)

变成小狗汪汪汪,(双手大拇指放在太阳穴,其他四指并拢竖起)

我有一双小小手,(伸出两只小手拍两下)

又灵巧来又能干,(左右手轮流伸出大拇指)

我有十个手指头,(双手手背向前伸开转向手心向前)

相亲相爱不分手。(双手合十相交握拳)

3. 大树下面有个洞(适合大班)

大树(伸出中指、无名指、小指三个手指)

下面有个洞,(另二指成圆)

住着可爱小虫虫,(做轮指动作,先是大拇指往回收,另四指分别回收后做个波浪)

大虫出洞探探头,(大拇指伸进洞后向上抬一下)

二虫出洞弯弯腰,(食指伸进洞后弯曲一下)

三虫出洞扭一扭,(中指伸进洞后跳个舞转一转)

四虫慢慢爬出洞,(无名指慢慢伸进洞)

小虫胆子真是小,(小指在洞口绕一圈)

就是不敢爬出洞,(伸出小指在洞口探一探)

小虫小虫你别害怕,(伸出左右小指摇晃一下)

我们一起爬出洞,(把左手放在桌上,五指张开变成五个小洞,右手变成小虫,慢慢爬出洞口)

找到一群好朋友,(左右手成空心,手指相碰,然后从食指开始往下弯曲)

快快乐乐去郊游。(大拇指碰碰晃动)

4.《四季歌》(适合小班)

春天草出头,(双手握拳掌心相对,五指依次打开并立起)

夏天树盖头,(左手五指并拢立起来,右手五指张开盖在左手上,形成大树状)

秋天麦浪随风摆,(左右手前后交叉做麦浪摆动 4 次)

冬天大雪盖地头。(左右手以大拇指交叉为轴上下交替盖手背 4 次)

5.《小雨伞》(适合中班)

小雨伞,真淘气,(左手五指张开手心向下,右手握拳食指伸出顶在左手手心成小伞状,左右交替做 2 次)

爱和雨滴坑游戏,(同上)

转一转,滴一滴,(左右手食指相对绕圈,食指向前点 3 下)

滚一滚,淅沥沥,(左右手握拳相对绕圈,五指下垂依次前后抖动)

滚滚转转真有趣。(左右手握拳相对绕圈,左右手食指相对绕圈,拍手 3 下)

6.《悄悄话》(适合大班)

小鸟小鸟住在大树上,(双手五指伸开,手心向内,拇指交叉相勾做鸟飞状,双手由下至上抖动五指)

田鼠田鼠住在大树下,(双手五指并拢呈"爪子"状,双手轮流交替由上至下)

喇叭花喇叭花爬呀爬呀爬,(双手手腕相靠360度翻转手腕,由下至上伸到头顶)

喇叭花喇叭花变成小电话,(从头顶边转动手腕边向两侧打开,最后停在耳旁,拇指小指伸出其余三指收拢呈打电话状在耳旁晃动两下)

喳喳喳,吱吱吱……(左右手交替晃动表示轮流打电话)

小鸟和田鼠说着(双手一起在耳旁晃动)

悄悄话。(双手手掌呈喇叭状在口前,小声音表示悄悄的意思)

7.《菊花》(适合中、大班)

菊花菊花开开,(双手手腕相对,四指打开呈花状,360度绕腕花两边)

板凳板凳歪歪,(手心向下,双手手尖搭在一起像跷跷板一样上下起伏)

开几朵,开三朵,(拍手一下,手腕由里向外转动一圈)

爸一朵妈一朵,(左手食指竖起来转动手腕一下,右手食指竖起来转动手腕一下)

宝宝头上戴一朵。(右手食指竖起转动手腕一下在头的右上方)

二、听说游戏

1. 小小邮递员(适合中、大班,一名幼儿当邮递员,其他幼儿当主人,练习说国家名、城市名、场所名)

邮递员:丁零零!

主人:谁呀?

邮递员:我是送信的邮递员呀!

主人:哪里来的信呀?

邮递员:××(地点)来的信呀!

主人:把信送给谁呀?

邮递员:送给×××(小朋友的名字)的信呀!(被点到的幼儿去当邮递员,以此反复)

2. 反话王国(适合大班,一般是由教师和幼儿互动)

教师:我说黑。

幼儿:我说白。

教师:我说大。

幼儿:我说小。

教师:我说宽。

幼儿:我说窄。

教师:我说胖。

幼儿:我说瘦。

……

3. 小电报(适合小、中、大班)

教师小声地将电报数字号码告诉每组的第一个幼儿,不能让其他的幼儿知道,然后听信号拍电报。第一个小朋友将右手在第二个小朋友左手心按老师说的数目点几下(例如电报数字是5就用手指轻轻点5下),依次往下进行。由最后一个小朋友报出电报的号码,看看哪组的电报拍得快、拍得准确。

4. 词语接龙(适合大班)

教师与一幼儿同做游戏。

两人同念:"我家弟弟真淘气,今晚带你去看戏。"

幼儿:"什么戏?"

教师:"游戏。"

幼儿:"什么游?"

教师:"菜油。"

"什么菜?"

"花菜。"

"什么花?"

……

如此类推,一问一答,循循诱导。

参考文献

[1] 张凯波.幼儿园一日活动过渡环节的研究[J].学前课程研究,2009(3).

[2] 朱细文.积极对待幼儿园一日生活中的过渡环节[J].教育教学研究,2004(2).

[3] 邱学青.学前儿童游戏[M].南京:江苏教育出版社,2008.

[4] 华爱华.幼儿游戏理论[M].上海:上海教育出版社,2000.

[5] 刘焱.儿童游戏通论[M].北京:北京师范大学出版集团,2008.

[6] 刘焱.幼儿园游戏与指导[M].北京:高等教育出版社,2012.

[7] 丁海东.学前游戏论[M].大连:辽宁师范大学出版社,2003.

[8] 翟理红,侯娟珍.幼儿游戏[M].北京:北京师范大学出版集团,2012.

[9] 韩宏莉.学前儿童游戏[M].武汉:华中师范大学出版社,2014.

[10] 梁周全,尚玉芳.幼儿游戏与指导[M].北京:北京师范大学出版社,2006.

[11] 刘晓红.学前儿童游戏[M].郑州:郑州大学出版社,2012.

[12] 么娜,胡彩云.幼儿游戏与指导[M].上海:华东师范大学出版社,2014.

[13] 雷湘竹.学前儿童游戏[M].北京:教育科学出版社,2012.

[14] 姜晓燕.学前儿童游戏教程[M].北京:教育科学出版社,2012.

[15] 杨枫.学前儿童游戏[M].北京:高等教育出版社,2006.

[16] 王春燕.幼儿园课程概论[M].北京:高等教育出版社,2007.

[17] 王懿颖.学前儿童音乐教育的理论与实践[M].北京:北京师范大学出版社,2004.

[18] 许卓娅.幼儿园音乐教育活动[M].北京:人民音乐出版社,1995.

[19] 袁爱玲.学前全语言创造教育活动设计(中班)[M].北京:教育科学出版社,2001.

[20] [美]David R. Shaffer.发展心理学[M].邹泓等,译.北京:中国轻工业出版社,2005.

[21] [美]劳伦斯·科恩.游戏力[M].李岩,译.北京:中国人口出版社,2015.

[22] [美]约翰逊.游戏与儿童早期发展[M].华爱华,等译校.上海:华东师范大学出版社,2006.

[23] [苏]查包洛塞兹,马尔科娃.学前教育学原理[M].李子卓,等译.北京:人民教育出版社,1984.

[24] 袁爱玲,廖莉.幼儿园环境创设理论与实操[M].上海:华东师范大学出版社,2017.

[25] 张凤敏.幼儿园游戏区规划与指导[M].上海:华东师范大学出版社,2017.